0,50

Kohlhammer
Urban-
Taschenbücher

W0033715

Band 5

Edward Conze

Der Buddhismus

Wesen und Entwicklung

Achte, unveränderte Auflage

Verlag W. Kohlhammer
Stuttgart Berlin Köln Mainz

Umschlagbild: Südtor des Stupa in Bharhut, Prasenajit-Pfeiler, Innenseite, oberstes Relief: Tempel mit dem Rad der Lehre als Kultobjekt. – Foto: Religionskundliche Sammlung der Universität Marburg.

CIP-Kurztitelaufnahme der Deutschen Bibliothek

Conze, Edward:

Der Buddhismus: Wesen u. Entwicklung / Edward Conze.
–8., unveränd. Aufl. – Stuttgart; Berlin; Köln; Mainz: Kohlhammer, 1986.
  (Urban-Taschenbücher; Bd. 5)
  Einheitssacht.: Buddhism, its essence and development (dt.)
  ISBN 3-17-009098-4
NE: GT

Titel der englischen Originalausgabe:
Edward Conze, Buddhism, its Essence and Development,
2. Auflage bei Bruno Cassirer, Oxford 1953

INHALT

In jenem Land, wo klare Winterstürme
die höchsten Gipfel dieser Welt umwehn,
soll man auf seltne Künste sich verstehn,
geborgen in dem Schutz der Klostertürme.

Die Weisesten der Weisen leben dort,
in Zellen eingemauert, ihrem Denken.
Der Seele streng beherrschte Strahlung lenken
sie andern zu, gelöst von Zeit und Ort.

Was Fugenspiel und Symphonie dem Tauben,
was Rot und Grün dem Farbenblinden scheinen,
ist solche Kunst für stoffgebundnes Meinen.

Wo Geistes-Wunder, sonst ein scheues Glauben,
schon hohes Können ist, verwandelt sich
ins große Du hinein das kleine Ich. —

Albrecht Haushofer, Moabiter Sonette

VORWORT

von Arthur Waley

Es gibt zur Zeit in keiner Sprache eine so umfassende und gleichzeitig so leichtverständliche und lesbare Darstellung des Buddhismus wie die von Dr. Conze.

Bekannt ist die Geschichte von dem König, der die Blinden fragte, wie ein Elefant aussehe. Der eine berührte den Rüssel des Elefanten und sagte: „Wie eine Wagendeichsel." Ein anderer betastete das Ohr des Tieres und sagte: „Wie ein Fächer" usw. Man könnte diese Parabel sehr wohl auf die europäischen Versuche, eine Geschichte des Buddhismus zu schreiben, anwenden. Damit will ich nicht etwa den Historikern einen Vorwurf machen. Zu Beginn des 19. Jahrhunderts war nur eine verhältnismäßig kleine Gruppe von Texten bekannt, die sich auf die mittelalterliche Periode des Buddhismus in Nepal bezogen. Als dann in Ceylon ein viel älterer Kanon entdeckt wurde, war die Überraschung so groß, daß man zunächst annahm, die in Ceylon gefundenen Pali-Schriften seien gültige Zeugnisse für die Gesamtgeschichte des frühen Buddhismus. Noch im Jahre 1932 benützte Frau Rhys Davids in ihrem unter dem etwas anspruchsvollen Titel veröffentlichten Werk „Manual of Buddhism for Advanced Students" im wesentlichen nur die Pali-Schriften. Ein Jahr später gab E. J. Thomas in seiner „History of Buddhist Thought" eine umfassendere Darstellung; aber sein Werk wendet sich mehr an Spezialisten als an das große Publikum. Für Dr. Conze sind die Fragen, die der Buddhismus stellt und beantwortet, lebendige Gegenwartsprobleme. Er sieht sie im Zusammenhang mit der Geschichte sowohl wie mit den Problemen unserer Zeit.

Ich bin der Überzeugung, daß nur Bücher, die einen ganz bestimmten Standpunkt einnehmen, von Wert sind; das darf der Verfasser allerdings nicht dadurch zu erreichen versuchen, daß er die Tatsachen verzerrt, sondern indem er klarlegt, wie er selbst gefühlsmäßig und verstandesmäßig auf diese Tatsachen reagiert. Ich habe seit langem kein Buch gelesen, das in diesem Versuch so erfolgreich ist wie das vorliegende Werk Edward Conzes.

VORBEMERKUNG DES VERFASSERS

Der Gedanke, dieses Buch zu schreiben, kam mir, als ich im Jahre 1941 bei Freunden in Godshill in Hampshire lebte und den Versuch machte, herauszufinden, wie weit man buddhistische Meditation heutzutage praktisch durchführen könnte. Die ersten Kapitel sind aus Vorlesungen entstanden, die ich vor einigen Jahren in Oxford gehalten habe, und Spuren des mündlichen Vortrags sind noch hier und da sichtbar geblieben. Dann schlug mir Dr. William Cohn im Jahre 1948 vor, eine Darstellung der gesamten Gedankenwelt des Buddhismus zu versuchen. Unterhaltungen mit vielen Gelehrten haben, hoffe ich, dazu beigetragen, meine Ansichten über schwierige und zweifelhafte Probleme zu klären. Ich erwähne in diesem Zusammenhang dankbar Arthur Waley (London), Prof. F. W. Thomas (Oxford), Dr. E. J. Thomas (Cambridge), Prof. Murti (Colombo), Prof. Lamotte (Löwen), Prof. Demiéville (Paris), Prof. Tucci (Rom) und Dr. Pott (Leiden). Viele der Texte, auf die meine Darstellung sich stützt, sind noch unübersetzt; ich hoffe, später eine Auswahl der wichtigsten buddhistischen Texte und Schriften vorzulegen und so für viele der im folgenden aufgestellten Behauptungen klare Beweise zu erbringen.

Edward Conze

Die vorliegende deutsche Ausgabe wurde in Zusammenarbeit mit dem Verfasser besorgt. Da die deutsche Sprache keinen dem englischen *spiritual* genau entsprechenden Ausdruck besitzt, mußte dieser wesentliche Begriff je nach dem Zusammenhang verschieden übersetzt werden: religiös, geistig, geistig-religiös oder an einigen Stellen geistlich (etwa im Sinne Luthers).

EINLEITUNG

Buddhismus als Religion

Der Buddhismus ist eine östliche Form geistig-seelischen Lebens. Die Grundlagen und Grundbegriffe der buddhistischen Lehre finden sich in vielen anderen Lehren dieser Erde, Lehren, die man *mystisch* nennen kann. Das Wesentliche dieser Lebensphilosophie ist mit großer Kraft und Klarheit von Thomas a Kempis in seiner »Nachfolge Christi« dargestellt worden. Was wir unter *Buddhismus* verstehen, ist Teil der überlieferten allgemein menschlichen Weisheit, mit deren Hilfe es den Menschen gelungen ist, die Welt zu überwinden und Unsterblichkeit oder besser ein vom Tode unberührtes Leben zu erringen.

Während der letzten zwei Jahrhunderte ist das Interesse an den Fragen des geistig-religiösen Lebens in Europa durch die vorwiegende Beschäftigung mit wirtschaftlichen und sozialen Problemen in den Hintergrund gedrängt worden. Der Begriff *Geist* erscheint uns heute als recht unbestimmt. Er ist in der Tat schwer zu definieren. Es ist einfacher, den Weg anzugeben, auf dem man zum Reich des Geistes gelangt, als eine Aussage über diesen Bereich selbst zu machen. Drei Zugangswege sind, so scheint mir, von den großen Weisen nahezu übereinstimmend überliefert: Sinneserfahrung als verhältnismäßig unwichtig zu betrachten; alles aufzugeben, was uns an diese Welt bindet; alle Menschen gleich zu behandeln, ohne Rücksicht auf ihr Aussehen, auf Intelligenz, Erziehung, Hautfarbe, Geruch usw.

Die Gesamtleistung der europäischen Völker ist in den letzten Jahrhunderten in eine Richtung gelenkt worden, die man nach dieser Definition nicht als *geistig-religiös* bezeichnen kann.

Es wird oft angenommen, daß zwischen Ost und West, zwischen Europa und Asien ein grundlegender Unterschied in der Einstellung zum Leben, in den Wertmaßstäben und in der seelischen Haltung bestehe. Christen, die den Buddhismus als ungeeignet für europäische Verhältnisse ansehen, vergessen den asiatischen Ursprung ihrer eigenen, ja aller Religionen. Religion ist nichts anderes als die Organisation eines geistigen Anspruches, der die Sinnenwelt verwirft und die Impulse, die uns an sie binden, als wertlos erklärt. 3000 Jahre lang ist allein Asien in der Erzeugung religiöser Ideen und Methoden schöpferisch gewesen. Europa hat auf diesem Gebiet alles von Asien entliehen, hat asiatische Ideen übernommen und sie dabei gelegentlich vergröbert. Es gibt wohl kaum eine religiöse Schöpfung Europas, die nicht aus zweiter Hand stammt und ihren ursprünglichen Impuls dem Osten verdankt. In der europäischen Gedankenwelt sind Organisation und Gesetzgebung des sozialen Lebens, besonders in Rom und in England, auf das höchste verfeinert, Beherrschung und wissenschaftliches Verständnis der Sinneserscheinungen immer weiter ausgebildet worden. Europäische Tradition neigt dazu, den Lebenswillen zu betonen und sich aktiv in der Welt der Sinne zu betätigen. Die religiöse Tradition der Menschheit aber beruht auf der Verneinung des bloßen Lebenswillens und wendet sich von der Welt der Sinne ab. Die europäische Geistigkeit mußte, seit den Tagen des Pythagoras und Parmenides, in regelmäßigen Zeitabständen immer wieder durch den Einfluß des Ostens verjüngt werden. Wenn man die orientalischen Elemente aus der griechischen Philosophie herauslöst, wenn man von Christus, Paulus, Dionysius Areopagita und der arabischen Philosophie absieht, so wird die Welt abendländischer Religiosität während der letzten 2000 Jahre unvorstellbar. Seit mehr als einem Jahrhundert hat die indische Gedankenwelt erneut begonnen, ihren Einfluß auf Europa auszuüben; sie wird vielleicht dazu beitragen können, die dahinwelkenden Überreste abendländischer Religiosität wieder zum Leben zu erwecken.

Einige charakteristische Einzelheiten unterscheiden den Buddhismus von anderen Weisheitslehren. Sie sind von zweierlei Art:

Vieles, was als *Buddhismus* überliefert ist, hat seinen Grund in Wahrheit nicht in der Ausübung der Lehre, sondern in den sozialen Verhältnissen, in denen die buddhistische Gemeinschaft lebte, in den Eigenheiten der Sprache, der Wissenschaft und Mythologie der Menschen, die die buddhistische Religion annahmen. Man muß unterscheiden zwischen exotischen Kuriositäten und den Grundbedingungen eines heiligen Lebens.

Es gibt zahlreiche Methoden, das Heil durch Meditation zu erlangen; diese Methoden sind, wie mir scheint, in der buddhistischen Tradition klarer und vollständiger enthalten als irgendwo sonst. Das ist allerdings zu einem erheblichen Grade eine Frage persönlicher Veranlagung. Denn bei gründlichem Studium ergibt die Literatur der Jainas, der Sufis, der christlichen Mönche in der Wüste Ägyptens und die sogenannte *asketische* und *mystische* Theologie der katholischen Kirche ganz ähnliche Resultate.

Einem Menschen, der von der ihn umgebenden Welt und von sich selbst gründlich enttäuscht und aller Illusionen beraubt ist, hat der Buddhismus viel Anziehendes zu bieten: die Höhenluft seiner märchenhaften, verfeinerten Gedankenwelt, den Glanz seiner Kunstwerke, die Großartigkeit seiner Herrschaft über mächtige Nationen, den entschlossenen Heroismus und die stille Verfeinerung derer, die sich ihm ganz ergeben haben. Mag man sich auch ursprünglich von seiner Weltentferntheit angezogen fühlen, ganz kann man den wahren Wert des Buddhismus erst empfinden, wenn man ihn nach der Wirkung beurteilt, die er auf das eigene tägliche Leben ausübt.

Die Regeln eines gottgefälligen Lebens, wie sie die buddhistischen Schriften bieten, lassen sich in drei Gruppen zusammenfassen: Moral, Kontemplation und Weisheit. Vieles, was unter *Moral* und *Kontemplation* fällt, ist allen indischen religiösen Bewegungen gemeinsam, die das Heil in einem von der gewöhnlichen, täglichen Gesellschaft entfernten Leben suchen. Dort finden wir, abgesehen von den Lebensregeln für den Laien, Vorschriften für das Leben der heimatlosen Brüderschaft der Mönche; ferner viele Yoga-Übungen — rhythmisches und bewußtes Atmen, Beherrschung der Sinne, Hervorrufung von Trancezuständen durch starre Betrachtung farbiger Kreise, verschiedene Grade der Ekstase und die Pflege der vier *himmlischen Haltungen,* der grenzenlosen Freundlichkeit, des grenzenlosen Mitleidens, der grenzenlosen Mitfreude und des grenzenlosen Gleichmuts. Weiter finden wir Meditationen allgemein erbaulicher Art, wie sie in jeder mystischen Religion vorkommen, Gedanken über den Tod, über das Abstoßende der körperlichen Funktionen, über die Dreiheit des Buddha, des Dharma (Lehre) und des Samgha (Gemeinde). Nur von wenigen Menschen ist zu erwarten, daß es ihnen gelingen werde, alle diese Gedanken im Laufe eines einzigen Lebens zu verwirklichen und auszuüben. Viele Wege führen zur Befreiung. Aber das Ziel ist ihnen allen gemeinsam: die Auslöschung des Glaubens an die Individualität.

Allerdings gibt das Wort *Individualität* in seiner heutigen Unbestimmtheit den Gedanken des Buddha nicht klar wieder. Nach der buddhistischen Lehre besteht der Mensch, wie wir später im einzelnen sehen werden, mit allem, was zu ihm gehört, aus fünf *Gruppen von Daseinsfaktoren,* den Skandhas, wie sie technisch heißen. Diese sind:

Der Körper, Sinne oder Körperliches (rūpa)
Empfindung (vedanā)
Bestimmte Wahrnehmungen, Vorstellungen usw. (samjnā)
Triebkräfte (sanskāra)
Bewußtsein (vijnāna).

Alles, was ein Mensch ergreifen, worauf er sich stützen, was er sich zu eigen machen kann, fällt notwendig unter eine dieser Gruppen, die den *Stoff* oder *Inhalt* der Individualität ausmachen. Der *Glaube* an Individualität erwächst aus der Erfindung eines *Selbst,* das diesen fünf Skandhas übergeordnet ist. Dieser Glaube findet seinen Ausdruck in der Annahme, daß irgendeines dieser Dinge *mein* sei, oder daß *Ich irgendeines dieser Dinge sei,* oder daß irgendeines dieser Dinge mein *Selbst* sei. Oder, mit anderen Worten, in der Überzeugung: *Ich bin dies,* oder *Ich besitze dies,* oder *Ich habe dies in mir,* oder *Ich befinde mich darin.* Sobald der Glaube an Individualität überwunden ist, verschwindet auch die Individualität selbst, da sie ja keine Tatsache, sondern nur Einbildung ist. Das *Individuum* besteht nur aus einem willkürlich aus den fünf *Haufen* (skandha) geformten Klumpen. Das Resultat seiner Aufhebung ist Nirwana — das Ziel des Buddhismus. Wenn man wollte, könnte man Nirwana als den Zustand der *wahren Individualität* beschreiben, denn das Wort *Individualität,* wie *wir* es verstehen, ist elastisch und unbestimmt genug dazu. Die buddhistischen Schriften haben allerdings diesen und jeden ähnlichen Ausdruck immer sorgfältig vermieden.

Die Entstehung der verschiedenen buddhistischen Schulen erklärt sich, wie wir sehen werden, aus dem Versuch, das Ziel des Buddhismus auf verschiedenen Wegen zu erreichen. Das wird schon aus der Zeit des ältesten Ordens von Männern verschiedenen Temperamentes und verschiedener Veranlagung berichtet. Sariputra war berühmt für seine Weisheit, Ananda für seinen Glauben und seine Hingabe, Maudgalyayana für seine magische Kraft. Später gründeten Anhänger von unterschiedlicher Begabung eigne Schulen, und die Ausbreitung der Lehre führte zu geographischer Trennung und zu selbständigen Organisationen. Manche Methoden zur Entindividualisierung, die wir in späteren Kapiteln behandeln werden, sind in den ältesten Schichten der Tradition, soweit wir sie kennen, entweder überhaupt nicht erwähnt oder nur undeutlich vorausgesehen. Aber spätere Buddhisten würden dazu wohl gesagt haben, der Buddha hätte, in seiner Liebe für alle Wesen, sicherlich nichts ausgeschlossen, was einem Sucher auf den rechten Weg helfen könnte. Eine der wichtigsten Aufgaben, die dieses Buch sich stellt, ist, zu erklären, welche Gedanken diese großen Schulen vertraten, welche Methoden sie wählten, warum sie überzeugt waren, daß sie, auf jeweils anderen Wegen, dasselbe Ziel erreichen würden, und was ihr Schicksal im Laufe der geschichtlichen Entwicklung gewesen ist.

Was wir in Europa unter *Philosophie* verstehen, ist eine Schöpfung der Griechen. Die buddhistische Tradition kennt nichts dergleichen und würde die Erforschung der *Wirklichkeit* rein zu dem Zweck der Erweiterung unserer Kenntnisse über sie als eine bloße Zeitverschwendung ansehen. Die Lehre des Buddha will den Weg zur Erlösung zeigen. Jede *Philosophie*, die sich in den Werken buddhistischer Autoren finden mag, ist rein zufällig. In dem großen Wortschatz der buddhistischen Schriften findet sich nichts, was unserem Begriff *Philosophie* entspräche. Eine Analogie wird das vielleicht klarer machen. Die chinesische Sprache hat, nach Auffassung der Chinesen selbst, keine Grammatik und wird in China ohne grammatische Hilfsmittel gelehrt. Europäische Philologen haben nach dem Vorbild unserer lateinischen grammatischen Grundbegriffe eine chinesische *Grammatik* konstruiert. Sie paßt nicht recht, und die Chinesen behelfen sich weiter ohne sie. Den Europäern aber bedeutet diese Grammatik lateinischen Stiles mit ihren bekannten Kategorien eine Erleichterung bei der Erlernung der chinesischen Sprache. Ähnlich könnte ein Versuch, die buddhistische Gedankenwelt in der Terminologie europäischer Philosophie darzustellen, den Zugang zu ihr erleichtern. Die buddhistische *Philosophie* könnte dann als *dialektischer Pragmatismus* mit besonderer Hinneigung zu *psychologischen* Betrachtungen definiert werden. Im folgenden wollen wir diese drei Punkte der Reihe nach betrachten.

Der Buddhismus, der seiner Herkunft und Zielsetzung nach eine Heilslehre ist, hat sich immer durch eine stark auf das Praktische gerichtete Haltung ausgezeichnet. Jede Spekulation über Fragen, die nicht direkt mit der Heilslehre zusammenhängen, wird vermieden. Die Grundlage des Lebens ist das Leiden. Ein von einem Pfeilschuß Verwundeter wird, bevor er sich den Pfeil entfernen läßt, nicht darauf bestehen, zu erfahren, wer der Schütze war, ob groß oder klein, schwarz oder blond. Er will nur von dem Geschoß befreit werden. Die letzte Mahnung des Buddha an seine Schüler war: »Alles Bedingte ist unbeständig. Erwirkt euch das Heil!« In ihrer langen Geschichte haben die Buddhisten diese praktische Haltung nie aus den Augen verloren. Unzählige Mißverständnisse wären vermieden worden, hätte man erkannt, daß die Aussagen der buddhistischen Autoren nicht Spekulationen über die Natur der Wirklichkeit sind, sondern Ratschläge für praktisches Handeln, Beschreibungen verschiedener Verhaltungsweisen und der aus ihnen sich ergebenden Erfahrungen. »Willst du dieses Ziel erreichen, so mußt du folgendermaßen handeln.« »Tust du das, so wirst du folgende Erfahrung machen.«

Wir können deshalb mit einiger Berechtigung sagen, daß buddhistisches Denken sich in der Richtung des sogenannten *Pragmatismus* bewegt. Der Wert eines Gedankens wird bestimmt durch seine Brauchbarkeit für die Praxis, durch den Wert der Lebensweise, die durch ihn angeregt wird. Überall, wo positive Eigenschaften, wie innere Freiheit, Güte, heiteres Selbstvertrauen, sich zeigen, ist man geneigt, anzunehmen, daß die *Philosophie*, die hinter einer solchen Lebenshaltung steht, vieles für sich habe. »Jede Lehre, von der du dir sagen kannst, daß sie zu Leidenschaftslosigkeit führt und nicht zu Leidenschaft; zu Unabhängigkeit und nicht zu Bindung; zu Verminderung weltlichen Gewinns und nicht zu seiner Vermehrung; zu Einfachheit und nicht zu Habgier; zu Zufriedenheit und nicht zu Unzufriedenheit; zu Einsamkeit und nicht zu Geselligkeit; zu Leistung und nicht zu Schlaffheit; zu Freude am Guten und nicht zu Freude am Bösen — von solcher Lehre kannst du mit Bestimmtheit sagen: Das ist *die* Regel. Das ist *die* Lehre. Das ist des Meisters Botschaft.«

Im Laufe der Entwicklung des Buddhismus wurde dieser Pragmatismus noch deutlicher. Seine Anhänger erkannten, daß alles, was man in Worten ausdrückt, zuletzt falsch ist — falsch schon allein deshalb, weil man es in Worte faßt. »Wer redet, weiß nicht; wer weiß, redet nicht.« Nur das *edle Schweigen* verletzt die Wahrheit nicht. Wenn man überhaupt spricht — und es ist erstaunlich, wieviel die Anhänger des *edlen Schweigens* zu sagen hatten —, so läßt es sich nur rechtfertigen durch *Rücksicht auf die Schwachen*. Anders ausgedrückt, man benützt Worte, weil sie möglicherweise anderen, auf einer niedrigeren geistigen Stufe Stehenden bei ihrer Fortentwicklung helfen könnten.

Die heilige Lehre ist in erster Linie ein Heilmittel. Der Buddha ist ein Arzt. Genau wie der Arzt imstande sein muß, die verschiedenen Krankheiten zu bestimmen, wie er ihre Ursachen erkennen und die notwendigen Heil- und Gegenmittel wissen und anzuwenden verstehen muß, so hat auch der Buddha die »Vier Heiligen Wahrheiten« gelehrt: den Umfang des Leidens, seinen Ursprung, seine Überwindung und den Weg, der zu seiner Überwindung führt (s. S. 39 ff.). Isoliert man aber die Worte Buddhas von der Aufgabe, die sie erfüllen sollen, so verlieren sie alle Kraft und Bedeutung.

Meditation ist das bei weitem wichtigste Mittel des Buddhismus zur Erlangung des Heils. Der Nachdruck liegt weniger auf der Notwendigkeit bestimmter äußerer Handlungen als auf Kontemplation und geistiger Disziplin. Das Ziel ist völlige Kontrolle über den geistigen Prozeß durch Meditation. Deshalb ist die buddhistische Gedankenwelt voll von dem, was wir *Psychologie* nennen. Der Buddhismus vermischt Metaphysik und Psychologie in einer Weise, für die wir im Westen keine Parallele haben.

Abgesehen von ihrem Pragmatismus und der Betonung der Psychologie neigt die buddhistische Lehre zur *Dialektik*. Dialektik ist eine Form der Logik, die wir in Europa mit den Namen Zeno von Elea und Hegel in Verbindung bringen. Sie beruht auf der Überzeugung, daß man bei klarem und tiefem Nachdenken über einen beliebigen Gegenstand notwendig auf Widersprüche stößt, das heißt zu Feststellungen kommt, die sich zu einem gewissen Grade gegenseitig ausschließen. Buddhistische Denker liebten Paradoxa und Widersprüche ganz besonders. Zwei Zitate aus dem »Diamanten-Sutra«, einer Schrift, die wahrscheinlich um 350 n. Chr. geschrieben worden ist und mehr Leser gefunden hat als irgendein anderes metaphysisches Werk, werden das klarmachen. Dort sagt der Buddha: »Lebewesen, Lebewesen, o Subhuti, als Nicht-Lebewesen sind sie von dem Tathagata dargestellt worden. Deswegen werden sie Lebewesen genannt.« Oder: »So viele Lebewesen es geben mag in allen diesen Weltsystemen, in meiner Weisheit kenne ich alle die vielverschlungenen Pfade ihrer Gedanken. Und warum? Pfade der Gedanken, Pfade der Gedanken, o Subhuti, als Nicht-Pfade sind sie uns dargestellt worden von dem Tathagata. Deswegen werden sie Pfade der Gedanken genannt. Und warum? Vergangene Gedanken find unfaßbar; zukünftige Gedanken sind unfaßbar; gegenwärtige Gedanken sind unfaßbar.«

Dadurch, daß sie das Denken überwinden, machen Widersprüche uns frei. Wieder ist eine Fessel des Daseins abgestreift, und der grenzenlose Raum des unendlichen Reiches der Wahrheit öffnet sich. Weltlicher eingestellte Menschen haben ähnliche Empfindungen bei der Lektüre von Morgensterns »Galgenliedern«. Der Buddhismus setzt sich über die Regeln der Logik hinweg — im Namen der Freiheit des Geistes, der über sie hinausweist. Außerdem führt er den Begriff des Absoluten ein, der ebenso wie bei Zeno, Nikolaus von Kues und Hegel einander widersprechende Aussagen zuläßt.

Der wichtigste Beitrag des Buddhismus auf dem Gebiete religiösen Denkens liegt in der mit großem Nachdruck vertretenen Lehre des *Nicht-Selbst* (an-attā in Pali, an-ātman in Sanskrit). Alle Buddhisten sehen den Glauben an ein *Selbst* als die Hauptursache des Leidens an. Wir erfinden Vorstellungen wie *Ich* und *Mein,* und das Resultat ist, daß wir in einen höchst unerwünschten Zustand geraten. Wir wären vollkommen glücklich, wie es nach der Ansicht mancher Psychologen das Kind im Mutterleib ist, wenn wir uns nur von unserem *Selbst* befreien könnten. Die Behauptung, man könne nur dann wahrhaft glücklich sein, wenn man für sich selbst nicht mehr vorhanden sei, ist ein dialektisches Paradoxon, das dem gesunden Menschenverstand zunächst als reiner Unsinn erscheinen muß. *Unglücklich sein* — das ist vielleicht eher verständlich — setzt voraus, daß wir uns mit anderen Dingen identifizieren, in der Überzeugung, was ihnen geschehe, geschehe uns. Denken wir beispielsweise an Zahnschmerzen, an einen Prozeß also, der sich in dem Zahn und in dem mit ihm verbundenen Nerv abspielt. Wenn jetzt mein *Ich* sich mit diesem Zahn beschäftigt, sich selbst davon überzeugt, daß dies *mein* Zahn ist — und manchmal ist es nicht sehr schwer, sich davon überzeugen zu lassen — und glaubt, daß, was dem Zahn geschieht, mit Notwendigkeit auch mich angehe, so wird daraus wahrscheinlich eine Störung meiner Gedankenwelt entstehen. Der Buddhist sieht das folgendermaßen an: Es gibt die Vorstellung des *Ich;* sie ist ein Geschöpf meiner Einbildung, dem in der Wirklichkeit nichts entspricht. Es gibt ferner alle möglichen Vorgänge, die sich in der Welt abspielen. Jetzt erschaffe ich ein anderes Trugbild meiner Vorstellung, die Idee des *Angehörens,* und komme zu dem Schluß, daß ein nicht sehr klar bestimmter Teil der Welt diesem *Ich* oder zu *Mir* gehöre. Diese Anschauung des Buddhismus unterscheidet sich grundlegend von vielen unserer westlichen Überlieferungen. Aristoteles z. B. behandelt diese Idee des *Gehörens* (hyparchein) ganz unkritisch als eine Erfahrungstatsache und baut seine ganze Logik und Ontologie darauf auf.

Die Lehre des *Nicht-Selbst* (Anatta) ist sehr tief. Man braucht wahrscheinlich mehr als ein Leben, um ihr auf den Grund zu kommen. In der buddhistischen Überlieferung besteht sie eigentlich aus zwei Grundsätzen, die wir sorgfältig voneinander unterscheiden müssen:

Einmal wird betont, daß den Worten und Vorstellungen

Ich, Mein, Gehören usw. in der Wirklichkeit nichts entspricht. Das Selbst wird also nicht als *Tatsache* angesehen. Zweitens werden wir aufgefordert, uns klarzumachen, daß uns in der empirischen Erfahrung nie etwas begegnet, das *wert* wäre, als ein *wirkliches Selbst* angesehen zu werden (vgl. S. 104 ff.).

Der zweite Grundsatz wird im Laufe der Darlegungen dieses Buches klarer werden. Zunächst aber müssen wir den ersten näher betrachten.

Wir werden aufgefordert, gegen die intellektuelle Überzeugung anzukämpfen, als gäbe es so etwas wie ein *Selbst* oder eine *Seele,* oder eine *Substanz* oder Beziehungen wie *angehören* oder *besitzen*. Es wird nicht bestritten, daß das *Selbst* usw. eine Gegebenheit der Erfahrung des gesunden Menschenverstandes ist. Aber wenn es sich um die Tatsachen der absoluten Wirklichkeit handelt, müssen wir das *Selbst* und alle derartigen Vorstellungen verneinen. Dieser Schritt hat eine wichtige Folge. Wenn es kein *Selbst* gibt, kann es auch keine *Persönlichkeit* geben. Denn eine Persönlichkeit kann nur aus einem inneren Mittelpunkt erwachsen, aus einem *Selbst*.

In meinem Buch »Contradiction and Reality« habe ich versucht, die buddhistischen Argumente gegen den objektiven Begriff eines *Selbst* in moderner Terminologie darzustellen. Eine Wiederholung würde hier zu weit führen. Welche Gegengründe es auch geben mag, es ist klar, daß wir gewohnheitsmäßig von einem *Selbst* sprechen und glauben, ohne diesen Begriff nicht auskommen zu können. In der Geschichte der englischen Philosophie kommt Humes Verneinung des *Ego* als eines von dem geistigen Prozeß unterschiedenen Wesens der Anatta-Lehre sehr nahe. Rein von der Theorie aus gesehen, hat der Buddhismus in dieser Beziehung wenig zu bieten, was man nicht ebensogut und wahrscheinlich in einer uns näherliegenden Form bei Hume und bei ihm verwandten Denkern, wie William James, finden könnte. Der Unterschied zwischen den Buddhisten und den europäischen und amerikanischen Philosophen liegt in dem Gebrauch, den sie von einer einmal als richtig erkannten philosophischen Lehre machen. Wir in Europa haben uns daran gewöhnt, daß zwischen der Theorie und der Praxis unserer Philosophen, zwischen ihrer Weltanschauung und ihrer Lebensführung oft eine fast unüberbrückbare Kluft liegt. Schopenhauer und Herbert Spencer fallen einem sofort als besonders gute Beispiele ein. Wenn einer unserer Philosophen bewiesen hat, es gäbe kein Selbst, so wird er sich wahrscheinlich damit zufrieden geben und leben, als gäbe es doch eins. Seine Habgier, sein Haß und seine Liebe bleiben von den philosophischen Argumenten praktisch unberührt. Er wird nicht danach beurteilt, ob seine Lehren mit seinem Leben übereinstimmen, sondern danach, ob ihr logischer Aufbau, der Stil der Darstellung, der Umfang seiner Bildung dem Urteil standhalten — also nach rein intellektuellen Maßstäben. Es würde niemandem einfallen, einen Philosophen durch den Hinweis zu *widerlegen,* daß er unerträglich grob zu seiner Frau sei, seine glücklicheren Kollegen beneide und, wenn man ihm widerspricht, die Fassung verliere. Im Buddhismus dagegen liegt der Nachdruck durchaus auf der Führung eines gottgefälligen Lebens und der Überwindung der Welt. Die Aufstellung eines rein theoretischen Dogmas, wie »es gibt kein Ich«, würde als völlig unfruchtbar und nutzlos angesehen werden. Gedanken sind Werkzeuge, und ihre Rechtfertigung liegt nur in den mit ihrer Hilfe erzielten Resultaten.

Nicht zufrieden mit der intellektuellen Überzeugung, daß es kein Ich gibt, zielt der Buddhist auf eine völlig neue Lebenshaltung ab. Wer vom Buddhismus überraschend neue, bisher nie gehörte Gedanken über das Problem des Selbst erwartet, wird wenig finden. Wer aber Ratschläge für ein selbstloses Leben sucht, kann viel lernen. Der größte Beitrag der buddhistischen *Philosophie* liegt in den Methoden, die sie ausgearbeitet hat, um uns unwillige Zweifler von der Wahrheit der Lehre des Nicht-Selbst zu überzeugen, in der Disziplin, die die Buddhisten sich selbst auferlegt haben, um diese Erkenntnis zu einem Teil ihres eigenen Wesens zu machen.

Radikaler Pessimismus

Die andere Seite der Anatta-Lehre besteht in der Zurückweisung all dessen, was einen Teil des empirischen Selbst ausmacht oder dieses Selbst anzieht. Diese Haltung hat dem Buddhismus den Ruf einer *pessimistischen* Religion eingebracht. Es trifft zu, daß die Welt, d. h. alles Bedingte und Unbeständige, durchaus als ein Übel angesehen wird, als etwas, das ganz von Leiden erfüllt ist und daher völlig zurückgewiesen, völlig aufgegeben werden muß, um des einzigen Zieles, des Nirwana willen. Trotzdem bin ich nicht ganz sicher, ob diese Weltanschauung mit Recht als *radikaler Pessimismus* charakterisiert werden kann. Europäer, die aus buddhistischen Ländern, wie Burma und Tibet, zurückkehren, berichten, daß die Bewohner dort, Laien sowohl wie Mönche, durchweg eine freundliche Heiterkeit an den Tag legen. Es wäre einigermaßen rätselhaft, wenn die pessimistische Trübseligkeit, die viele aus der buddhistischen Lehre vom allgemeinen Leiden herauslesen, sich in einer heiteren Lebensführung spiegeln sollte. Die Welt mag ein Tränental sein: ihre Last abzuwerfen ist eine Freude. Man muß sie verneinen: aber mit dieser Verneinung gewinnt man ein göttliches Königtum, und der Gewinn ist unendlich größer als der Verlust. Das beste ist: auf solche Worte wie *Pessimismus* zu verzichten und dem Problem unmittelbar ins Auge zu schauen.

Die negative Haltung der buddhistischen Denker gegenüber dieser Welt ist natürlich von der Frage nach der Bedeutung des Lebens und dem Schicksal des Menschen nicht zu trennen. Wie schwierig dieses Problem auch sein, wie unwissenschaftlich die Beschäftigung damit auch erscheinen mag, wir müssen zu einer Entscheidung kommen, denn auf der Antwort beruht alles Glück und alle Fruchtbarkeit unseres Lebens. Die Ansichten über die Natur und das Schicksal des Menschen und die Bedeutung des menschlichen Daseins zerfallen im wesentlichen in zwei Gruppen. Nach der einen ist der Mensch das Produkt der Erde. Die Erde ist seine Heimat. Seine Aufgabe ist es, sich hier auf der Erde ein Heim zu schaffen. Selbsterhaltung ist das höchste Gesetz des Menschen und sogar seine Pflicht. Andere dagegen glauben, daß der Geist des Menschen sich in dieser Welt nicht wohl fühle, daß seine Seele aus dem Paradies vertrieben und er ein Fremdling auf der Erde sei. Seine Aufgabe ist es, den Zustand der Vollkommenheit wieder zu erringen, in dem er sich befand, bevor er in die Welt verstoßen wurde. Selbstverleugnung ist höchstes Gesetz und die Pflicht des Menschen.

Unsere moderne Zivilisation vertritt den ersten, der Buddhismus den zweiten Standpunkt. Es wäre natürlich sinnlos zu behaupten, man könne solche Fragen mit rationalen Gründen entscheiden. Bei allen Entscheidungen über absolute Werte muß man sich davor hüten, zu einem Naturgesetz zu erheben, was in Wahrheit nur auf individuellem Geschmack, Temperament und Neigung beruht. Man kann den eigenen Standort bestimmen, aber man darf andere nicht dazu zwingen, ihn auch zu dem ihrigen zu machen. Die buddhistische Weltanschauung hat nur denen etwas zu sagen, die alle Illusionen über ihre eigene Bedeutung und unsere Welt verloren haben, Menschen mit einer großen Empfänglichkeit für Leiden, Schmerz und jede Art von Störung, verbunden mit einem tiefen Verlangen nach Glück und einer starken Fähigkeit zum Verzicht. Kein Buddhist würde erwarten, daß alle Menschen fähig oder auch nur willens seien, die Lehre des Buddha zu begreifen.

Der Buddhist strebt nach einem Zustand reiner Glückseligkeit im Jenseits. Warum verlangt er so viel? Warum bescheidet er sich nicht damit, aus dieser Welt soviel Glück wie möglich zu schöpfen? Die Antwort darauf ist, daß wir uns tatsächlich nie so bescheiden. Wenn größere Bequemlichkeit und Befriedigung weltlicher Wünsche uns allein zufriedenstellen könnten, dann müßten die Einwohner der Villenviertel unserer Großstädte unendlich zufriedener und glückseliger sein als chinesische Kulis oder spanische Bauern. Das genaue Gegenteil ist der Fall. Nach der buddhistischen Auffassung ist unsere menschliche Natur so eingerichtet, daß wir nur mit absoluter Beständigkeit, größtem Glück und völliger Sicherheit zufrieden sind. Und alles das können wir in dieser wechselvollen Welt niemals finden.

Die Entdeckungen der modernen Philosophie und Psychologie über die tiefe Bedeutung des Angstgefühls im Innersten unseres Wesens haben einen ganz buddhistischen Klang. Nach der Ansicht von Scheler, Freud, Heidegger und Jaspers liegt in der Tiefe unseres Wesens eine Ur-Angst, eine Leere, aus der alle anderen Formen der Angst und des Unbehagens ihre Nahrung ziehen. Nur Menschen mit einer beschaulichen, nach innen gerichteten philosophischen Veranlagung erleben dieses Angstgefühl in seiner reinsten Form, und auch sie nur selten. Wer das nie selbst empfunden hat, den wird auch die gründlichste Erklärung nicht überzeugen. Wer es einmal erfahren hat, wird es nie vergessen, mag er es noch so energisch versuchen. Es überfällt einen wohl, wenn man im Schlaf sich weit von dieser Welt entfernt hat; mitten in der Nacht erwacht man und fühlt ein Erstaunen über die eigene Existenz, das dann der Furcht und dem Schrecken über die einfache Tatsache des Da-Seins Platz macht. In einem solchen Augenblick kann man sich, eine flüchtige Sekunde lang, manchmal selbst sehen, umgeben von dem absoluten Nichts, mit einem nagenden Gefühl der eigenen Ohnmacht und Hilflosigkeit gegenüber dieser erstaunlichen Tatsache, *da* zu sein. Im allgemeinen vermeiden wir diese Erfahrung soweit wie möglich, denn sie ist erschütternd und schmerzhaft. Im allgemeinen ziehe ich es vor, mein *Ich* mit allen möglichen anderen Erfahrungen zu verkleiden, statt es nackt und bloß bei mir zu haben. Menschen, die immer beschäftigt sind, immer über etwas nachdenken, immer etwas tun müssen, flüchten unaufhörlich vor dieser Erfahrung der Ur-Angst. Gewöhnlich lehnen und stützen wir uns auf etwas andres, nur nicht auf die leere Mitte unseres Selbst. Die Buddhisten sind überzeugt, daß wir nie Frieden finden werden, solange wir nicht dieses ursprüngliche

Angstgefühl überwunden haben, und daß wir es nur überwinden können, wenn wir uns auf gar nichts stützen.

Unsterblichkeit

Die Buddhisten mit ihrer hohen Auffassung von der Natur des Menschen halten es für vernünftig und sinnvoll, nach Unsterblichkeit zu streben. Es ist das Ziel des Buddhismus, wie das vieler anderer Religionen, Unsterblichkeit und ein vom Tode freies Leben zu gewinnen. Nach seiner Erleuchtung verkündete der Buddha, er habe die *Tore zum Nicht-Sterben* geöffnet. Die bloße Fortdauer unseres individuellen Lebens ist natürlich nicht dasselbe wie Unsterblichkeit. Unsterblichkeit ist das genaue Gegenteil unseres Lebens, das untrennbar mit dem Tode verbunden ist. Schon im Augenblick unserer Geburt beginnen wir zu sterben. Bereits unmittelbar nach der Geburt beginnt der Stoffwechsel in unserem Körper sich zu verlangsamen. Die Geburt ist die Ursache des Todes. Alle äußeren Umstände, die möglicherweise zum Tode führen können, sind rein zufällig. Die entscheidende Tatsache, die den Tod unvermeidlich macht, ist der Vorgang der Geburt oder, um es genauer auszudrücken, der Vorgang der Empfängnis. Daß in England noch heute die Todesstrafe durch Erhängen vollzogen wird, könnte, so will mir manchmal scheinen, den Gedanken nahelegen, diese Todesart sei gewissermaßen eine symbolische Darstellung des menschlichen Lebens. Im Augenblick der Empfängnis springen wir sozusagen mit einer Schlinge um den Hals von einer Plattform. Früher oder später, es ist nur die Frage *wann*, wird diese Schlinge sich zuziehen und uns erdrosseln. Unser ganzes Leben lang sind wir uns dieser verzweifelten Lage bewußt, ob wir es wagen, ihr ins Auge zu schauen oder nicht. Wie sollten wir uns in der Zwischenzeit je vollkommen wohl fühlen können? Das Verlangen nach Unsterblichkeit entsteht also nicht aus dem Bestreben, unserem individuellen Leben, das wir um den Preis unvermeidlichen Verfalls erworben haben, unbeschränkte Dauer zu verleihen, sondern aus dem Wunsche, diese Individualität zu überwinden.

Nehmen wir an, Herr Schmidt habe genug von diesem Dasein, in dem alles nur entsteht, um nach kurzer Zeit wieder zerstört zu werden. Nehmen wir an, er habe sich entschlossen, nach Unsterblichkeit zu streben. Er hat dann keine andere Wahl, als sein ganzes eigenes Wesen zu verleugnen. Er muß sich lösen von allem, was unbeständig ist. Versuchen wir einmal uns vorzustellen, was von Herrn Schmidt übrigbleibt, wenn er unsterblich geworden ist. Sein Körper wäre selbstverständlich verschwunden. Damit hätte er auch alle seine Instinkte verloren, die ja mit seinen Drüsen, seinem Gewebe, in einem Wort mit seinem Körper untrennbar verbunden sind. Sinn, Gemüt und Verstand müßte er ebenfalls opfern, denn sie sind abhängig von körperlichen Vorgängen, ihre Funktion beruht auf den Meldungen, die sie von den körperlichen Sinnesorganen empfangen; sie verraten ihre Unbeständigkeit dadurch, daß sie ununterbrochen von einem Gegenstand zum anderen wandern. Damit wäre auch die Fähigkeit zu logischem Denken verloren, und Herr Schmidt würde sich in seiner Unsterblichkeit selbst nicht mehr wiedererkennen. Alles, woran er und andere seine Identität feststellen könnten, wäre verschwunden. Und eine Neugeburt wäre nur möglich, wenn er inzwischen gelernt hätte, all das zu verneinen, was den unsterblichen Teil seines Wesens behindert, der, wie die Buddhisten es ausdrücken würden, außerhalb seiner fünf Skandhas liegt — alles, woraus sein geliebtes kleines Selbst besteht. Die Erziehung des Buddhisten besteht denn auch in der Tat darin, systematisch die Bindungen abzustreifen, welche uns daran hindern, die durch unsere Geburt verlorengegangene Unsterblichkeit wiederzugewinnen. Körperliche Empfindungen werden unterdrückt, die Instinkte geschwächt, der Geist beruhigt, logisches Denken wird durch absurde Ideen aus der Bahn geworfen und seiner Kraft beraubt; sinnliche Wahrnehmungen werden gering geschätzt und die Erfahrung der Augen durch die Einsicht des Glaubens und der Weisheit ersetzt. Im Grunde kommt es auf die Vorschrift John Wesleys heraus, der einem Schüler riet, sich selbst langsam, Schritt für Schritt, zum Absterben zu bringen.

Alles hängt aber, wie bereits gesagt, davon ab, wie man die menschliche Natur einschätzt. Diejenigen, die den Menschen nur als ein Geschöpf der Erde ansehen, werden, wenn sie von der buddhistischen Sehnsucht nach Unsterblichkeit hören, an eine Schnecke denken, die ihr Haus aufgibt, um sich aufs Fliegen zu verlegen. Wer dagegen den Menschen als ein im Grunde geistiges Wesen ansieht, wird das buddhistische Gleichnis von den Bergschwänen vorziehen, die, wenn sie ihren See in den Bergen verlassen haben, von Tümpel zu Tümpel ziehen, ohne sich irgendwo niederzulassen, bis sie zu ihrer wahren Heimat in den klaren Wassern des Bergsees zurückkehren.

Wie beredt sich auch die Weisen über diesen Punkt auslassen mögen, der gesunde Menschenverstand wird dabei bleiben, daß eine solche weltabgekehrte Haltung vielleicht das Zeichen eines hochstehenden, vornehmen Charakters sei, aber sich sicherlich nicht für einen Menschen eigne, der nun einmal gezwungen sei, in dieser Welt und auf unserer Erde zu leben. Wir sind heutzutage alle, bewußt oder unbewußt, Anhänger Darwins, und die Aussicht einer weltabgekehrten Lehre, den Kampf ums Dasein zu überleben, scheint uns erschreckend gering. Wie könnte sie sich je auf der Erde behaupten? Aber die historischen Tatsachen scheinen dem gesunden Menschenverstand in störender Weise zu widersprechen. Die buddhistische Gemeinschaft ist die älteste religiöse Institution der Menschheit. Wenn man von der verwandten Sekte der Jainas absieht, hat sie eine längere Lebensgeschichte als irgendeine andere menschliche Einrichtung. Auf der einen Seite stehen die großen, furchterregenden Reiche der Geschichte, geschützt von unzähligen Soldaten, Kriegsschiffen und Beamten. Kaum eins von ihnen hat länger als etwa drei Jahrhunderte Bestand gehabt. Auf der anderen Seite haben wir eine Vereinigung von Bettlern, die, mit voller Überlegung, Armut höher schätzten als Reichtum; die sich geschworen hatten, andere Wesen nicht zu verwunden oder zu töten; die ihre Zeit damit zubrachten, wundervolle Träume zu träumen und prachtvolle Luftschlösser zu bauen; die verachteten, was die Welt hochschätzte; die hochschätzten, was die Welt verachtete — Sanftmut, Freigebigkeit, untätige Betrachtung. Aber während die mächtigen, auf Habgier, Haß und Täuschung aufgebauten *Weltreiche* nur gerade ein paar Jahrhunderte Bestand hatten, hielt der mächtige Impuls der Selbstverleugnung die buddhistische Gemeinschaft über 2500 Jahre zusammen.

Ich finde, daß man aus dieser Tatsache eine ganze Anzahl von Schlüssen ziehen kann. Der Darwinismus und andere Philosophien, die hinter diesen großen Staatsgefügen stehen, sind ohne große Tiefe. Sie haben ihre Zeit — in Wahrheit eine recht kurze und nicht gerade friedliche Zeit. Die große Weisheitsüberlieferung der Menschheit dagegen reicht tief hinunter bis an die Wurzeln, den Atem und den Rhythmus des Lebens selbst. Die Sanftmütigen werden das Erdreich ererben, die Sanftmütigen *haben* das Erdenreich geerbt, denn sie allein sind bereit, in engster Berührung mit der Erde zu leben. Der chinesische Philosoph Lao

Tse hat diesen Gedanken im 7. Kapitel des Tao te king wundervoll ausgedrückt:

»Der Himmel ist ewig und die Erde unvergänglich.
Sie sind ewig und unvergänglich, weil sie nicht für sich
    selbst leben;
Darum leben sie lang.
So auch hält der Weise sich im Hintergrund und steht vorn;
Er vergißt sich selbst und wird bewahrt.
Wird nicht darum, weil er uneigennützig ist,
Sein eigener Nutzen gefördert?«

I. GEMEINSAME GRUNDLAGE

Dharma

Ein Historiker, der festzustellen versucht, was der Buddha eigentlich gelehrt habe, findet sich buchstäblich Tausenden von Werken gegenüber, die alle die Autorität des Buddha für sich in Anspruch nehmen, gleichzeitig aber die verschiedenartigsten, einander widersprechenden Lehren enthalten. Einige Schriftsteller, die in der Tradition der evangelischen Kirche aufgewachsen sind, haben neuerdings die Forderung aufgestellt, daß nur das, was Gautama Buddha um 500 v. Chr. tatsächlich gesagt habe, als wahre buddhistische Lehre gelten dürfe. Dieser Grundsatz hat zu scharfen Kontroversen geführt. Tatsächlich ist es so, daß alle unsere Vermutungen und Schlußfolgerungen über die älteste Schicht der erhaltenen Schriften ganz unsicher sind. Die Versuche, einen *ursprünglichen* Buddhismus zu rekonstruieren, haben nur eines gemeinsam: sie stimmen alle darin überein, daß die Lehre des Buddha sicherlich nicht so gemeint gewesen sei, wie die Buddhisten sie aufgefaßt haben. Frau Rhys Davids zum Beispiel *reinigt* den Buddhismus von der Lehre des *Nicht-Selbst* und vom Mönchtum. Nach ihr besteht der Buddhismus ursprünglich in einer Art Anbetung *des Mannes*. H. J. Jennings entfernt kaltblütig jede Erwähnung der Wiedergeburt aus den buddhistischen Schriften und behauptet, dadurch ihre ursprüngliche Bedeutung wiederhergestellt zu haben. P. Dahlke scheidet alle Magie und Mythologie, von denen der überlieferte Buddhismus voll ist, aus und reduziert die Lehre Buddhas auf eine rein verstandesmäßige, agnostische Theorie.

In diesem Buch dagegen will ich versuchen, die lebendige Tradition des Buddhismus durch die Jahrhunderte hindurch zu verfolgen, und ich bekenne, daß ich nicht weiß, was die *ursprüngliche Lehre* des Buddhismus war. Die ganze spätere Geschichte des Buddhismus nur als Entartung einer *ursprünglichen* Lehre zu betrachten, wäre dasselbe, wie wenn man eine Eiche als die Entartung einer Eichel ansehen wollte. Ich glaube, daß die Lehre des Buddha in ihrer vollen Größe und Majestät alle die Lehren einschließt, die im Laufe der ununterbrochenen geschichtlichen Entwicklung mit der ursprünglichen Lehre verbunden worden sind und die alle auf verschiedenen Wegen versuchen, die Individualität dadurch zu überwinden, daß sie den Glauben an sie ausrotten.

Im Verlauf unserer Darstellung werden wir uns überall auf die überlieferten heiligen Schriften als die wesentlichen Dokumente der Geschichte des Buddhismus zu beziehen haben. Wir wollen daher eingangs eine allgemeine Übersicht der buddhistischen Literatur geben und die verschiedenen Gruppen der Schriften, ihr Alter und die Sammlungen, in denen sie erhalten sind, kurz betrachten.

Schon frühzeitig sind die Schriften in *Dharma* und *Vinaya* eingeteilt worden. Vinaya handelt von der mönchischen Disziplin, Dharma von der Lehre. Später finden wir eine Dreiteilung in *Vinaya, Dharma* oder *Sutra,* und *Abhidharma.* Abhidharma handelt von den fortgeschritteneren Lehren (s. S. 99 ff.).

Eine weitere wichtige Einteilung ist die in *Sutra* und *Shastra.* Ein Sutra ist ein Text, der Anspruch erhebt, wörtlich von dem Buddha zu stammen. Er beginnt immer mit den Worten »So habe ich einst gehört. Der Herr weilte in ...«. Das *Ich* bedeutet den Schüler Ananda, der unmittelbar nach dem Tode des Buddha alles, was der Meister je geäußert hatte, öffentlich rezitierte. Viele Sutras sind erst Jahrhunderte nach dem Tode des Buddha verfaßt worden. Wer die Verfasser jener Sutras waren, die nicht von dem historischen Buddha stammen, ist natürlich unbekannt. Die Buddhisten selbst waren über den Wert dieser späten Sutras sehr verschiedener Meinung. Eine Partei, die unter dem Namen *Hinayana* oder *Das kleine Fahrzeug* bekannt ist, vertrat die Ansicht, daß die Werke, die erheblich nach 480 v. Chr. entstanden sind und nicht in der ersten Versammlung unmittelbar nach dem Tode des Buddha rezitiert wurden, nicht authentisch seien und nicht als des Buddha eigene Worte gelten könnten, sondern nur als Dichtungen und Märchen. Die andere Partei dagegen, unter dem Namen *Mahayana* oder *Das große Fahrzeug* bekannt, bestand trotz aller chronologischen Schwierigkeiten darauf, daß selbst diese späten Sutras aus dem Munde des Buddha stammten. Ihre späte Veröffentlichung wurde auf verschiedene Weise erklärt. Eine bekannte Version ist zum Beispiel, daß die *Prajnaparamita-Sutras* (Texte von der »Vollkommenheit der Erkenntnis«) von Buddha selbst offenbart wurden, aber zu schwierig waren, um von seinen Zeitgenossen verstanden zu werden. Sie wurden deshalb in dem Palast der Schlangen oder Drachen (Nagas) in der Unterwelt aufbewahrt. Als die Zeit reif war, stieg der große Gelehrte Nagarjuna in die Unterwelt hinab und brachte sie zur Menschenwelt herauf. Diese Erzählung braucht nicht unbedingt von jedermann geglaubt zu werden. Die Buddhisten waren in ihrem Bestreben, sich der Veranlagung verschiedenartiger Menschen anzupassen, immer dazu bereit, denen, die in mythologischer Form dachten, mythologische Erklärungen zu geben, während sie gleichzeitig für philosophisch eingestellte Menschen philosophische Erklärungen bereithielten. Die philosophische Rechtfertigung der späten Sutras benützt die Lehre von den *Drei Körpern* Buddhas, auf die wir noch zurückkommen werden. Diese Lehre behauptet, die frühen Sutras seien von Buddha in seinem *materiellen Körper,* die späten dagegen in seinem *übernatürlichen Körper des Genusses* gelehrt worden (s. S. 163).

Ein *Shastra* ist die Abhandlung eines Autors, den wir meist namentlich kennen, systematischer als die Sutras, aber auf deren Autorität beruhend. Viele Shastras, die von Kirchengelehrten, wie u. a. Nagarjuna, Vasubandhu, verfaßt wurden, sind uns erhalten.

Die literarische Gesamtleistung der Buddhisten war ungeheuer, aber wir besitzen nur noch Bruchstücke davon. Deshalb wird eine Geschichte des Buddhismus immer ein tastender, fragmentarischer Versuch bleiben müssen. Über 400 Jahre lang wurde die Tradition nur mündlich durch Deklamatorenschulen übermittelt. Vieles in den älteren Schriften deutet auf mündliche Überlieferung hin, wie z. B. die vielen Wiederholungen und eine Vorliebe für Verse und zahlenmäßige Listen. Da man lange Zeit mündliche Überlieferung bevorzugte, sind viele gerade der ältesten Dokumente verlorengegangen.

Das Alter der Schriften ist weithin unsicher. In der Überlieferungsgeschichte des Buddhismus treten nur wenige Namen und noch weniger feste Daten heraus. Deshalb kann der Versuch, moderne geschichtskritische Methoden auf die Geschichte des Buddhismus anzuwenden, den Historiker beinahe zur Verzweiflung treiben. In ihrem Textbuch der historischen Methode stellen Langlois und Seignobos fest, daß »ein Dokument, dessen Autor, Zeit und Herkunft sich nicht feststellen lassen, völlig unbrauchbar« sei. Gerade das trifft aber leider auf die meisten Dokumente zu, die wir der *Geschichte* des Buddhismus zugrunde legen. Die Hindus haben historischen Daten gegenüber fast immer völlige Gleichgültigkeit an den Tag gelegt. Verglichen mit der Unwandelbarkeit der Wahrheit, sehen sie den Wechsel der historischen Ereignisse als unwichtig an. Die indischen Buddhisten hatten dieselbe Einstellung. Selbst für ein so grundlegendes Datum wie die Lebenszeit des Buddha variieren die Angaben auf das stärkste. Moderne Gelehrte nehmen als Todesjahr gewöhnlich 483 v. Chr. an. Die buddhistische Tradition in Indien aber ergibt eine ganze Anzahl anderer Daten, z. B. 852 v. Chr. oder 652 oder 552 oder 353 und sogar 252. Natürlich kann unser Versuch, die historische Abfolge der Ereignisse der buddhistischen Geschichte festzustellen, ohne den sicheren Rahmen einer Zeitbestimmung immer nur mehr oder weniger überzeugende Vermutung bleiben. Man muß allerdings zugeben, daß die buddhistische Einstellung gegenüber festen Datierungen, mag sie auch dem Gelehrten das Leben schwer machen, nicht ganz so abwegig ist, wie sie uns zunächst erscheint. Der Dharma als solcher hat keine Geschichte. Nur die äußeren Umstände, unter denen er wirkt, sind dem Wechsel unterworfen. Und viele Ereignisse von höchster geistiger und religiöser Bedeutung finden in einem historischen Werk überhaupt keinen Platz. Die Mehrzahl der Erlebnisse und Erfahrungen der alten Weisen und Heiligen in ihrer Einsamkeit bleibt dem Historiker unzugänglich.

Ferner haben die Buddhisten nur wenige Namen bewahrt, weil es sich in der besten Zeit für einen Mönch nicht schickte, sich durch literarische Arbeiten einen Namen zu machen. Es kam ihnen nicht darauf an, wer etwas gesagt hatte, sondern nur, ob es wahr und förderlich war und mit der Tradition übereinstimmte. Originelle, neue Gedanken waren nicht beliebt, und anonym zu bleiben war Vorbedingung und Folge der Heiligkeit. Eine solche Haltung hat ihre Vorzüge. Wenn eine große Anzahl von Menschen sich völlig darauf konzentriert hat, ihrer religiösen Entwicklung und Vervollkommnung zu leben, und wenn eine ganze Gemeinschaft lange Zeit hindurch ununterbrochen auf dieses Ziel hinarbeitet, so dürfte das Resultat nach dem Ablauf von mehreren Jahrhunderten ziemlich eindrucksvoll sein.

Übrigens dürfen wir Namen selbst da, wo sie erwähnt werden, nicht ohne weiteres akzeptieren. Berühmten Männern, wie Ashvaghosha, Nagarjuna und Vasubandhu, wurden so viele Werke zugesprochen, daß fromme Überlieferung später in manchen Fällen ihre Lebenszeit über viele Jahrhunderte hin ausdehnte, während die moderne historische Kritik die größten Schwierigkeiten hat, die verschiedenen Persönlichkeiten auseinanderzuhalten, die sich manchmal hinter einem Namen verbergen.

Trotzdem ist eine ungefähre Datierung der literarischen Überlieferung möglich. So ist es z. B. wahrscheinlich, daß der Suttanipata eine Anzahl der ältesten Texte enthält, die wir überhaupt besitzen, einmal der archaischen Sprache wegen, in der sie abgefaßt sind, und dann, weil ein Kommentar zu einem Teil des Suttanipata sich in dem Kanon der Theravadins findet. Unsere Vermutungen über die relative Datierung der buddhistischen Schriften, ihr zeitliches Verhältnis zueinander, können sich auf sprachliche oder auf dogmatische Gründe stützen. Wo es sich um dogmatische Gründe handelt, besteht immer die Gefahr, daß man sich — wie es in der Vergangenheit nur zu oft geschehen ist — eine rein willkürliche Vorstellung von einem *primitiven* Buddhismus macht und dann alles andere dementsprechend datiert.

Sehr nützlich sind die chinesischen Übersetzungen, die immer mit großer Sorgfalt die Zeit ihrer Abfassung angeben und so den Schluß erlauben, daß die entsprechende indische Vorlage einige Zeit vor diesem Datum verfaßt wurde. Aber selbst dann ergibt sich, daß die Abfassung gerade der wichtigsten Werke sich über eine lange Zeit erstreckt haben muß. Schriften wie das Mahavastu und der Lalitavistara enthalten Material, das aus der Zeit von 200 v. Chr. bis 600 n. Chr. stammen mag. In einem Buch, wie »Der Lotus des Guten Gesetzes« oder »Die Vollkommenheit der Erkenntnis«, sind die letzten Kapitel um Jahrhunderte älter als die ersten.

Alles Schrifttum, das uns erhalten ist, findet sich in drei großen Sammlungen zusammengefaßt:

1. Das Pali Tripitaka. Dieses enthält Schriften der Theravadins, einer der Hinayana-Schulen. Die Schriften der anderen Hinayana-Schulen sind zum Teil in Sanskrit und Chinesisch erhalten, aber die meisten sind verloren.

2. Das chinesische Tripitaka. Sein Aufbau ist weniger streng und ist im Laufe der Zeit viel verändert worden. Der älteste Katalog von 518 n. Ch. erwähnt 2113 Werke, von denen wir 276 noch besitzen. Der Kanon ist 972 zum erstenmal gedruckt worden. Die neueste japanische Ausgabe, der Taisho Issaikyo von 1924 bis 1929, verzeichnet 2184 Werke in 55 Bänden von je 1000 Seiten.*

3. Der tibetische Kanjur und Tanjur. Der Kanjur ist eine Sammlung von Sutras und enthält entweder 108 oder 100 Bände. Von diesen handeln 13 von dem Vinaya oder der mönchischen

---

* Der Taisho Issaikyo ist folgendermaßen aufgebaut: 21 Bände Sutras, 3 Bände Vinaya, 8 Bände Abhidharma, 12 Bände chinesische Kommentare, 4 Bände chinesische und japanische Schulen, 7 Bände Geschichtsdarstellungen, Kataloge, Wörterbücher und Biographien.

Disziplin, 21 von Prajnaparamita oder der *vollkommenen Erkenntnis*, 45 enthalten verschiedene Sutras und 21 tantrische Texte. Der Tanjur gibt in 225 Bänden die Kommentare und die Shastras. Der Tanjur zerfällt in drei Teile: Der erste Teil enthält in nur einem Bande 64 Hymnen, der zweite in 86 Bänden 2664 Kommentare zu tantrischen Texten. Der dritte Teil ist weniger einheitlich. Er enthält 38 Kommentare zu Prajnaparamita in 15 Bänden, dann, in Band 16—33, die Shastras der Madhyamika-Schule, dann Kommentare zu einer Reihe von Sutras (Band 34—43) und schließlich die Shastras der Yogacarins (Band 44—61). Soweit die Mahayana-Texte. Es folgen etwa 30 Bände wissenschaftlicher Schriften des Hinayana. Mit Band 94 des dritten Teiles sind dann die eigentlich buddhistischen Shastras abgeschlossen. Dann folgen 30 Bände mit Übersetzungen aus dem Sanskrit über Logik, Dramatik, Medizin, Handwerk, Gewerbe und Nationalökonomie und schließlich 13 Bände tibetischer Schriften über technische Gegenstände.

4. Eine Anzahl von Schriften ist in Sanskrit erhalten, es gibt aber keine Sammlung und keinen Kanon.

Im folgenden betrachten wir alle Werke, die in diesen vier Gruppen enthalten sind, als authentische Quellen des Buddhismus. Schließlich ist die Auswahl in längst vergangenen Zeiten von Männern getroffen worden, die wesentlich klüger und weiser waren als der Autor, und ich sehe keinen Grund, sie in Zweifel zu ziehen.

Im weiteren Verlauf unserer Untersuchungen werde ich mich vorwiegend mit Glaubenssätzen und Lebensformen befassen, die nur für bestimmte Gruppen der buddhistischen Gemeinschaft Gültigkeit haben, einer Gemeinschaft, die in Mönche und Laien, Hinayana und Mahayana und in eine Reihe von Schulen zerfällt. Einige wenige Glaubensgrundsätze sind allerdings von der gesamten buddhistischen Glaubensbewegung in allen ihren Erscheinungsformen als grundlegend aufgenommen worden, und mit diesen wollen wir beginnen. Zunächst müssen wir einige Worte über den Buddha *selbst* sagen und uns im Zusammenhang damit mit der Frage des *Atheismus* der buddhistischen Religion auseinandersetzen. Dann behandeln wir die wenigen Glaubenssätze, die allen Buddhisten gemeinsam sind. Diese beziehen sich entweder auf den Kern des religiösen Lebens und sind in den »Vier Heiligen Wahrheiten« niedergelegt, oder sie beziehen sich auf den Aufbau und die Entwicklung der Welt und stammen aus dem Hinduismus.

Da die Gestalt des Buddha kein Teil unseres geistigen Erbes ist, sind die ihn betreffenden Glaubensvorstellungen für die meisten von uns nichts Selbstverständliches und bedürfen daher einer sorgfältigen Erklärung. Man kann den Buddha unter drei verschiedenen Gesichtspunkten betrachten:

1. als menschliches Wesen
2. als geistiges Prinzip
3. als etwas zwischen diesen beiden.

1. Der Buddha Gautama als Mensch lebte wahrscheinlich zwischen 560 und 480 v. Chr. in Nordostindien. Die historischen Tatsachen seines Lebens lassen sich von der Legende, die allen Buddhisten gemeinsam ist, nicht mehr trennen. Übrigens ist die physische Existenz des Individuums Gautama oder Shakyamuni (d. h. des Weisen vom Stamme der Shakyas) für den buddhistischen Glauben von sehr geringer Bedeutung. Denn der Buddha ist ein Typus, der in diesem Individuum seine Verwirklichung gefunden hat — und nur der Typus interessiert das religiöse Leben. Es ist natürlich durchaus möglich, wenn auch keineswegs sicher, daß der gewöhnliche Gläubige gelegentlich an den Buddha als an ein persönliches Wesen gedacht hat; aber die offizielle buddhistische Theologie unterstützt eine solche Vorstellung nicht. Nach ihr ist der Buddha, *der Erleuchtete,* eine Art von Urtypus, der zu verschiedenen Zeiten in verschiedenen Persönlichkeiten sich in der Welt verwirklicht hat und dessen individuelle Eigentümlichkeiten völlig gleichgültig sind.

Dem Buddhisten, der an die Wiedergeburt glaubt, ist es selbstverständlich, daß Gautama um 560 v. Chr. nicht zum erstenmal in der Welt erschienen ist. Wie jeder andere hatte er damals bereits viele Geburten durchgemacht und die Welt als Tier, als Mensch und als Gott erlebt. Während all dieser Wiedergeburten hat er natürlich an dem Schicksal teilgehabt, das allem Lebendigen gemeinsam ist. Eine geistige Vollendung wie die eines Budha kann unmöglich das Resultat eines einzigen Lebens sein; sie kann nur allmählich durch Jahrhunderte hindurch zur Reife gelangen. Seine Reise muß lang gewesen sein, so lang, daß wir es uns kaum vorstellen können. Nach der üblichen Rechnung dauerte sie länger als drei der unendlich langen Äonen *(Mahā-kalpas)*. In Jahren gerechnet, würde das etwa 3×10^{51} bedeuten oder jedenfalls eine Ziffer ähnlicher Größenordnung.

Diese ganze Zeit hindurch übte sich der Buddha auf jede mögliche Weise in allen Tugenden. Wenn bei so vielen Buddhastatuen der Buddha mit der Hand auf die Erde weist, so symbolisiert das seine lange Vorbereitung auf die Vollendung. In den Legenden hören wir von Shakyamunis Kampf mit Mara, dem Bösen, dem Herrn dieser Welt, unmittelbar vor der Erleuchtung. Shakyamuni erklärt Mara, er habe seine Verachtung weltlicher Macht und Größe dadurch bewiesen, daß er in seinen vielen Leben immer wieder Reichtum, Gesundheit und das Leben selbst geopfert habe. Er ruft die Erde als Zeugin an, und die Gottheit der Erde steigt aus dem Abgrund auf, um seine Behauptung zu bestätigen. Sie bezeugt auch, daß Shakyamuni alle Pflichten eines Bodhisattva erfüllt habe. Hinter diesem Gleichnis verbirgt sich eine tiefe geistige Wahrheit. Mara, der dem Satan entspricht, ist der Herr dieser Welt und der Erde. Er behauptet deshalb, daß der Bodhisattva als Vertreter all dessen, was jenseits dieser Welt liegt und der Erde unwiderruflich feindselig ist, nicht einmal ein Anrecht auf den Boden habe, auf dem er sich in Meditation versunken niedergelassen hat. Der Bodhisattva dagegen besteht darauf, daß er durch zahllose Selbstaufopferungen in früheren Leben sich ein Anrecht auf dieses Fleckchen Erde erworben habe.

2. Wäre die Lehre des Buddha nur die Aussage eines Individuums, so könnte sie keine verpflichtende Autorität haben. In Wahrheit stammt sie aus dem geistigen Prinzip, aus der Buddha-Natur, die in dem Individuum Shakyamuni verborgen lag und ihn, wie wir sagen würden, *inspirierte,* die Wahrheit zu erfassen und zu lehren. Wenn die Buddhisten den Buddha als geistiges Prinzip betrachten, so nennen sie ihn den *Tathāgata* oder sprechen von seinem *Dharma-Leibe.* Die ursprüngliche Bedeutung des Wortes *Tathāgata* ist unbekannt. Spätere Kommentare nehmen an, der Ausdruck bestehe aus zwei Worten, aus *Tathā (So)* und dem Partizipium der Vergangenheit *āgata (gekommen)* oder *gata* (gegangen). In anderen Worten: der Tathagata ist einer, der *so* gekommen oder gegangen ist, d. h. so, wie die andern Tathagatas gekommen oder gegangen sind. Diese Erklärung betont die Tatsache, daß der *historische* Buddha nicht eine isolierte Erscheinung ist, sondern nur einer aus der endlosen Reihe unzähliger Tathagatas, die in allen Zeitaltern auf der Erde erscheinen und immer dieselbe Lehre vortragen. Der Tathagata ist daher seinem Wesen nach Teil einer Gruppe. Gruppen von 7, 24 oder 1000 Tathagatas waren besonders beliebt. In Sanchi und Bharhut z. B. werden die sieben Tatha-

gatas, d. h. Shakyamuni und seine sechs Vorgänger, durch die sieben Stupas repräsentiert, in denen ihre Reliquien aufbewahrt werden, oder durch die sieben Bäume, unter denen sie Erleuchtung erworben haben. In Gandhara, Mathura und Ajanta werden die sieben Buddhas in menschlicher Form gezeigt und sind praktisch nicht voneinander zu unterscheiden.

3. Endlich müssen wir den Buddha in seinem verklärten Leibe betrachten. Solange er als menschliches Wesen umherwandelte, sah Shakyamuni natürlich ebenso aus wie jeder andere Mensch. Aber dieser gewöhnliche menschliche Körper des Buddha war nur eine Art äußerer Schicht, die seine wahre Persönlichkeit einhüllte und verbarg, und ist als solche rein zufällig und kaum der Beachtung wert. Sie entsprach in keiner Weise dem eigentlichen Wesen des Buddha. Hinter dieser äußeren Schicht war eine andere Gestalt verborgen, die sich in vieler Beziehung von dem Leibe gewöhnlicher Sterblicher unterschied und nur mit den Augen des Glaubens wahrgenommen werden konnte. Die Buddhisten nannten diese mit verschiedenen Namen: den *Körper des Genusses*, den *unverfälschten Körper,* den *Körper, der des Buddha wahre Natur ausdrückt.* Die Besonderheiten dieses *verklärten Körpers* wurden in einer Liste von 32 *Kennzeichen des Übermenschen* beschrieben, die oft noch durch 80 *ergänzende Kennzeichen* vervollständigt wurden. Die Liste der 32 Kennzeichen findet sich in allen Schulen und muß alt sein. Die Buddhagemälde und Statuen, die wir kennen, stellen niemals den für alle sichtbaren menschlichen Körper dar, sondern versuchen immer den *verklärten Körper* Buddhas wiederzugeben.

Die Vorstellung, daß verschiedene nur den Weisen bekannte körperliche Merkmale Schicksal, Stellung und Zukunft eines Menschen erkennen lassen, ist keineswegs erst im Laufe der Entwicklung des Buddhismus aufgetaucht, sondern ist sehr viel älter als dieser. Die 32 Kennzeichen des Übermenschen stammen aus einem präbuddhistischen Handbuch der Astrologie. Der verklärte Körper Buddhas litt nicht unter den Beschränkungen eines gewöhnlichen Körpers. Er konnte sich in einem Raume bewegen, der nicht größer war als ein Senfkorn, während er andrerseits einmal in drei Schritten den außerordentlich weit entfernten Himmel Indras erstieg.

Es würde zu weit führen, wenn wir hier alle überlieferten Kennzeichen eines Übermenschen im einzelnen betrachten wollten, obwohl ein Verständnis der buddhistischen Kunst ohne gründliche Kenntnis dieser Zeichen ganz undenkbar ist. Der *verklärte Körper* des Buddha war 6 Meter hoch, und viele

Buddhastatuen haben tatsächlich diese Höhe. Seine Farbe war golden. »Zwischen den Augenbrauen des Meisters wuchs eine wollige Locke (Urna), weich wie Baumwolle und ähnlich einer Jasminblüte, dem Mond, einer Muschel, dem Blütenfaden einer Lotosblume, der Milch der Kuh und einer Eisblume.« Von dieser Locke, die so weiß ist wie Schnee oder Silber, strahlt ein vielfarbiges Licht aus. Bei Statuen ist diese Urna gewöhnlich durch einen einfachen Fleck oder einen Edelstein dargestellt. Auf einer späteren Stufe der Entwicklung interpretierte das Tantra unter dem Einfluß des Shivaismus die Urna als ein drittes Auge, das *Auge der Weisheit*. Wir haben es hier mit einer Tradition zu tun, die stark durch Yoga-Übungen beeinflußt ist. Yogis konzentrieren sich oft auf einen unsichtbaren Mittelpunkt über und zwischen den Augenbrauen; die Yogalehre hat immer angenommen, daß in der Nähe dieser Stelle eine für das Heil besonders bedeutsame psychische oder geistige Kraft liege.

Zwei andere Besonderheiten des *verklärten Körpers* Buddhas sind besonders wichtig und auffällig. Da ist der *Ushnisha*, wörtlich *Turban*, eine Art *Kogel des Kopfes*, der bei Statuen als Gewächs oder Auswuchs oben auf dem Kopfe dargestellt wird. In Gandhara ist er rund, in Kambodscha konisch, in Siam und auf bengalischen Miniaturen des 11. Jahrhunderts spitz, und in Laos hat er die Form einer Flamme. Außerdem strahlt der Körper des Buddha ständig Licht aus, das einen großen Raum erhellt. »Um den ganzen Körper Buddhas herum liegt immer ein etwa 2 Meter ausstrahlender Lichtschein, der Tag und Nacht ununterbrochen wie tausend Sonnen leuchtet und einem bewegten Juwelenberge gleicht.«

Nach allgemein anerkannter indischer Tradition strahlt von den Körpern bedeutender Menschen eine Art feuriger Energie aus, die durch die Gewohnheit der Meditation noch verstärkt wird. Diese magische Kraft wird oft durch Flammen dargestellt, die von einem um den Kopf des Buddha liegenden Heiligenschein und manchmal auch von seinen Schultern ausstrahlen. In Java haben die kleinen Flammen, die aus dem Heiligenschein hinter den Buddhastatuen herauszüngeln, die Form der heiligen Silbe O M, d. h. sie sehen aus wie ein umgekehrtes Fragezeichen mit einem spiralförmigen Schweif. Um den Kopf des Buddha liegt ein Nimbus, der seine Heiligkeit und Göttlichkeit ausdrückt. In der Kunst von Gandhara wird dieser Nimbus auch Göttern und Königen zugestanden, und die christliche Kunst hat dieses Symbol im 4. Jahrhundert übernommen.

Wenn der Name des Buddha in der buddhistischen Tradition auftritt, bezieht er sich immer auf diese drei Seiten der Gesamtvorstellung eines Buddha. Für den christlichen und den agnostischen Historiker ist nur der menschliche Buddha *Wirklichkeit,* während der geistige und der magische Buddha für ihn nur Fiktionen bedeuten. Die Anschauung des Gläubigen ist völlig anders. Für ihn ist die wahre Natur und der verklärte Körper des Buddha das Wesentliche, während sein menschlicher Körper und seine historische Existenz ihm nur wie ein par Lumpen erscheinen, mit denen man diese verklärte Geistigkeit bekleidet hat.

Ist der Buddhismus atheistisch?

Man hat oft behauptet, der Buddhismus sei eigentlich atheistisch, und diese Annahme hat zu vielen Auseinandersetzungen geführt. Man hat z. B. gesagt, der Buddhismus könne keine Religion sein, da er keinen Gott kenne; andere haben dagegen behauptet, der Glaube an einen Gott sei für eine Religion nicht wesentlich, da der Buddhismus offensichtlich eine Religion ohne Gott sei. Bei allen diesen Auseinandersetzungen wird stillschweigend vorausgesetzt, daß der Begriff *Gott* eindeutig sei, was keineswegs zutrifft. Man kann in diesem Zusammenhang mindestens drei Bedeutungen des Begriffes *Gott* unterscheiden. Zunächst den persönlichen Gott, der die Welt geschaffen hat; dann die Gottheit, die entweder als unpersönlich oder als überpersönlich aufgefaßt wird; und schließlich eine Anzahl von Göttern oder von Engeln, die sich nicht klar von den Göttern unterscheiden.

1. Die Existenz eines persönlichen Gottes und Schöpfers wird vom Buddhismus zwar nicht ausdrücklich bestritten, aber die Buddhisten sind nicht sehr an der Frage interessiert, wer die Welt geschaffen hat. Denn das Ziel der buddhistischen Lehre ist, die lebenden Wesen vom Leiden zu erlösen, und der Buddhist glaubt, daß Spekulationen über den Ursprung der Welt dazu nicht viel beitragen können. Solche Überlegungen seien nicht nur eine Zeitverschwendung, sondern könnten sogar die Erlösung vom Leiden dadurch verzögern, daß sie in dem betreffenden Menschen selbst und bei anderen bösen Willen hervorrufen. Während die Buddhisten also gegenüber der Frage eines persönlichen Schöpfers eine agnostische Haltung einnehmen, betonen sie immer die unbedingte Überlegenheit Buddhas über Brahma, den Gott, der nach brahmanischer Theologie die Welt geschaffen

hat. Dieser Gott Brahma ist nach buddhistischer Auffassung von Stolz geschwellt, wenn er zu sich selber spricht: »Ich bin Brahma, ich bin der große Brahma, der König der Götter; ich bin unerschaffen, ich habe die Welt erschaffen, ich bin der Herr der Welt, ich kann schaffen, verändern und gebären; ich bin der Vater aller Dinge.« Die buddhistischen Schriften weisen mit Vorliebe darauf hin, daß der Tathagata von solcher kindischen Einbildung frei sei. Wenn also Gleichgültigkeit gegenüber einem persönlichen Weltenschöpfer *Atheismus* bedeutet, dann ist der Buddhismus in der Tat atheistisch.

2. Wir kennen heute, wenn auch nur durch Aldous Huxley und seine Werke, die Bedeutung des Unterschiedes zwischen Gott und Gottheit für die *philosophia perennis*. Wenn wir die Eigenschaften der Gottheit, wie sie die mystische Tradition der christlichen Lehre versteht, mit denen des Nirwana vergleichen, so finden wir inhaltlich kaum einen Unterschied. Allerdings hat das Nirwana keine kosmologische Funktion, und die Welt ist nicht Gottes Welt, sondern nur durch unsere eigene Habgier und Dummheit entstanden. Auf diese Weise verwerfen die Buddhisten alles Weltliche noch radikaler als die meisten Christen. Sie ersparen sich auch eine Reihe schwieriger theologischer Rätsel und brauchen z. B. nicht die Annahme eines allmächtigen und liebenden Gottes mit dem Vorhandensein des Leidens in dieser Welt in Einklang zu bringen. Auch haben sie nie behauptet, daß Gott *Liebe* sei, aber das liegt vielleicht daran, daß sie großen Wert auf intellektuelle Genauigkeit legen und daher wissen, daß *Liebe* einer der vieldeutigsten und unklarsten Begriffe ist, die es gibt.

Andrerseits versichern sie uns, daß das Nirwana ewig sei, beständig, unvergänglich, unbeweglich, weder dem Altern noch dem Tode unterworfen, ungeboren und ungeworden, daß es Macht, Segen und Seligkeit bedeute, ein rechter Zufluchtsort sei, ein Obdach und ein Platz unangreifbarer Sicherheit; die wirkliche Wahrheit und die höchste Wirklichkeit; daß es das Gute sei, das höchste Ziel und die einzige Erfüllung unseres Lebens, ewiger, verborgener und unbegreiflicher Frieden.

Damit wird der Buddha, der nichts anderes als die persönliche Verkörperung des Nirwana darstellt, Gegenstand aller Empfindungen, die wir im allgemeinen religiös nennen.

Im Verlauf der buddhistischen Geschichte hat es, wie auch im Christentum, immer eine Spannung zwischen der bhaktischen und der gnostischen Einstellung gegenüber der Religion gegeben. Allerdings mit dem Unterschied, daß im Buddhismus die gno-

stische Haltung immer als die der Wahrheit nähere angesehen
wurde, während die bhaktische Frömmigkeit mehr oder weniger
als eine Konzession an das Volk galt (s. S. 136). Ganz allgemein
sehen wir, daß selbst rein philosophische Abstraktionen meist
mit einer Art gefühlsmäßiger Wärme bekleidet werden, wenn
sie sich auf das Absolute beziehen. Wir brauchen nur an Aristoteles' Beschreibung des unbewegten Bewegers zu denken. Der
Buddhismus verbindet außerdem ein ganzes System rituelle und
religiöser Erhebung mit einem an sich verstandesmäßig be-
griffenen Absoluten — in einer Form, die vielleicht logisch nicht
ganz überzeugend ist, aber die Feuerprobe des Lebens lange Zeit
hindurch bestanden hat.

3. Wir kommen nunmehr zu dem dornigen Problem des Polytheismus. Die christliche Lehre, die unsere Erziehung in einem
so erheblichen Grade bestimmt, hat uns glauben gemacht, der
Polytheismus gehöre einer vergangenen Periode der Menschheit
an, sei durch den Monotheismus verdrängt worden und finde in
unserer Zeit keinen Anklang mehr. Wenn wir dagegen verstehen
wollen, warum der Buddhismus den Polytheismus duldet, müssen
wir uns vor allem klar machen, daß der Polytheismus selbst
unter uns durchaus noch lebendig ist, nur daß unsere Phantasie
nicht mehr wie früher durch Athene, Baal, Astarte, Isis, Saras-
vati, Kwan Yin und andere erregt wird, sondern durch Begriffe
wie Demokratie, Fortschritt, Zivilisation, Gleichheit, Freiheit,
Vernunft, Wissenschaft u. dgl. Eine Vielheit persönlicher Wesen
hat einer Vielheit abstrakter Begriffe Platz gemacht. Europa
stand am Wendepunkt, als die Franzosen die Jungfrau Maria
entthronten und ihre Zuneigung der Gottheit der Vernunft
zuwandten. Der Grund für diesen Wechsel ist nicht schwer zu
finden. Persönliche Gottheiten wachsen auf dem Boden einer
ländlichen Kultur, in der die Mehrzahl der Bevölkerung aus
Analphabeten besteht, während in unseren modernen Städten
mit einer Bevölkerung, die lesen und schreiben kann, abstrakte
Begriffe größeren Anklang finden. Im Mittelalter zog man für
Jesus Christus, für den heiligen Georg und den heiligen Jakob
von Compostella in den Krieg. Moderne Kreuzzüge werden im
Namen des Christentums, der Demokratie und der Menschen-
rechte unternommen.

Allerdings ist die höhere Allgemeinbildung nicht der einzige
Faktor, durch den der moderne Polytheismus sich von dem
früherer Zeiten unterscheidet. Die Lostrennung von der Natur
kommt hinzu. Jeder Baum, jeder Brunnen, See oder Fluß, fast
jedes Tier konnte einst eine Gottheit beherbergen. Heute leben

wir zu weit von der Natur entfernt, um daran noch glauben zu können. Außerdem ist in unserer demokratischen Zeit die Vergötterung großer Männer weniger beliebt. In Indien wurden Könige als Götter angesehen, und seit der Zeit der ägyptischen Dynastien hat sich der Despotismus eines göttlichen Herrschers immer als der einfachste Weg erwiesen, um große Reiche zusammenzuhalten — in Rom, in China, in Persien und in Japan. Wie hoch manche von uns auch von Hitler, Stalin und Churchill denken mögen, wir sind nicht mehr geneigt, ihnen volle Göttlichkeit zuzugestehen. Die Vergötterung bedeutender Menschen beschränkt sich nicht auf die Träger der staatlichen Macht. Im Islam und im Christentum durchbrach der eingewurzelte Polytheismus des menschlichen Geistes die Kruste des offiziellen Monotheismus in der Form der Anbetung der Heiligen. Im Islam verbanden sich die Heiligen mit den Geistern, die seit alters an bestimmten Plätzen ihr Wesen trieben. Schließlich dürfen wir nicht vergessen, daß überall in der Welt religiöse Menschen von ihrer Religion auch unmittelbare Vorteile erwarten. Erst neulich sah ich in einem anglikanischen Laden in Oxford, daß zur Zeit der heilige Christophorus der einzige Heilige zu sein scheint, der in diesen Kreisen Ansehen genießt: Seine Medaillen schützen gegen Autounfälle! Ebenso erwartete auch der Buddhist, daß seine Religion ihn vor Krankheit und Feuer schützen, ihm Kinder und andere Güter schenken werde. Es erscheint selbstverständlich, daß der eine, einzige Gott, der hoch über den Sternen schwebt und das ganze Universum lenkt, sich um solche Kleinigkeiten nicht kümmern kann. So erwachsen aus besonderem Bedürfnis besondere Gottheiten. Zur Zeit hat sich bei uns ein Zutrauen dazu entwickelt, daß Wissenschaft und Industrie wohl imstande seien, für die Mehrzahl unserer Bedürfnisse zu sorgen, während unsere *abergläubischen* Neigungen sich auf Tätigkeiten beschränken, bei denen der Zufall eine erhebliche Rolle spielt.

Unter den Völkern, die sich zum Buddhismus bekehrten, war beinahe jede Tätigkeit dem Zufall unterworfen, und man betete zu vielen Gottheiten um Schutz und Hilfe. Die Buddhisten hatten keinerlei Einwände gegen die Anbetung vieler Götter, denn die Vorstellung eines eifersüchtigen Gottes ist ihnen völlig fremd. Außerdem sind sie aufs tiefste davon überzeugt, daß unsere Verstandeskräfte außerordentlich beschränkt sind, so daß es schon schwierig genug ist, sich klarzumachen, ob wir selbst im Recht sind, aber ganz unmöglich festzustellen, ob ein anderer unrecht hat. Genau wie die Katholiken sind die Buddhisten der

Ansicht, daß ein Glaube nur dann lebendig erhalten werden kann, wenn er sich den geistigen Bedürfnissen des Durchschnittsmenschen anpassen läßt. So ist es zu erklären, daß in den frühen Schriften die Gottheiten des Brahmanentums wie selbstverständlich übernommen wurden und daß die Buddhisten später in jedem Gebiet, in das sie kamen, die örtlichen Götter adoptierten.

Wenn man unter Atheismus die Verneinung der Existenz eines Gottes versteht, so wäre es irreführend, den Buddhismus als atheistisch zu bezeichnen. Andrerseits hat der Monotheismus bei den Buddhisten niemals Anklang gefunden. Sie haben sich nie für die Entstehung der Welt interessiert — mit einer einzigen Ausnahme: Im Jahre 1000 n. Chr. kamen die Buddhisten in Nordwest-Indien mit den siegreichen Kräften des Islam in Berührung. In ihrem Bedürfnis, allen Menschen alles zu bedeuten, rundeten einige dort ansässige Buddhisten ihre Theologie mit der Vorstellung eines *Adibuddha* ab, eines allmächtigen und allwissenden ursprünglichen Buddha, der durch seine Meditation das Universum geschaffen hat. Diese Vorstellung wurde von einigen Sekten in Nepal und Tibet übernommen (s. S. 182 ff.).

Die Vier Heiligen Wahrheiten

Vom Buddha kommen wir zum Dharma. Das Wesentliche der Lehre, das von allen Schulen akzeptiert wird, ist in den »Vier Heiligen Wahrheiten« niedergelegt, die der Buddha zuerst in Benares unmittelbar nach seiner Erleuchtung verkündete. Ich gebe zunächst den Wortlaut dieser grundlegenden Lehre und werde dann versuchen, sie zu erläutern.

1. Was ist das Leiden? Die Geburt ist Leiden, das Alter auch, die Krankheit auch, der Tod auch. Auch das Verbundensein mit Nichtliebem und das Getrenntsein von Liebem ist Leiden. Und daß man wünscht und trachtet und nicht erlangt, auch das ist Leiden. In Summa: Die fünf Verzweigungen des Anklammerns an das Irdische (d. h. die Skandhas) sind Leiden. Dies ist das Leiden.

2. Was ist die Entstehung des Leidens? Es ist jener Durst, der von Wiedergeburt zu Wiedergeburt führende, von Freude und Leidenschaft begleitete, hier und dort seine Freude findende (der Durst nach Lust, der Durst nach Werden, der Durst nach Aufhören des Werdens). Dies ist die Entstehung des Leidens.

3. Was ist die Aufhebung des Leidens? Es ist eben jenes

Durstes, des von Wiedergeburt zu Wiedergeburt führenden, von Freude und Leidenschaft begleiteten, hier und dort seine Freude findenden, des in der Geburt hervortretenden und beim Tode zurückkehrenden, restlose Unterdrückung und Aufhebung. Dies ist die Aufhebung des Leidens.

4. Welches ist der zur Aufhebung des Leidens führende Weg? Es ist dieser heilige, achtteilige Pfad, der da heißt: rechtes Glauben, rechtes Denken, rechtes Reden, rechtes Handeln, rechtes Leben, rechtes Streben, rechtes Gedenken, rechtes Sichversenken.

(Nach Paul Deussen)

Systematische Meditation über die »Vier Heiligen Wahrheiten«, die die dem Leben zugrundeliegenden Tatsachen aussprechen, steht im Mittelpunkt der Aufgaben des Buddhisten. Hier muß ich mich auf die erste Wahrheit beschränken. Eine Übersicht über die Folgerungen, die sich aus dieser Wahrheit ergeben, wird uns helfen, die buddhistische Lehre besser zu verstehen.

Der erste Teil bietet dem Denken kaum Schwierigkeiten und wird jedermanns Zustimmung finden. Es werden sieben wohlbekannte Seiten des Lebens aufgezählt, die von Leiden durchsetzt sind. Unser geistiger Widerstand beginnt erst beim zweiten Teil, der zu dem Resultat kommt, daß das Leiden allgemein ist. Wir müssen allerdings auch schon bei dem ersten Teil mit einem gefühlsmäßigen Widerstand rechnen, der das volle Verständnis von vornherein erheblich erschwert. Die meisten von uns leben ihrer Veranlagung nach in einem Wolkenkuckucksheim; sie sind geneigt, nur die erfreulichere Seite des Lebens zu beachten und das Unangenehme zu übersehen. Im allgemeinen widerstrebt uns die Beschäftigung mit dem Leiden, und wir verstecken es gerne hinter allen möglichen *Gefühlsvorhängen.* Für die meisten von uns wäre das Leben unerträglich, wenn wir es ansehen wollten, wie es wirklich ist, und wenn wir ebensoviel Nachdruck auf seine abstoßenden wie auf seine anziehenden Seiten legen würden. Wir ziehen es vor, verstimmende Tatsachen aus unserem Gesichtskreis zu verbannen. Das zeigt sich am deutlichsten bei dem weitverbreiteten Gebrauch *euphemistischer* Redewendungen, die dazu dienen, Worte mit peinlichen Assoziationen zu vermeiden. Eine Tatsache, deren Erwähnung unerfreulich oder verpönt ist, wird durch einen unbestimmten Ausdruck oder eine Umschreibung verdeckt. Es gibt in allen Sprachen Hunderte von Euphemismen für Tod, Verunstaltung, Krankheit, Geschlechtsleben, Verdauung u. a. Der Mensch *stirbt* nicht, sondern *geht dahin, tut den letzten Atemzug, schläft ein, geht aus der Welt, kehrt heim zu seinem Schöpfer* usw. Der ungeschminkten Wirklichkeit des Todes ins Gesicht zu sehen, erfordert eine ungewöhnliche Anstrengung. Wir alle sind daran gewöhnt, unsere Augen vor unerfreulichen Tatsachen zu verschließen, sie zu übersehen, ihre Bedeutung zu verringern, ihren Ernst zu verniedlichen. Frauen im mittleren Alter lassen sich nicht gern an ihr Geburtsdatum erinnern. Viele Leute schaudern bei dem Anblick eines Leichnams und sehen nach der anderen Seite. Für *wohlerzogene* Menschen gilt es als ungehörig, die bedrückenden und entmutigenden Seiten des Lebens in einer allgemeinen Unterhaltung zu berühren; die anderen fürchten sich vor ihnen. Es bedarf besonderer Anstrengung und ernsthafter Meditation, um sich die Dinge klarzumachen, über die man meist nur oberflächlich dahingleitet. Ich kann hier nicht im einzelnen zeigen, wie weit diese Flucht vor einer peinlichen Wirklichkeit mit einer Art narzißtischer Selbstliebe zusammenhängt und — noch stärker — mit der Angst, verbunden mit dem Verlangen, die eigene Persönlichkeit vor Gedanken zu schützen, durch die sie in ihrer Unversehrtheit bedroht wird. Die weitaus meisten Menschen können das Leben nur genießen, wenn sie den Kopf in den Sand stecken. In diesem Sinne ist die erste Wahrheit nicht selbstverständlich. Um sie ganz zu begreifen, müssen wir unseren angeborenen Denkformen Gewalt antun. Der buddhistische Yogi wird deshalb in seinem Verlangen, dem widerstrebenden Geiste die weniger anziehenden Seiten des Lebens klarzumachen, die oben erwähnte Definition immer wieder in jeder Einzelheit durchdenken und sich vor Augen halten müssen.

Am Ende des Absatzes betont der Buddha, daß alles in der Welt mit Leiden verbunden sei. Die *Skandhas* sind schon früher erwähnt worden (S. 11). Jetzt wird gesagt, es sei unmöglich, am Körper oder an Gefühlen, Wahrnehmungen, Impulsen und Bewußtseinsakten zu *haften*, ohne in das Leiden verwickelt zu werden. Buddhaghosa erläutert den Sinn der Worte des Buddha durch eine Reihe sorgfältig ausgewählter Gleichnisse: »Wie bei dem Feuer und dem Brennstoff, bei der Waffe und dem Ziel, wie bei Mücken, Moskitos und dem Körper einer Kuh, wie bei Schnittern und dem Feld, bei Räubern und dem Dorf — so stören und beunruhigen auch hier Geburt und Tod usw., die fünf Verlangen-erfüllten Skandhas, in denen sie erzeugt werden, wie Gras und Unkraut auf der Erde wachsen, oder Blüten und Früchte an den Bäumen.«

Die Tatsache, daß das Leiden allgemein ist, erscheint uns

nicht unmittelbar als selbstverständlich. Wir halten hartnäckig an dem Glauben fest, daß doch auch einiges Glück in dieser Welt zu finden sei. Nur der vollendete Heilige, nur der Arhat, kann die erste Wahrheit voll begreifen. Wie der Buddha es ausdrückt: »Es ist schwierig, aus großer Entfernung einen Pfeil nach dem anderen durch ein enges Schlüsselloch zu schießen, ohne ein einziges Mal zu fehlen. Es ist schwieriger, mit der Spitze eines hundertfach gespaltenen Haares ein ebenso oft gespaltenes Haar zu treffen und zu durchbohren. Es ist noch schwieriger, zu der Erkenntnis der Tatsache durchzudringen, *daß alles hier Leiden ist.*«

Tatsächlich wächst unsere Einsicht in die Allgemeinheit des Leidens allmählich, zugleich mit unserem geistigen Wachstum. Es gibt viel Leiden in der Welt, das für alle sichtbar ist. Ein großer Teil aber bleibt verborgen und wird nur von den Weisen wahrgenommen. Offensichtliches Leiden erkennen wir an den unangenehmen und schmerzlichen Gefühlen, die damit verbunden sind, und an unseren Reaktionen, wie Ausweichen und Haß. Verborgenes Leiden liegt in allem, was erfreulich erscheint, unter der Oberfläche aber vom Übel ist. Es genüge hier, vier Arten verborgenen Leidens zu erwähnen, deren Verständnis auf der Reife unserer geistigen Einsicht beruht:

1. *Etwas gibt uns Freude, bringt aber anderen Leiden.*

Im allgemeinen sind wir dieser Seite unserer Freuden gegenüber blind. In demselben Maße, in dem unsere Fähigkeit des Mit-Leidens wächst, erweitert sich das Feld der Leiden, die wir als unsere eigenen empfinden. Eine gebratene Taube schmeckt gut, solange wir die Gefühle der Taube vergessen. Im Unterbewußtsein haben wir oft ein wesentlich größeres Gemeinschaftsgefühl mit anderen Menschen, als wir es selbst wissen.

Wenn wir uns ein Vergnügen dadurch erkaufen, daß wir einen anderen seines Glückes berauben, so empfinden wir dieses Vergnügen wohl oft als ein Vorrecht, mit dem aber im Unterbewußtsein ein Schuldgefühl verbunden ist. Ein gutes Beispiel dafür ist die Einstellung der Wohlhabenden zu ihrem Reichtum. Wenig reiche Leute, denen ich begegnet bin, sind frei von der Furcht, zu verarmen. Sie haben das Gefühl, ihres Reichtums nicht würdig zu sein; ihre Anstrengungen, zu beweisen, daß sie ihren Reichtum verdient haben, zeigen das deutlich. Da sie ihren Besitz auf Kosten der Armen erworben haben, möchten sie gern die Armen aus ihren Augen verbannen oder sie mit Geld abfinden oder sie geistig zu Boden trampeln, wobei sie sich klarmachen, daß die Armen es nicht besser verdienen. Unterdrücktes Mitleid führt zu unbewußtem Schuldgefühl. Es liegt nahe, die eigene Lage mit der der Unglücklichen, Armen oder Verkrüppelten zu vergleichen und sich in Gedanken an ihre Stelle zu setzen. Viele Menschen leiden unter dem Gefühl, daß sie nichts geleistet haben, was sie dazu berechtigen könnte, besser zu leben als ihre weniger glücklichen Mitbürger. Vielleicht haben wir sogar das Gefühl, daß wir Strafe verdienen und nichts uns vor einem ähnlichen Schicksal bewahren kann. Wir entgehen heftigem geistigen Unbehagen dadurch, daß wir die unerfreuliche Vorstellung zu vergessen suchen. Übrigens ist auch unser soziales Gewissen nie völlig stumm. Alle, denen es besser geht, fühlen sich mitschuldig an dem Unglück der anderen. Sie erfinden daher ein Bild des sozialen Lebens, in dem das Unglück entweder verkleinert, gerechtfertigt oder verniedlicht wird. »Bei uns braucht niemand zu verhungern.« »Jeder kann Arbeit finden, wenn er nur will.« »Bettler sind einfach Faulenzer und besitzen oft eine Menge Geld. Hast du nicht neulich den Fall in der Zeitung gelesen ...?« »Es würde den Armen viel besser gehen, wenn sie nicht so viel tränken und weniger Zigaretten rauchten.« All das trifft vielleicht durchaus zu, aber wozu dieser komplizierte Überbau, wenn nicht ein Schuldbewußtsein dahintersteckt?

2. *Etwas ist erfreulich, aber mit Sorge verbunden, weil man fürchtet, es zu verlieren.*

Die Buddhisten nennen dies *das Leiden aus der Umkehrung*, und beinahe alle Dinge unterliegen ihm. Mit jeder Zuneigung sind Angst und Sorge untrennbar verbunden. Dies wird einem erst ganz klar, wenn man den Mut aufbringt, sich von jeder Gefühlsbindung zu befreien, und die Seligkeit und Furchtlosigkeit genießt, die sich daraus ergibt.

3. *Etwas ist zwar erfreulich, verbindet uns aber stärker mit Umständen, die notwendig Leiden hervorrufen.*

Welch schrecklichen Erfahrungen sind wir nicht allein dadurch ausgesetzt, daß wir einen Körper haben! Auf große Freuden folgen schlechtes Karma (Strafe) und neues Verlangen, das uns an diese Welt bindet. Schon die Tatsache, daß unser Dasein ein bedingtes ist, schließt notwendig Leiden ein. Meist sind wir nicht imstande, das zu sehen, und unsere Augen öffnen sich nur in dem Maße, in dem wir durch lange Meditation Verständnis für das Unbedingte erreichen, das unsere eigentliche Heimat ist.

4. *Die Freuden, die mit dem, was zu den Skandhas gehört,*
zusammenhängen, sind nicht imstande, das tiefste Verlangen
unserer Herzen zu befriedigen.

Sie sind kurzlebig, durchsetzt von Ängsten, grob und gewöhnlich. Der Versuch, einen Zustand wahrer Zufriedenheit auf
den unbeständigen, nichtssagenden und bedeutungslosen Freuden, die unsere Welt uns bieten kann, aufzubauen, ist sinnlos.
Das wird in demselben Maße klarer, in dem unsere Erfahrung
geistiger Seligkeit wächst. Damit verglichen, erscheinen sinnliche
Vergnügungen unbefriedigend und sogar schädlich, da sie die
Ruhe stören, die aus der Zurückweisung und Vernichtung der
Gier entsteht.

> »Die Freude an den Vergnügungen der Welt,
> Und die große Freude am Leben im Himmel,
> Verglichen mit der Freude über die Vernichtung der Gier,
> Sind nicht einmal den sechzehnten Teil wert.
> Unglücklich ist der, dessen Bürde schwer ist,
> Und glücklich ist der, der sie abgeworfen hat;
> Wer einmal seine Bürde abgeworfen hat,
> Trä ein Verlangen mehr nach neuer Bürde.«

Die Bedeutung der zweiten und dritten Wahrheit ist ziemlich
klar. Sie betonen, daß die Gier die Ursache des Leidens ist und
daß die Vernichtung der Gier das Leiden selbst vernichtet. Die
unvermeidliche Verbindung zwischen Leiden und Gier wird in
einer wichtigen Ergänzung zu den »Vier Heiligen Wahrheiten«
auseinandergesetzt, die bekannt ist als die *Formel der bedingten
Miterzeugung*. In dieser Formel, die mit der Unwissenheit beginnt und mit Alter und Tod endet, werden zwölf Bedingungen
aufgezählt, die alles, was in dieser Welt vorgeht, umfassen. Die
Entdeckung der zwölf Bedingungen der *bedingten Miterzeugung*
wurde als die größte Leistung des Tathagata angesehen. Ein
Vers faßt das Credo aller buddhistischen Schulen zusammen;
man findet ihn überall in den vom Buddhismus beeinflußten
Teilen der Welt, an Tempeln, auf Steinen, Statuen, Bildsäulen
und in Manuskripten: »Der Tathagata hat die Ursache aller
jener Dharmas erklärt, die aus einer Ursache entspringen, und
ebenso auch ihr Aufhören. Das ist die Lehre des großen Asketen.« Allerdings zeigen die verschiedenen Schulen große
Unterschiede in der Ausdeutung dieser Formel der zwölf Bedingungen. Auf Einzelheiten können wir hier nicht eingehen.
Über die Verhaltungsweisen, die sich aus dem Achtfachen Pfad

ergeben, werden wir in den folgenden Kapiteln eingehend sprechen. Hier ist nur zu bemerken, daß *Rechter Glauben* sich auf die »Vier Heiligen Wahrheiten« bezieht; *Rechtes Handeln* bedeutet das Verlangen nach Selbstvernichtung und die Sorge für das Wohl anderer, die Buddhaghosa mit den drei Begriffen *Verzicht, ohne bösen Willen* und *Friedfertigkeit* umschrieben hat; *Rechtes Streben* bezieht sich auf den Versuch, alle unreinen Skandhas aufzugeben und statt ihrer einen heilsamen Zustand zu erstreben, zu befestigen und zu entwickeln.

Kosmologie

Die »Vier Heiligen Wahrheiten« formulieren das Wesentliche der besonderen religiösen Lehre des Buddhismus. Ihre Ansichten über die Struktur und die Entwicklung des Universums dagegen übernahmen die Buddhisten ohne Scheu aus der Tradition des Hinduismus. Hindu-Kosmologie ist zu einem erheblichen Teile mythologisch und unterscheidet sich sehr stark von der unsrigen. Wir müssen hier einige Worte über ihre Hauptlehren sagen, wobei wir uns darauf beschränken, die Vorstellungen von *Äonen* und *Weltsystemen* sowie die *Sechs Bedingungen der lebendigen Existenz* zu erklären.

Vor der umwälzenden Entdeckung des Kopernikus und der Erfindung des Teleskops war der europäische Geist auf ein Universum beschränkt, dessen Ausdehnung sehr klein war. Als Galilei im Jahre 1638 blind wurde, schrieb er an seinen Freund Diodati: »Leider ist dein lieber Freund und ergebener Diener Galileo seit einigen Monaten hoffnungslos erblindet; so daß unser Himmel, unsere Erde und das Universum, die ich durch wundervolle Entdeckungen und klare Beweise hunderttausendmal über die Grenzen hinaus, an die die Weisen vergangener Zeiten glaubten, vergrößert hatte, für mich von nun an auf den engen Raum zusammengeschrumpft sind, der durch meine eigenen körperlichen Empfindungen begrenzt ist.« Im 17. Jahrhundert hatten die Europäer keinerlei Vorstellung davon, daß in Indien die *Weisen vergangener Zeiten* seit langem die ungeheure Ausdehnung von Zeit und Raum richtig erkannt hatten, allerdings nicht durch *wundervolle Entdeckungen und klare Beweise*, sondern durch die Intuition ihrer kosmischen Phantasie.

Was die Ausdehnung der Zeit angeht, so rechneten sie kosmische Zeit nicht nach Jahren, sondern nach *Kalpas* oder *Äonen*. *Kalpa* ist die Zeitdauer zwischen dem Entstehen und Vergehen eines Weltsystems. Die Länge eines Kalpa wird entweder durch ein Gleichnis ausgedrückt oder durch Zahlen bestimmt. Nehmen wir an, es gäbe einen Berg aus sehr hartem Felsgestein, viel höher als der Himalaya; und stellen wir uns vor, daß jemand mit einem Stück feinsten Tuches aus Benares einmal in jedem Jahrhundert diesen Berg ganz leicht berührte — dann würde die Zeit, die er brauchte, um den ganzen Berg abzunützen, etwa der Zeit eines *Äons*. entsprechen. In Zahlen ausgedrückt, sind manche der Meinung, daß ein Kalpa nur 1 344 000 Jahre dauere, während andere mit 1 280 000 000 Jahren rechnen. Eine Einigung ist vorläufig nicht erzielt worden, aber jedenfalls handelt es sich um eine ungeheuer große, fast unberechenbare Zeitdauer.

Im Laufe eines Kalpa durchläuft ein Weltsystem die ganze Entwicklung, angefangen von der ursprünglichen Kondensation bis zur endgültigen Verbrennung. Ohne Anfang und Ende folgt ein Weltsystem in unbegrenzter Aufeinanderfolge dem anderen. Ein Weltsystem besteht aus einer Menge von Sonnen, Monden usw. Zahllose Weltsysteme dehnen sich unberechenbar weit in den Raum hinein aus. In gewissem Sinne hat die moderne Astronomie eine ganz ähnliche Vorstellung, wenn sie von inselartigen Universen spricht, von denen bereits mehr als eine Million bekannt sind und von denen viele ein bis zwei Millionen Lichtjahre entfernt liegen. Jeder dieser Spiralnebel besteht aus tausenden Millionen von Sternen, die um einen gemeinsamen Mittelpunkt kreisen. Ihre Form ist oft, genau wie die Buddhisten angenommen hatten, die eines Mühlrades. Die Erde ist ein Teil des Milchstraßensystems, das etwa dem entspricht, was die Buddhisten *unsere Saha-Welt* nennen.

In bezug auf die Größe des Universums wird die buddhistische Ansicht durch die neuesten Entdeckungen bestätigt; die riesige kosmische Perspektive ihrer Ideen kann der religiösen Entwicklung nur förderlich sein. Es wäre jedoch sinnlos, zu behaupten, die eingehende Beschreibung der Zusammensetzung der Weltsysteme in den buddhistischen Schriften lasse sich mit den Schlußfolgerungen moderner Wissenschaft in Einklang bringen. Fast alle traditionellen Darstellungen müssen uns notwendigerweise märchenhaft erscheinen. Besonders viel hören wir über die *Himmel* und *Höllen,* die mit jedem Weltsystem verbunden sind, und die Anschauungen von der Geographie der Erdkugel stimmen in keiner Weise mit dem Bilde überein, das uns ein moderner Atlas gibt. Übrigens nehmen die Buddhisten es als selbstverständlich an, daß organisches Leben nicht auf unsere Erde beschränkt ist und daß sich auch auf vielen Sternen Lebewesen finden; der späte Mahayana-Buddhismus legte großen

Nachdruck auf die Bemühung der Buddhas und Bodhisattvas, das Leiden von Lebewesen zu erleichtern, die in anderen Weltsystemen lebten (s. S. 146).

Wir kommen nun zur Einteilung der Lebewesen. Heutzutage unterscheiden wir drei Lebensformen: Menschliche, tierische und pflanzliche. Die buddhistische Überlieferung rechnet mit sechs: *Die sechs Stätten des Lebens* sind die Götter, die Asuras, Menschen, Geister, Tiere und Höllen. Einige Autoren rechnen nur mit fünf *Welten,* unter Auslassung der Asuras. Es gab viel Meinungsverschiedenheiten über die Einzelheiten, das Schema als Ganzes aber ist von allen Schulen akzeptiert. Jedes einzelne der zahllosen Lebewesen in der Welt fällt unter eine dieser fünf oder sechs Klassen. Jedes Lebewesen kann den Platz seiner Wiedergeburt wählen, je nach dem Verdienst, den es in der Vergangenheit erworben hat.

Die *Götter* (Devas) stehen *über* uns in dem Sinne, daß ihre materielle Konstitution der unseren gegenüber sehr verfeinert, ihre Empfindung weniger grob, ihre Lebensdauer wesentlich länger ist; auch unterliegen sie dem Leiden weniger als wir. Sie ähneln den olympischen Göttern, aber mit dem wesentlichen Unterschied, daß sie nicht unsterblich sind. In mancher Beziehung sind sie eher Engel als Götter. Die buddhistische Tradition gibt eine sorgfältige Klassifizierung der Götter, die wir hier jedoch übergehen können. Die Asuras sind ebenfalls himmlische Wesen. Sie sind wütende Geister, die ständig mit den Göttern kämpfen. Manche Autoren reihen sie unter die Götter ein, andere unter die Geister.

Die Welten der Tiere, der Geister und der Höllen bilden die drei *Düsteren Schicksale* oder die *Elenden Zustände.* Ursprünglich bezog sich der Ausdruck *Geister* (Preta) auf die *Geister der Verstorbenen,* in ihrer späteren Entwicklung aber versuchte die buddhistische Theorie unter diesem Sammelbegriff einen großen Teil der in Indien noch lebendigen Folklore einzubeziehen. Die *Höllen* sind sehr zahlreich und meist in heiße und kalte Höllen eingeteilt. Da das Leben in der Hölle eines Tages zu einem Ende kommt, gleichen sie mehr dem Fegefeuer der katholischen Kirche als der christlichen Hölle.

Leiden ist das Schicksal alles Lebens in all seinen Erscheinungsformen. Die Götter leiden, weil sie nach dem Ablauf ihrer Zeit unausweichlich von ihrer erhöhten Stellung herabfallen müssen. Die Menschen haben viele Sorgen und wenig Freuden, und ihre nächste Wiedergeburt ist oft noch schlimmer. Die Pretas werden unablässig von Hunger und Durst gequält, und die Schmerzen der Lebewesen in der Hölle sind kaum auszudenken. Gegenüber diesem unermeßlichen Meer von Leiden kann jemand, der sich die Lehre des Buddhismus zu eigen gemacht hat, nur Mit-Leiden empfinden und wird denken: »Selbst wenn ich diesen Lebewesen das größte Glück der Welt schenken könnte, so muß ihr Glück doch in Leiden enden. Nur durch die ewige Seligkeit des Nirwana kann ich ihnen allen Gutes tun. Ich muß daher zunächst die wahre Weisheit erwerben, dann erst kann ich für das Wohl anderer Wesen arbeiten.« Wiedergeburt als Mensch ist allerdings zum Verständnis des Dharma unentbehrlich; die Götter sind zu glücklich, um die Leiden der bedingten Umwelt genügend zu empfinden, und sie leben zu lang, um die Vergänglichkeit dauernd vor Augen zu haben. Tiere, Geister und die Verdammten haben nicht genügend geistige Klarheit. Ein Mensch, der einmal eine bestimmte Stufe der Geistigkeit erreicht hat, kann nie wieder in die *Elenden Zustände* hineingeboren werden. Er könnte allerdings nach Ansicht aller buddhistischen Schulen freiwillig die Wiedergeburt in diesen Zuständen auf sich nehmen, um den darin Lebenden durch Lehren des Dharma zu helfen. Er erfreut und ermutigt sie dadurch und stärkt gleichzeitig mit seiner Geduld seine eigene Abneigung gegen das Dasein.

II. MÖNCHISCHER BUDDHISMUS

Der Sangha

Die erste und bei weitem wichtigste Unterteilung bei den Buddhisten ist die zwischen Mönchen und solchen, die in der Welt leben. Ich versuche in diesem Kapitel die wichtigsten Tugenden des mönchischen Lebens zu beschreiben, um dann einen Überblick über den populären Buddhismus zu geben; als Abschluß folgt ein Abriß der verschiedenen Schulen der buddhistischen Lehre.

Der Kern der buddhistischen Bewegung bestand aus Mönchen. Im Grunde kann nur ein mönchisches Leben Bedingungen gewährleisten, die die Voraussetzung für ein auf das höchste Ziel gerichtetes Leben bilden. Die Mönche lebten entweder in Gemeinschaft oder als Einsiedler in der Einsamkeit. Die gesamte *Gemeinde* der Mönche und Einsiedler heißt der *Sangha*. Natürlich bildete der Sangha immer nur eine kleine Minderheit der buddhistischen Gemeinschaft. Sein Umfang im Verhältnis zu den Laien wechselte unter verschiedenen sozialen Bedingungen und zu verschiedenen Zeiten sehr stark. In China z. B. gab es im Jahre 450 n. Chr. 77 258 Mönche und Nonnen, aber 75 Jahre später, 525 n. Chr., waren es 2 000 000. In Ceylon gab es 450 v. Chr. 50 000 Mönche, 1850 aber nur 2500, 1901 dagegen wieder 7300. In Japan zählte man 1931 neben 58 400 Priestern 40 000 000 Laien, während in Tibet zeitweise ein Drittel der gesamten männlichen Bevölkerung in den Klöstern lebte.

Die Mönche bilden die buddhistische Elite. Im eigentlichen Sinne des Wortes sind nur sie wahre Buddhisten. Das Leben eines Laien ist mit den höheren Stufen des religiösen Lebens so gut wie unvereinbar, das ist immer die Überzeugung aller Buddhisten gewesen. Der Unterschied lag nur darin, wie streng man sich an diese Regel hielt. Das Hinayana war im allgemeinen nicht geneigt, Ausnahmen zuzulassen. In den *Fragen des Königs Milinda* wird allerdings, wenn auch zögernd, zugegeben, auch ein Laie könne das Nirwana gewinnen (S. 265); es wird aber sogleich hinzugefügt, daß er entweder in den Orden eintreten oder das Leben aufgeben müsse. Jedenfalls konnte ein Laie das Nirwana in diesem Leben nur erreichen, wenn er in einem früheren Dasein ein mönchisches Leben geführt hatte (S. 353). Das Mahayana dagegen ging noch weiter und machte das Zugeständnis, daß auch Laien *Bodhisattvas*, d. h. Erkenntniswesen, zukünftige Buddhas, sein könnten. Ein berühmtes Beispiel aus der Literatur ist Vimalakirti. Um nicht durch das Zusammenleben mit der Familie befleckt zu werden, muß der Bodhisattva gegenüber allem, was mit der Befriedigung der Sinne zusammenhängt, sorgfältig auf der Hut sein. Er muß Abscheu und Furcht vor dem Sinnenleben empfinden, »so, wie jemand in einer von Räubern unsicher gemachten Wildnis seine Nahrung nur mit Zittern zu sich nimmt, in der ständigen Sorge, aus dieser fürchterlichen Gegend fortzukommen«.

Die Kontinuität der Mönchsorden ist der einzig konstante Faktor der buddhistischen Geschichte. Das Klosterleben wurde durch die Regeln des Vinaya bestimmt. Der Ausdruck kommt von *vi-nayati, hinwegführen (vom Übel) zur Disziplin.* Die Mönche maßen der strengen Befolgung der Vinaya-Regeln die größte Bedeutung bei. Die Klosterdisziplin war in den Pratimoksha-Regeln kodifiziert. Verschiedene Sekten geben die Zahl dieser Regeln als zwischen 227 und 253 liegend an. Sie sind in den verschiedenen Quellen ganz ähnlich wiedergegeben und müssen daher sehr alt sein, jedenfalls älter als die unabhängige Entwicklung der einzelnen Schulen. Das Wort *prati-moksha* bedeutet entweder *sich von der Sünde abwenden* oder *Ausrüstung, Panzer.* Die Regeln müssen zweimal monatlich in einer Versammlung des Kapitels öffentlich vorgetragen werden.

Armut

Armut, Ehelosigkeit und Friedfertigkeit waren die drei Grundsätze mönchischen Lebens. Ein Mönch hatte so gut wie gar kein Eigentum. Nur seine Kutte war ihm erlaubt, eine Almosenschale, eine Nadel, ein Rosenkranz, ein Rasiermesser, mit dem er sich alle zwei Wochen den Kopf rasieren mußte, und ein Filter, um kleine Tiere aus dem Trinkwasser zu entfernen. Ursprünglich bestand seine Kleidung aus Lumpen, die auf den Abfallhaufen der Dörfer zusammengesucht, aneinandergenäht und einheitlich in Safran gefärbt waren. Später wurde der Stoff für die Kutten meist von den Gläubigen gestiftet. Der Theorie nach sollten die Mönche ohne Heim und ständige Unterkunft leben. Ihr Dasein wird als das *heimatlose Leben* beschrieben; wer es sich erwählte, mußte, *von Glauben erfüllt, sein Heim verlassen.* Ursprünglich verlangten die strengen Mönchsregeln offenbar, daß der Mönch im Walde unter freiem Himmel am Fuße eines Baumes lebe. Der Vinaya bezeichnet das Wohnen in Klöstern, Heiligtümern, Tempeln, Häusern und Grotten als einen zwar erlaubten, aber von Gefahren erfüllten Luxus. Nahrung durfte nur durch Betteln beschafft werden.

Eigentlich sollte der Mönch überhaupt alles, dessen er bedurfte, ausschließlich durch Betteln erwerben, und viele Mönche, die ein besonders strenges Leben führen wollten, richteten sich nach dieser Regel. Andere scheinen schon sehr früh Einladungen in die Häuser der Gläubigen angenommen zu haben. Der Besitz von Geld war lange Zeit hindurch verboten. Etwa 100 Jahre nach der Gründung des Ordens versuchten einige Mönche aus Vaishāli diese Regel zu brechen, was zu der ersten wirklich bedrohlichen Krise des Ordens führte. Die *Zweite Versammlung von Vaishāli* entschied die Streitfrage zugunsten der strengen Beobachtung der Regeln. Aber später wurde man in bezug auf den Besitz von Geld, Land und anderem weniger genau.

Die Almosenschale war das Hoheitsabzeichen des Buddha. Viele Statuen zeigen den Buddha mit dieser Almosenschale, als ein Symbol seiner Weigerung, die Stellung eines Weltherrschers einzunehmen. Viele Lehrer vermachten ihre Almosenschale ihrem Nachfolger als ein Zeichen der Übergabe ihrer Autorität. Man muß sich allerdings daran erinnern, daß in Asien das Betteln immer ein allgemein anerkannter Weg gewesen ist, um sich seinen Lebensunterhalt zu verdienen. Wir sind geneigt, zu vergessen, daß in Europa während des ganzen Mittelalters die Mönchsorden sich durch Betteln erhielten; erst das Wirtschaftssystem des modernen Industriestaates kam zu der Erkenntnis, daß Bettelei mit dem Bedürfnis nach Industriearbeitern unvereinbar ist, und erließ deshalb schon früh Gesetze gegen Landstreicherei. Wenn wir uns die Geschichte ansehen, finden wir, daß alle entwickelten Gesellschaftsformen einen erheblichen Überschuß an Reichtum haben, der auf verschiedene Weise verwendet wird. Die Ägypter benutzten ihn zum Bau von Pyramiden. Heute wird ein sehr großer Teil davon für Kriege, weibliche Eitelkeit und Betäubungsmittel, wie Alkohol, Tabak, Kinos und Romanliteratur, ausgegeben. In buddhistischen Ländern wird dieser Reichtum dazu verwendet, den Samgha zu unterhalten und unzählige Dinge herzustellen, die der Anbetung dienen, vor allem Stupas und Statuen. Die Buddhisten waren der Ansicht, das Betteln sei ein fruchtbarer Nährboden vieler Tugenden, und die Mönche, die sich auf diese Weise ihr Brot verdienten, litten nicht unter einem Minderwertigkeitsgefühl. Sie hatten keineswegs das Gefühl, Müßiggänger zu sein, sondern empfanden das Zurückdrängen der Begierden und die Übung der Meditation als ein hartes Leben. Da Freigebigkeit eine der höchsten Tugenden ist, lag die Überzeugung nahe, die Annahme von Almosen gebe dem Besitzenden gute Gelegenheit, Verdienst zu erwerben. Heute ist die Gesellschaft eher geneigt, Menschen, die nur der Kontemplation leben, als Schmarotzer anzusehen. Vom Standpunkt der Buddhisten aus ist dagegen ihre Existenz die einzige Rechtfertigung der menschlichen Gesellschaft.

Auf ihren Bettelwegen machten die Mönche oft erniedrigende Erfahrungen. Man beschimpfte sie als Kahlköpfe u. dgl., und die Unterdrückung des Stolzes gilt als einer der Vorzüge des Bettelns. Man lernt außerdem, geringe Bedürfnisse zu haben, leicht zufrieden zu sein und die Empfindungen von Ärger und Enttäuschung zu unterdrücken. Der praktische Erfolg des Bettelns bleibt immer fraglich, und so übt sich der Bettler darin, zeitweise selbst ohne das zum Leben anscheinend Unentbehrliche auszukommen. Die Gleichgültigkeit der Bettelmönche gegenüber weltlichem Besitz, ihre Ruhe und ihr würdiges Benehmen tragen viel zur Bekehrung Ungläubiger bei und bestärken die Gläubigen.

Die tägliche Ausübung des Bettelns gibt reichlich Gelegenheit dazu, »den Körper genau zu beobachten, die Sinneseindrücke zu kontrollieren und Gedanken zu unterdrücken«. Der Mönch soll von Haus zu Haus wandern, ohne zwischen den Häusern der Armen und der Reichen einen Unterschied zu machen. Er soll dem, was man ihm gibt, keinerlei Beachtung schenken und weder erfreut noch erzürnt sein. Wenn eine Frau ihm Nahrung reicht, »darf er nicht mit ihr sprechen, noch sie ansehen, noch ihre Schönheit oder Häßlichkeit beachten«. Die Nahrungsmittel, die man den Mönchen reichte, waren oft alles andere als reichlich, appetitlich und gesundheitsfördernd. Magenstörungen waren eine Art Berufskrankheit der Angehörigen dieser Mönchsgemeinden. Bis zu einem gewissen Grade ähnelten die Erfahrungen der buddhistischen Mönche denen des heiligen Franz von Assisi, der einst ein reicher Mann gewesen war, ein verwöhnter Sohn in dem Hause seines Vaters. Als er auf allen Besitz verzichtet hatte, griff er zur Almosenschale und erbettelte sich sein Brot von Tür zu Tür. In der Legende heißt es: »Als er all die verschiedenen Speisereste essen sollte, schrak er zuerst zurück, denn er war bis dahin nicht daran gewöhnt gewesen, solche Überreste zu Gesicht zu bekommen, viel weniger sie zu essen. Endlich überwand er sich, begann sie zu verzehren, und selbst der süßeste Syrup schien ihm bisher nie so wundervoll gemundet zu haben.«

Endlich war das Fehlen aller Bindungen, die völlige Unabhängigkeit, die Freiheit des Kommens und Gehens einer der größten Vorteile des Bettelns. Verglichen mit dem Leben der Wandermönche, erschien das Dasein der besitzenden Laien eingeengt und erstickend. Selbst in dem seßhaften Leben der mönchischen Gemeinschaften gab es viel Widerwärtiges und mancherlei Ablenkungen, die den Geist stören und »die Übung des rechten Pfades verhindern. Man war gezwungen, die Regeln des Klosters zu beachten, die Meditation zu unterbrechen, um Gäste zu empfangen, bei der Verwaltung der Angelegenheiten der Gemeinschaft zu helfen, Pflichten und Ämter zu übernehmen.«

Das Hinayana betrachtet Betteln in der Hauptsache als eine Schule der Selbstdisziplin. Das Mahayana, welches das Betteln im großen und ganzen aufgegeben hatte, betonte mehr seine altruistische Seite. Dieses Beispiel bestätigt, wie mir scheint, die allgemeine Beobachtung, daß der Ausdruck selbstloser Empfindungen oft nur ein Vorwand ist, hinter dem sich ein persönlicher Vorteil verbirgt. Jedenfalls sollte der Anhänger des Mahayana seinen Bettelweg als eine Gelegenheit ansehen, die Liebe zu seinen Mitmenschen zu pflegen.

Im Laufe der Zeit wurde das Betteln aufgegeben, vor allem außerhalb Indiens. Die Gründe, die Asanga in seinem Yogashastra für die Abwendung von der früheren Armut angibt, sind edel und selbstlos; wir hören sie heute häufig aus dem Munde reicher Christen. Nach Asanga ist es dem Mönch erlaubt, Reichtum und Besitz, selbst Gold, Silber und seidene Kleidung zu erwerben, weil er auf diese Weise hilfreicher und anderen nützlicher sein kann. Die Übung des Bettelns ist jetzt in China, Korea und Annam völlig verschwunden. Unter der T'ang-Dynastie wurde in China eine besondere Sekte, die Vinaya-Schule, gegründet, um das Betteln wieder einzuführen und die Beachtung der strengen Regeln des Vinaya überhaupt wieder zu erzwingen. Unter der Sung-Dynastie bettelten die Ch'an-Mönche; die Zen-Mönche in Japan tun es bis zum heutigen Tage. In Japan ist Betteln allerdings nicht die Hauptquelle ihres Lebensunterhaltes, sondern nur eine disziplinarische Übung für Novizen oder eine Form des Sammelns bei besonderen Gelegenheiten und für Wohltätigkeitszwecke.

Mönchisches Zölibat

Die Ehelosigkeit war ebenfalls ein Grundstein des mönchischen Lebens. Die Haltung eines Mönches gegenüber den Frauen, die er auf seinen Wegen traf, und gegenüber den Nonnen, die er zu unterrichten hatte, war durch zahllose, alle Einzelheiten festlegende Regeln genau bestimmt. Jede Verletzung des Gebotes der Keuschheit führte automatisch zum Ausschluß aus dem Orden. Keuschheit, Brahmacarya oder *Haltung, die eines Brahmanen und Heiligen würdig ist,* war ein hohes Ideal, das der Mönch selbst in Lebensgefahr nicht aufgeben durfte. Die Orthodoxen betrachteten den Geschlechtsverkehr als eine *dumme und tierische* Gewohnheit und züchteten in gewissem Sinne die Verachtung der Frau. Diese Verachtung ist natürlich leicht als eine Abwehr zu erklären, da Frauen notwendigerweise für alle im Zölibat lebenden Asketen — besonders in einem heißen Klima — eine Quelle ständiger Gefahr bilden. Der Mönch wurde gewarnt, ständig auf der Hut zu sein, und der folgende kurze Dialog kennzeichnet die Einstellung der frühen Buddhisten:

Ananda: »Wie sollen wir uns den Frauen gegenüber benehmen?« Der Herr: »Sie nicht sehen!« Ananda: »Und wenn wir sie sehen müssen?« Der Herr: »Nicht mit ihnen sprechen!« Ananda: »Und wenn wir mit ihnen sprechen müssen?« Der Herr: »Unsere Gedanken scharf unter Kontrolle halten!«

Die Gründe für diese Abkehr von der Sexualität sind leicht zu verstehen. Eine Philosophie, die in dem Verlangen nach Befriedigung der Sinne die Quelle alles Übels sieht, kann nicht den Wunsch haben, die Gelegenheit dazu zu vervielfachen. »Solange in einem Manne gegenüber einer Frau der geringste Gedanke an Lust lebendig bleibt, solange ist sein Geist gebunden, wie das saugende Kalb an seine Mutter gebunden ist.« Es ist kaum möglich, geschlechtliche Beziehungen zu Frauen zu unterhalten, ohne mit der einen oder anderen eine Liebesbeziehung anzuknüpfen. Eine solche Bindung aber würde die Freiheit eines Mannes tödlich bedrohen. In einer späten Form des Buddhismus, dem Tantra, wurde der Eingeweihte aufgefordert, sich dieser Gefahr auszusetzen und Geschlechtsverkehr auszuüben, ohne dabei seinen Geist zu beflecken. Aber während der ganzen vorhergehenden mehr als tausendjährigen Entwicklung wäre das den Mönchen als eine törichte Blasphemie erschienen. Außerdem führen Geschlechtsbeziehungen leicht zur Erzeugung von Kindern, und für jeden, der in sorgenfreier Unabhängigkeit außerhalb der Gesellschaft zu leben wünscht, würden Kinder eine furchtbare Bindung bedeuten.

Es gibt allerdings noch einen tieferen Grund, warum die Heiligen aller Zeiten den Geschlechtstrieb immer mit besonderem Argwohn betrachtet haben. Der Geschlechtsverkehr ruft leicht eine verzückte Ruhe und Entspannung hervor. Neurotiker benützen diese Möglichkeit oft, um ihre seelischen Konflikte für den Augenblick zu lösen. In diesem Falle ist das Bessere der Feind des Guten. Der Mönch besaß in der Form der Ekstase ein wesentlich wirksameres Mittel, um inneren Frieden herbeizuführen. Meditation und Geschlechtsverkehr haben ein gemeinsames Ziel und verwenden die gleichen Kräfte, um ihr Ziel zu erreichen. Diese Kräfte lassen sich aber nicht doppelt benutzen; aus diesem einfachen Grunde ist die völlige Unterdrückung des Geschlechtstriebes die Voraussetzung für erfolgreiche Meditation.

Psychologen haben oft die Ähnlichkeit zwischen mystischen Zuständen und den Erfahrungen des Geschlechtslebens beobachtet. Auch die Verwendung sexueller Gleichnisse in den Schriften der Mystiker ist oft bemerkt worden. Im allgemeinen neigen die Psychologen dazu, das Geistige vom Sexuellen abzuleiten und die Meditation als eine Art verfeinerter und veredelter Sexualität anzusehen, als eine Sexualität mit Ziel- und Objektverschiebung oder, in anderen Worten, eine minderwertige Abwandlung. Ein Mystiker dürfte dagegen geneigt sein anzunehmen, daß wir in der Meditation uns selbst ebenso treu, wenn nicht treuer bleiben als im Geschlechtsverkehr. Er würde die große Ähnlichkeit, die in mancher Beziehung zwischen der Erleuchtung und der geschlechtlichen Vereinigung besteht, wohl zugeben, aber mit Plotin die geistige Aktivität als die primäre und die sexuelle als die sekundäre und abgeleitete ansehen. Es ist interessant, in diesem Zusammenhange eine Ausführung Plotins zu zitieren, der einmal sagt: »Bei der Vereinigung in der Ekstase gibt es zwischen der Seele und dem Höchsten keinen Abstand mehr. Sie sind nicht länger zwei, sondern sind eins geworden und können voneinander nicht getrennt werden, solange eines von ihnen da ist. Diese Vereinigung ist es, der in unserer Welt Liebhaber und Geliebte nachstreben, wenn sie versuchen, sich zu einem Wesen zu verbinden.«

Verfolgt man diesen Gedankengang weiter, so würde die Energieübertragung von der Meditation auf die Geschlechtsbetätigung ein Absinken, eine Erniedrigung, eine Abstumpfung dieser Energie darstellen. Sich dem Geschlechtstrieb zu überlassen, würde bedeuten, von dieser Energie einen der Vernunft widersprechenden, unwürdigen Gebrauch zu machen. Die Geschlechtsbetätigung wäre ein dummer, zum Scheitern verurteilter Versuch, die Vereinigung in der Erleuchtung und die aus ihr fließende gefühlsmäßige Befriedigung zu erzielen, vor allem aber wäre es eine fehlerhafte und mißbräuchliche Ausnutzung des Verlangens nach dem Einswerden mit dem Absoluten.

Mehr als tausend Jahre blieben diese Ansichten im Orden

herrschend. Dann kam ein Teil der Gemeinschaft durch andere Überlegungen zu der Überzeugung, das Geschlechtsleben sei mit dem Mönchtum nicht unvereinbar. Um 500 n. Chr. hören wir aus Kaschmir von verheirateten Mönchen, und von 800 n. Chr. an erlaubte das Tantra in den Gebieten, die unter seinem Einfluß standen, den Mönchen zu heiraten. In dem shaktistischen Tantrismus galt es, wie wir später (s. Kap. VIII) sehen werden, nicht als eine Schande, Geschlechtsverkehr auszuüben, sondern, im Gegenteil, als einer der Wege zur Erleuchtung. Padma-Sambhava, der Lotus-Geborene, der um 770 den Buddhismus in Tibet einführte und als ein zweiter Buddha galt, nahm von dem König von Tibet eine seiner fünf Frauen als Geschenk an, und auf vielen Bildern wird Padma-Sambhava zwischen seinen beiden Lieblingsfrauen, Mandarava und Ye-śes-rgyal, dargestellt. Marpa, der 1011 geborene Übersetzer, einer der größten Lehrer Tibets, heiratete im Alter von 42 Jahren; er hatte außerdem noch »acht Schülerinnen, die seine geistigen Gefährtinnen waren«. Ganz anders klingt die Motivierung der in Japan um 1200 gegründeten Shin-Schulen. Ihre Anhänger halten sich für so *niedrig und minderwertig*, daß die Nachfolge der Regeln Buddhas von ihnen nicht erwartet werden kann. Deshalb heiraten sie und essen auch Fleisch. Der Bonze Kenryo Kawasaki hat die Grundsätze dieser Schule klar ausgesprochen: »Um ein vollkommener Buddhist zu werden, ist es durchaus nicht notwendig, sich von der Welt zurückzuziehen und ein besonders hartes Leben zu führen. Der Gründer unserer Schule, Shonin Shinran, war verheiratet und lebte so wie alle Welt. Es ist unsere Pflicht, dem Moralgesetz unserer Umgebung zu folgen und so zu leben wie unsere Familien, unsere Berufsgenossen und unsere Mitbürger, und uns nicht von anderen durch äußerliche Handlungen und Schaustellungen zu unterscheiden.« Wir werden auf diese Begründung später noch einmal zurückkommen. Hier begnügen wir uns damit, die Haltung zu erklären, die die Mehrzahl der Mönche gegenüber dem Zölibat einnahm, und auf die für den Westen so überraschende Tatsache hinzuweisen, daß in manchen Fragen der Buddhismus nicht nur mit einer Stimme spricht. Diesen und allen anderen wesentlichen Problemen gegenüber hat sich der Buddhismus wie ein doppelköpfiger Janus immer gleichzeitig nach zwei verschiedenen Richtungen gewandt. Er hat nicht geglaubt, die Wahrheit dadurch finden zu können, daß er alles Entgegengesetzte als Unwahrheit ansah, sondern indem er den Gegensatz als eine andere Form derselben Wahrheit zu erkennen suchte.

Um 500 v. Chr. traten in Indien zwei Heilslehren auf, die das Prinzip *keinem Böses anzutun* zum Mittelpunkt ihrer Lehre machten — die eine war der Jainismus, die andere der Buddhismus. Diese besondere Betonung des Verbotes, irgendeinem Lebewesen Böses zu tun, war wahrscheinlich eine Reaktion gegen die immer weiter um sich greifende Politik der Gewaltanwendung, die als Folge der Entdeckung von Bronze und Eisen unter den Menschen auftrat. In Indien richtete sich dieses Verbot nicht nur gegen den Massenmord in den Kämpfen der Stämme untereinander, sondern auch gegen die umfangreichen Tierschlachtungen bei den vedischen Opfern und bis zu einem gewissen Grade gegen die Grausamkeit der Bauern gegenüber ihren Tieren. Die Lehre der Jainas und der Buddhisten stützt sich auf zwei Grundsätze:

1. Auf den Glauben an die Verwandtschaft alles Lebendigen; dieser Glaube wird durch die Lehre von der Wiedergeburt bestärkt, nach der dasselbe Lebewesen heute ein Mensch, morgen ein Kaninchen, dann eine Motte und danach wieder ein Pferd sein kann. Wer ein Tier mißhandelt, könnte daher in die böse Lage kommen, seine eigene verstorbene Mutter oder seinen besten Freund zu mißhandeln.

2. Der zweite Grundsatz ist im Udâna niedergelegt, wo der Buddha sagt: »Meine Gedanken sind nach allen Richtungen durch die Welt gewandert. Nie habe ich etwas getroffen, das jemandem lieber war als sein eigenes Selbst. Da dem anderen, jedem für sich selbst, sein Selbst lieb ist, sollte der, der seinen eigenen Vorteil sucht, einem anderen kein Böses antun.« Mit anderen Worten, wir sollten uns dazu erziehen, mit anderen so stark mitzufühlen, als wären sie wir selbst. Wenn wir die Tugend des Mitgefühls in uns groß werden lassen, wird es uns nie in den Sinn kommen, einem anderen Böses anzutun, ebensowenig wie wir freiwillig uns selbst Böses antun würden. Es ist deutlich, daß wir auf diese Weise unser Gefühl und unsere Liebe zu uns selbst einschränken in demselben Maße, in dem wir die Grenzen dessen, was wir als das Unsere betrachten, erweitern. Indem wir das Selbst eines jeden einladen, in unsere eigene Persönlichkeit einzutreten, reißen wir die Schranken nieder, die uns von anderen trennen.

Man darf wohl sagen, daß der Buddhismus durch diese Haltung auf die ganze Entwicklungsgeschichte Asiens eine stark humanisierende Wirkung ausgeübt hat. In den Ländern, die wie Burma ganz vom Buddhismus durchsetzt sind, fällt jedem Beobachter vor allem die Freundlichkeit und Güte der Menschen auf. König Asoka bekehrte sich zum Buddhismus, weil er den Massenmord, durch den er sein Reich erworben hatte, bereute. Er war es, der den Buddhismus zu einer Weltreligion machte. In seinem Buch über »The Religion of Tibet« zeigt Sir Charles Bell immer wieder, wie der Buddhismus die wilden Krieger aus Tibet und der Mongolei zu friedfertigen, milden Menschen umgeformt und fast alle Spuren ihrer ursprünglichen Wildheit ausgelöscht hat.

In diesem Zusammenhang müssen wir zwei verwandte Probleme berühren, nämlich die Haltung des Buddhismus gegenüber der vegetarischen Lebensweise und der religiösen Verfolgung. Da es unmöglich ist, ein Lebewesen zu verzehren, ohne ihm Böses anzutun, müßte der Buddhist eigentlich Vegetarier sein. Lebt er aber als Mönch, der sich seine Nahrung erbettelt, indem er von einem Haus des Dorfes zum andern wandert, so kommt er, wenn dieses Dorf von Nichtvegetariern bewohnt ist, in eine schwierige Lage. Er soll ja der Nahrung gegenüber völlig gleichgültig bleiben und alles aufessen, was man ihm in seine Schale wirft; der ehrwürdige Pindola wird der Nachwelt als Beispiel hingestellt, weil er in aller Ruhe den Daumen eines Leprakranken verzehrte, der in seine Schale gefallen war. Wollten die Mönche anfangen, sich ihre Nahrung auszusuchen, so würde das zu einer Zerstörung der Mönchsdisziplin führen. Man muß also zu einem Kompromiß kommen; aber Buddhisten, die ihre Religion ernst nehmen, vermeiden es, Fleisch zu essen, wenn sie irgend können.

Man wendet oft ein, der Vegetarianismus sei völlig sinnlos; er lasse vielleicht ein paar Hühner und Kühe am Leben, die sonst umgebracht worden wären, aber unser tägliches Leben zwinge uns doch unausweichlich immer wieder, fremdes Leben zu zerstören, solange wir selbst leben. Wenn wir uns nur die Hände waschen, zerstören wir so viele Lebewesen, wie es Menschen in ganz Spanien gibt. Wir können also nur uns selbst umbringen, um andere zu retten, oder andere töten, um uns selbst zu erhalten. Das Leben scheint untrennbar mit der Zerstörung des Lebens verbunden zu sein. Die Buddhisten sind sich der Berechtigung dieses Einwandes immer bewußt gewesen. Sie geben uns den Rat, das unfreiwillige Morden soweit wie möglich einzuschränken, indem wir z. B. mit Vorsicht auftreten, wenn wir durch einen Wald gehen. Außerdem glauben die Buddhisten, es sei heilsam, sich klarzumachen, welch unglückselige Folgen schon die bloße Tatsache unseres Daseins hervorruft; jede Überlegung über das Ausmaß dieser Folgen sollte uns zu immer energischeren Anstrengungen anspornen, um aus einer Lage zu entfliehen, in der wir unser eigenes Leid nur dadurch verlängern können, daß wir auch anderen Kreaturen Leid zufügen. Calderon hat einmal gesagt, die größte Sünde von allen sei die Tatsache unserer Geburt. Damit hat er einen typisch buddhistischen Gedanken geäußert. Manche Menschen sehen darin nur *Pessimismus;* solche Überlegungen rufen aber die Erinnerung an die edleren Seiten unseres Wesens wach und lassen uns die Gedankenlosigkeit bedauern, mit der wir ständig andere Lebewesen vernichten, um unsere eigene klägliche Existenz zu verlängern.

Es ist selbstverständlich, daß im Buddhismus für religiöse Verfolgungen, Kreuzzüge oder Inquisition kein Raum ist. Eine Beleidigung Buddhas würde einen Buddhisten kaum veranlassen, den Beleidiger der Folter zu unterwerfen oder zu töten. »Warum sollte man sich entrüsten, wenn die Buddhas beleidigt werden? Sie werden von Blasphemien nicht berührt.« Ein Buddhist würde es für ungereimt halten, jemanden von der Überlegenheit der Güte Buddhas dadurch zu überzeugen, daß man ihn bei lebendigem Leibe verbrennt. Es wäre natürlich eine Übertreibung, zu behaupten, die Schriften der Buddhisten seien völlig frei von Polemiken und Schmähungen. Selbst in einigen der heiligsten Werke, wie z. B. der *Prajna-paramita* und dem *Lotus des guten Gesetzes,* finden wir bei dem Verfasser eine bedauerliche Neigung, diejenigen seiner buddhistischen Brüder, die seine Ansicht nicht teilen, auf lange Zeit in die Hölle zu verbannen. Nur das klare Wissen um die großen, individuell bedingten Temperamentsunterschiede, das bei den Buddhisten immer vorhanden gewesen ist, hat verhindert, daß derartige sehr natürliche Ausflüsse theologischer Gehässigkeit sich zu grundsätzlicher Unduldsamkeit verhärteten. Der Dharma ist seinem Wesen nach kein Dogma, sondern ein Pfad. Wird ein Dogma in den Mittelpunkt einer Religion gestellt und die Überzeugung großgezüchtet, eine Aussage sei entweder wahr oder falsch, und das Heil der Menschen beruhe darauf, daß sie eine solche Wahrheit als Wahrheit akzeptieren, so kommt man leicht dazu, in aller Güte die Körper der Ungläubigen zu vernichten, um ihre Seelen zu retten. Nach Ansicht der Buddhisten ist es aber sehr schwierig, vielleicht sogar unmöglich, eine positive Aussage zu machen, die nicht allein schon deswegen, weil sie ausgesprochen wird, falsch und unzureichend ist (s. S. 125). Alle wörtlichen Aussagen sind bestenfalls Halbwahrheiten, und ihr einziger Wert besteht darin, daß sie die Menschen dazu anregen, bestimmte Handlungen auszuführen. In der Bibel steht, es gebe im Hause unseres Vaters viele Wohnungen; in gleichem Sinne gibt es wahrscheinlich auch mehr als einen Weg, der zu der Himmelsstadt führt. Je nach ihrer Veranlagung haben verschiedene Menschen verschiedene Bedürfnisse — was den einen ernährt, vergiftet den anderen; und es wäre ein sinnloser Dünkel, anzunehmen, man könne sich über die Bedürfnisse anderer absolute Klarheit verschaffen. Infolge dieser Überzeugung ist die Geschichte der buddhistischen Lehre voll von kühnen und fast unbegrenzten Experimenten, in denen die verschiedensten geistigen Methoden rein pragmatisch, nur im Hinblick auf das Resultat, ausprobiert wurden. In Tibet sagt ein Sprichwort, jeder Lama habe seine eigene Religion, und es gebe so viele Formen des Buddhismus wie Lamas. Man hat wohl gemeint, diese unbegrenzte Toleranz sei für den Verfall des Buddhismus verantwortlich. Aber schließlich hat der Buddhismus eine längere Lebensdauer gehabt als fast alle anderen historischen Institutionen, und es läge ja auch kein Sinn darin, seine äußeren Formen unabhängig von seinem Geist weiterzuerhalten.

Wie wir sehen werden, ist der Schutz, den die Herrscher dem Buddhismus angedeihen ließen, einer der Hauptgründe für seine weite Verbreitung. Die Macht eines Königs beruht natürlich auf Brutalität und Gewaltanwendung; ebenso natürlich ist es, daß die Bekehrung der Herrscher nicht immer sehr tief gegangen ist. Es wäre daher übertrieben, zu behaupten, buddhistische Könige hätten niemals die Verbreitung ihrer Religion durch Gewaltmaßnahmen gefördert. Selbst die Mönche wurden, sobald sie infolge der wohlwollenden Einstellung der Könige und Kaiser soziale und politische Machtbefugnisse erhielten, der Versuchung des Mißbrauchs ihrer Machtstellung ausgesetzt. Ferner ist es kaum anders zu erwarten, als daß in einem Lande, in dem die buddhistische Religion die Terminologie der herrschenden Kultur bestimmte, jede vom Volk ausgehende Opposition sich der religiösen Ideen bemächtigte, um für ihre sozialen Ansprüche einen Ausdruck zu finden; genau so, wie es die Lollarden und die deutschen Bauern mit dem christlichen Gedankengut taten.

In dem Bedürfnis, ihre Abneigung gegen das Christentum deutlich zu machen, haben viele Schriftsteller die Geschichte des Buddhismus in einem viel zu reinen Lichte dargestellt; man darf nicht ganz vergessen, daß auch die Buddhisten sich gelegentlich so aufgeführt haben, wie wir es in vielen Fällen von

Christen gewöhnt sind. In Tibet z. B. gab es um 900 n. Chr. einen bösen König Lang Darma, der die Mönche verfolgte. Er wurde von einem buddhistischen Mönch ermordet. Die offizielle tibetische Geschichtsdarstellung pries den Mörder wegen seines »Mitleids für den König, der durch die Verfolgung des Buddhismus Sünde auf Sünde häufte«, und spätere Generationen haben, weit davon entfernt, die Tat zu verurteilen, den Mönch heilig gesprochen. Fast alle europäischen Darstellungen preisen die Gelbe Kirche, die in den letzten 300 Jahren Tibet beherrscht hat. Sie behaupten, der Sieg dieser Sekte über die älteren Roten Sekten beruhe auf der höheren Bildung Tsong-kha-pas, der strengeren Moral seiner Anhänger und auf der Tatsache, daß die Gelbe Kirche so gut wie völlig frei sei von Magie und Aberglauben. Bis zu einem gewissen Grade mag das zutreffen. Aber man darf nicht vergessen, daß der Erfolg der Ge-lug-pa zum Teil erst möglich geworden war durch die militärische Hilfe der Mongolen, die während des 17. Jahrhunderts immer wieder die Klöster der gegnerischen Roten Sekten verwüsteten und den Führer der Gelben Kirche, den Dalai Lama, nachdrücklich unterstützten. Im 11. Jahrhundert führte König Anuruddha von Burma einen Krieg gegen das benachbarte Königreich Thaton, um sich eines Exemplares der heiligen Schriften zu bemächtigen, da der König von Thaton sich geweigert hatte, ihm eine Abschrift zu überlassen. In einem so kriegerischen Lande wie Japan waren die Klöster während des Mittelalters eine Quelle ständiger Unruhe, und die Mönche fielen von ihren Bergfesten aus dauernd mit großen bewaffneten Haufen in Kyoto ein. Ein Beispiel einer volkstümlichen Bewegung, die die buddhistische Terminologie verwendete, ohne vor Gewaltanwendung zurückzuschrecken, bieten die Boxer. Diese Verbindung zwischen sozialer Auflehnung und buddhistischem Glauben ist in China sehr alt, und die Vorläufer der Boxer, wie z. B. die Weiße Lotussekte, haben in der Geschichte Chinas eine große Rolle gespielt. In Burma beleidigten die Engländer die religiösen Empfindungen der Burmesen unter anderem dadurch, daß sie den Verkauf von Alkohol erlaubten und förderten. Sie zerstörten auch die Grundlagen der mönchischen Disziplin, indem sie die Hierarchie der Kirche auflösten. In der Folge verbreitete sich eine Art von politischem Buddhismus, dem keine Gegenkraft im Wege stand. Ein volkstümlicher Führer, Saya San, veröffentlichte z. B. im Jahre 1930 einen Aufruf, in dem es nach Maurice Collis (Trials in Burma S. 206) hieß: »Im Namen unseres Herren und zum größeren Ruhme unserer Kirche erkläre ich, Thupannaka Galon

Raja, den Krieg gegen die heidnischen Engländer, die uns versklavt haben.«

Man könnte noch viele solche Beispiele anführen. Im ganzen gesehen, bedauern die Buddhisten derartige Vorgänge und sehen sie als ein Zeichen der Schwäche an, die durch die eingeborene Verderbtheit der menschlichen Natur zu erklären ist. In Indien leisteten die Mönche keinen Widerstand, als die hephtalitischen Hunnen und später die Mohammedaner die Klöster plünderten, ihre Insassen töteten, die Bibliotheken verbrannten und die heiligen Bilder zerstörten. Infolge dieser Angriffe verschwand die Organisation der buddhistischen Kirche zunächst in Gandhara und dann in ganz Nordindien.

Die Hauptströmungen buddhistischen Denkens

Die Entwicklung des buddhistischen Denkens oder, mit anderen Worten, die Metaphysik buddhistischer Geistigkeit soll später in Kapitel IV bis IX beschrieben werden. Die Hauptströmungen lassen sich aus dem auf S. 63 wiedergegebenen Schema erkennen. Hier nur einige Worte zur Erklärung.

Die Haupttrennungslinie ist die zwischen *Hīnayāna* und *Mahāyāna*. Im Hinayana finden wir zunächst die *Alte Weisheitsschule,* die sich etwa 200 Jahre nach Buddhas Nirwana in zwei Linien spaltet: Im Osten Indiens die Schule der *Theravādins,* die heute noch in Ceylon, Burma und Siam herrschend ist; und im Westen die *Sarvāstivādins,* die 1500 Jahre hindurch blühten und Mathura, Gandhara und Kaschmir als ihre Zentren hatten. Außerdem gab es noch eine Anzahl anderer Schulen, von denen wir jedoch aus Mangel an schriftlicher Überlieferung so gut wie nichts wissen: Die *Mahāsānghikas* organisierten von etwa 250 v. Chr. an in Magadha und im Süden, um Amaravati, eine besondere Sekte von Buddhisten, die von der Alten Weisheitsschule abgefallen waren; diese Sekte ging erst zugrunde, als der Buddhismus in Indien überhaupt zerstört wurde.

Diese liberalere Richtung der Mahasanghikas entwickelte sich bald unter dem Namen *Mahāyāna* zu einer neuen Schule, die, nicht unmittelbar, aber im Laufe von etwa 400 Jahren, sich wiederum in verschiedene Linien teilte. Jede dieser Schulen vertrat eine der vielen Möglichkeiten der Weiterentwicklung der Lehre. Die um etwa 150 n. Chr. von Nagarjuna gegründeten *Mādhyamikas* erwarteten das Heil von der Ausübung der Weisheit, worunter sie die Kontemplation der Leere verstanden. Da sie ihre Grundsätze in bewußtem Gegensatz zu denen der Alten

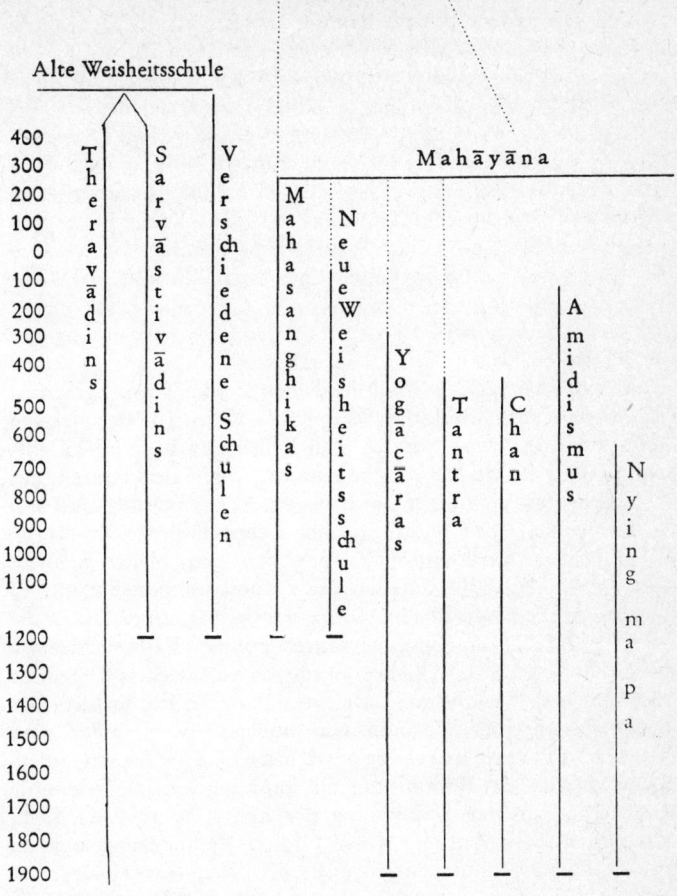

Weisheitsschule entwickelten, sprechen wir von einer *Neuen Weisheitsschule*. Eine andere Schule, die mit den Madhyamikas eng zusammenhing, legte den Nachdruck auf den Glauben an die Buddhas und Bodhisattvas und an die Ergebenheit ihnen gegenüber. Allerdings wurden in der von den Madhyamikas unternommenen Systematisierung manche der Gedanken des frühen Mahayana vernachlässigt; diese wurden später infolge der Parallelentwicklung im Hinduismus wieder stärker betont.

Der Einfluß der Samkhya-Yoga-Philosophie zeigt sich in der um 400 n. Chr. von Asanga gegründeten *Yogācāra-Schule,* die das Heil von der als Yoga bekannten introspektiven Meditation erwartete. Schließlich rief die Entwicklung des Tantra im Hinduismus nach 500 n. Chr. eine magische Form des Buddhismus unter dem Namen *Vajrayāna (Diamantfahrzeug)* hervor, das die Erleuchtung von magischen Übungen erhoffte. Das *Diamantfahrzeug* wurde besonders in Nepal, Tibet, China, Japan, Java und Sumatra sehr einflußreich. Außerhalb Indiens entwickelten sich aus der Vereinigung des Mahayana mit lokalen Elementen einige im wahren Sinne des Wortes *neue* Schulen. Bemerkenswert unter ihnen sind in China und Japan die *Ch'an* (Meditations-) Schule und der *Amidismus,* in Tibet die *Nying-ma-pa,* die viel von dem aus Nordasien stammenden Schamanimus und der tibetischen Bon-Religion übernahmen.

Die schöpferische Kraft buddhistischen Denkens versiegte etwa 1500 Jahre nach Buddhas Nirwana. Während der letzten 1000 Jahre sind neue Schulen von Bedeutung nicht mehr entstanden, und die Buddhisten haben nur, so gut sie konnten, das große Erbe der Vergangenheit bewahrt. Es ist möglich, daß sich die Lotusblume der buddhistischen Lehre nach 1500 Jahren völlig entfaltet hatte und daß nichts wesentlich Neues mehr zu erwarten ist. Allerdings stellen die Lebensbedingungen unserer industrialisierten Zivilisation eine Herausforderung dar, die wohl zu einer neuen Synthese führen könnte. Falls nicht etwa unsere Zivilisation durch ihre eigene Gewaltsamkeit zugrunde geht, muß der Buddhismus sich einen Platz in ihr suchen. Der Dharma ist in einer Welt, die von moderner Wissenschaft und technischem Fortschritt regiert wird, nicht leicht wahrzunehmen. Irgendwie muß der Buddhismus sich anpassen; eine tiefgreifende Veränderung in der Darstellung der Lehre ist unvermeidlich. Die undeutlichen Anfänge einer solchen Veränderung machen sich bereits in verschiedenen Teilen der Welt bemerkbar, sind aber vorläufig noch zu unklar, als daß wir sie in diese historische Darstellung aufnehmen könnten.

III. POPULÄRER BUDDHISMUS

Die Stellung des Laientums

Der Buddhismus war und ist in seinem innersten Wesen eine religiöse Bewegung mönchischer Asketen, kann aber doch ohne das Laientum nicht auskommen. In demselben Maße, in dem der Buddhismus sich von einer Sekte zu einer weitverbreiteten Kirche entwickelte, wurden die Laienanhänger immer wichtiger. Wie wir gesehen haben, verdienten sich die Mönche und Asketen, aus denen der innere Kreis der buddhistischen Bewegung bestand, ihren Lebensunterhalt nicht selbst, sie waren vielmehr von dem guten Willen der Laien abhängig. Außerdem fühlten der Buddha und die Mönche von Anfang an eine tiefe Verantwortung für das Wohlergehen der ganzen Bevölkerung. Die Jatakas erzählen, wie Sumedha — der Buddha Shakyamuni in einem vergangenen Leben — freiwillig darauf verzichtete, die Befreiung von der Leidenschaft und das Nirwana zu gewinnen. Damals war Dipankara der Tathagata. Als Dipankara in die Stadt Ramna kam, »warf sich Sumedha freudig vor ihm in den Schmutz, um ihm als Brücke zu dienen.« Als er, so im Schmutze liegend, die Buddha-Majestät Dipankaras betrachtete, entschloß er sich, »die höchste Erkenntnis der Wahrheit zu erwerben, um es dadurch der Menschheit zu ermöglichen, das Schiff des Dharma zu betreten, sie dann darin über das Meer des Daseins zu führen und erst, nachdem er dies vollendet hätte, das Nirwana zu erwerben«. Der Dharma war etwas, das man mit anderen teilen sollte, und im Buddhismus war immer ein starker missionarischer Trieb vorhanden. König Asoka ist ein gutes Beispiel eines Herrschers, der sein Volk durch das Dharma glücklich machen wollte und Missionare ausschickte, um es in den Nachbarländern bekanntzumachen. Als in einigen Gebieten sich ein egozentrisches Mönchtum entwickelte, wurde dies sogleich durch die Entwicklung des Bodhisattva-Ideals ausgeglichen (s. Kapitel V).

Der Eifer, mit dem die Buddhisten aller Schulen ihre Lehre über ganz Asien verbreiteten, und die menschlichen Qualitäten, die das ermöglichten, zeigen sich schon deutlich in der Geschichte Purnas, eines der frühesten Apostel des Dharma. Er bat den Buddha um Erlaubnis, als Missionar in ein barbarisches Land mit dem Namen Sronaparanta zu gehen. Der Buddha versuchte ihm diesen Plan auszureden, und es entwickelte sich die folgende Unterhaltung:

Buddha: »Die Leute von Sronaparanta sind wild, gewalttätig und grausam. Es liegt in ihrem Charakter, sich gegenseitig zu beschimpfen, zu verleumden und andere Menschen zu belästigen. Wenn sie dich mit bösen, groben und unwahren Worten beschimpfen, verleumden und belästigen, was würdest du denken?«

Purna: »In diesem Falle würde ich denken, daß die Leute von Sronaparanta in Wahrheit gute und freundliche Menschen seien, da sie mich nicht schlagen oder mit Steinen werfen.«

Buddha: »Wenn sie dich aber schlagen oder mit Steinen werfen, was würdest du denken?«

Purna: »In diesem Falle würde ich denken, daß sie gute und freundliche Menschen seien, da sie mir nicht mit einem Knotenstock oder einer Waffe zu Leibe gehen.«

Buddha: »Wenn sie dir aber mit einem Knotenstock oder einer Waffe zu Leibe gehen, was würdest du denken?«

Purna: »In diesem Falle würde ich denken, daß sie gute und freundliche Menschen seien, da sie mir nicht das Leben nehmen.«

Buddha: »Wenn sie dich aber töten, Purna, was würdest du denken?«

Purna: »In diesem Falle würde ich immer noch denken, daß sie gute und freundliche Menschen seien, da sie mich ohne große Umstände aus diesem verdorbenen Leichnam von einem Körper befreien. Ich weiß, es gibt Mönche, die sich des Körpers schämen, betrübt und angeekelt von ihm sind und sich selbst mit einer Waffe umbringen, Gift nehmen, sich aufhängen oder sich von einem Felsen in die Tiefe stürzen.«

Buddha: »Purna, du bist begabt mit der größten Sanftheit und dem größten Langmut. Du kannst in diesem Lande der Sronaparantas leben und bleiben. Geh hin und lehre sie, frei zu sein, wie du selbst frei bist.«

Man hat oft behauptet, das Hinayana habe weniger Missionseifer bewiesen als das Mahayana. Das trifft nicht zu. Das Hinayana drang, ebenso wie das Mahayana, nach Ceylon, Burma, Tibet, China, Java und Sumatra vor. Der Grund dafür, daß sich in Tibet und China nur die Schule des Mahayana erhalten hat, ist der, daß sie sich den nichtindischen Völkern besser anpassen konnte. Der König von Tibet lud z. B. um 750 die Hinayanasekte der Sarvastivadins, die um diese Zeit in Kaschmir und Zentralasien blühte, ein, sich in Tibet niederzulassen. Die Masse der Bevölkerung aber verlangte nach einer Religion, die mit Magie durchsetzt war, und aus diesem Grunde starben die

Sarvastivadins in Tibet bald aus. Aber die Buddhisten aller Richtungen waren immer bereit, die Botschaft des Dharma zu verbreiten.

Allerdings hat die buddhistische Theorie bereitwillig überall dort, wo der Dharma eine lebendige soziale Wirklichkeit war, ihre tiefsinnigste Metaphysik mit den magischen und mythologischen Überlieferungen der Bauern, Krieger und Kaufleute vereinigt, unter denen sie Wurzel geschlagen hatte. Die Mönche mußten Anhänger gewinnen, wenn sie ihrem Ideal des Mitleids treubleiben wollten. Sie brauchten die Almosen der Laienanhänger oder der Herrscher, wenn sie existieren wollten. Daher erheben sich hier zwei Fragen: 1. Was haben die Mönche für die Masse ihrer Anhänger oder für ihre königlichen Schutzherren geleistet? Und 2. Wie hat umgekehrt die Notwendigkeit, sich den Bedürfnissen der Laien anzupassen, das buddhistische Gedankengut beeinflußt?

Der Buddhismus und die weltliche Macht

Ohne die Unterstützung von Königen und Kaisern wäre der Triumphzug des Dharma durch Asien nicht möglich gewesen. Es war einer der größten Herrscher Indiens, König Asoka (274–236 v. Chr.), der zuerst den Buddhismus zu einer Weltreligion machte, ihn in ganz Indien verbreitete, nach Ceylon, Kaschmir und Gandhara brachte und sogar Missionare an die Höfe der griechischen Fürsten der damaligen Zeit sandte — zu Antiochus II. von Syrien, Ptolemäus Philadelphus und Antigonos Gonatas von Mazedonien. Später genossen die Buddhisten den Schutz eines anderen großen Eroberers, des Skythen Kanishka (78–103 n. Chr.), der Nordindien beherrschte; dann wurden sie von Harshavardhana (606–647) und von der Pala-Dynastie (750–1150), die in Bengalen regierte, begünstigt. Außerhalb Indiens bekehrten sich chinesische Kaiser und Kaiserinnen, mongolische Khans und in Japan ein Staatsmann von der Bedeutung Shotoku Taishis (572–621) zum Buddhismus. In Groß-Indien finden wir zu verschiedenen Zeiten eine ganze Reihe buddhistischer Dynastien.

Nur sehr wenige der soeben erwähnten Herrscher waren Buddhisten in dem Sinne, daß sie anderen Religionen ablehnend gegenübergestanden wären. Die Palas und die Herrscher von Ceylon und Burma waren Ausnahmen. Der Buddhismus verlangt von seinen Anhängern keine ausschließliche Ergebenheit. Kadphises I., ein Kuschana-König (25 – 60 n. Ch.), nennt sich selbst einen »ständigen Schüler des wahren Dharma«. Die Münzen, die er schlagen ließ, zeigen auf der einen Seite einen sitzenden Buddha, auf der anderen den Zeus der Stadt Kapisa. Kanishka schmückte seine Münzen mit Göttern aus Iran — Verethraghana, Ardokhcho, Pharso —, mit dem Hindugott Shiva und mit dem Buddha, der entweder stehend oder in seinem Lotussitz gezeigt wird; sein Name wird in griechischen Buchstaben als Boddo oder Boudo geschrieben. Die Gupta-Könige förderten sowohl den Vishnuismus wie den Buddhismus, die Könige von Valabhi (nach 490) beschützten den Buddhismus, obwohl sie Anhänger von Shiva waren, Harshavardhana verband buddhistische Frömmigkeit mit der Anbetung der Sonne usw. usw.

Außerhalb Indiens war es ähnlich. Der große Khan Mongka (um 1250) förderte Nestorianer, Buddhisten und Taoisten in dem Glauben, »alle Religionen seien wie die Finger einer Hand«, wie er dem Franziskaner Wilhelm von Rubruk erklärte; den Buddhisten allerdings sagte er, der Buddhismus sei wie die Fläche der Hand, die anderen Religionen nur die Finger. Kublai Khan verband eine Neigung zum Buddhismus mit einer Vorliebe für den Nestorianismus.

Da es der Daseinszweck der Herrscher ist, zu herrschen, bleibt es unwahrscheinlich, daß ihre Überzeugung von dem geistigen Wert des Buddhismus der einzige oder auch nur der Hauptgrund für ihre Begünstigung der buddhistischen Religion gewesen sei. In welcher Weise aber konnte der Buddhismus, der offensichtlich anarchisch und einer anderen Welt zugewandt ist, zur Sicherung der Macht eines Herrschers über sein Volk beitragen? Der Buddhismus bringt nicht nur allen, die nicht von dieser Welt sind, geistigen Frieden, sondern liefert auch die Welt denen aus, die sich gern ihrer bemächtigen möchten. Außerdem bringt der Glaube, die Welt sei unverbesserlich und es gebe in ihr kein wahres Glück, jede Kritik an der Regierung zum Schweigen. Bedrückung durch Beamte der Regierung kann man zum Teil als unvermeidliche Begleiterscheinung unserer Existenz zwischen Geburt und Tod ansehen, zum Teil als Strafe für vergangene Sünden. Da der Buddhismus die Gewaltlosigkeit betont, trägt er zur Befriedigung des Landes bei und sichert die Stellung des Herrschers. Außerdem wird die Heiterkeit von Menschen, die die Welt als unwichtig betrachten, durch den Mangel an Besitz nicht gestört, und es ist leichter, über ein heiteres als über ein unwilliges und mürrisches Volk zu herrschen. In einer buddhistisch geordneten Gesellschaft ist man der Überzeugung, ein einfaches Leben sei besser mit den Forderungen der Religion in

Einklang zu bringen, und die Menschen ziehen es vor, *arm* zu sein in dem Sinne, in dem die Burmesen arm waren. Maurice Collis macht in seinem Buche »Trials in Burma« (S. 214) die folgende treffende Bemerkung über die Verachtung der Engländer für die *armen* Burmesen: »Ein Burmese, der, wie viele Dorfeinwohner, sein eigenes Haus und seinen eigenen Acker besaß, ein Weib hatte und viele Kinder, ein Pony und eine Schauspielerin als Favoritin, eine Flasche Wein und ein Buch mit Gedichten, Rennbüffel und einen geschnitzten Wagen aus Teakholz, ein Schachbrett mit Figuren und ein paar Würfel, hielt sich für einen der glücklichsten Menschen auf Erden und kümmerte sich nicht um die Ansicht der Engländer, die ihn als armen Mann betrachteten, weil sein Bareinkommen nur etwa 10 Pfund im Jahr betrug.«

Der Buddhismus hat immer die Ansammlung materiellen Reichtums in der Hand einzelner bekämpft und die Menschen ermutigt, statt dessen ihren Besitz lieber zu verschenken und in guten Werken anzulegen, wie es in Burma und Tibet so viele Jahrhunderte lang geschehen ist. Wenn wir uns daran erinnern, daß die Unterstützung des Verlangens nach Besitz und nach einem höheren Lebensstandard für die Massen der Bevölkerung in Europa nicht nur alle autokratischen Regierungsformen zerstört hat, sondern überhaupt jede gesicherte beständige Regierungsautorität untergräbt, dann können wir wohl verstehen, warum der Buddhismus den meist autokratischen Herrschern Asiens als ein Segen erscheinen mußte.

Zu allen Zeiten seit dem Neolithikum sind Herrscher zu Göttern erhoben worden, besonders wenn sie große, von verschiedenen Rassen bewohnte Reiche zu regieren hatten. Gott-Könige sind uns aus Ägypten, China und Japan wohl bekannt, sie haben auch in Rom und Byzanz eine Rolle gespielt, und die Idee der Göttlichkeit des Herrschers, die erst ganz kürzlich von demokratischen Vorstellungen verdrängt worden ist, zeigt ihre erstaunliche Lebenskraft selbst heutzutage in der Haltung vieler Deutscher gegenüber Adolf Hitler und in allerlei Aussprüchen über Joseph Stalin in Sowjetrußland. In Indien war die Göttlichkeit der Rajahs für den Volksglauben eine Selbstverständlichkeit, wie klein auch das Gebiet, das sie beherrschten, sein mochte. Die moralische Autorität eines Königs wurde ungeheuer verstärkt, wenn sein Wille als der Wille Gottes dargestellt werden konnte.

Der Buddhismus fand besonders willige Unterstützung bei den großen Eroberern. Durch die Theorie des *Universalherrschers*

(Sanskrit: Cakravartin, Herr des Weltrades) erhöhten die Buddhisten das Ansehen eines solchen Herrschers sehr beträchtlich. Die buddhistischen Schriften zeichnen ein einigermaßen idealisiertes Bild von ihm. Die Beschreibung des Divyavadana (548—549) lautet folgendermaßen: »Er ist siegreich an der Spitze seiner Truppen, gerecht (dhārmiko = dikaios), ein König des Dharma, begnadet mit den sieben Schätzen, d. h. einem Wagen, einem Elephanten, einem Pferd, einem Diamanten, einer Gemahlin, einem Minister und einem General. Er wird 100 Söhne haben, tapfere und wundervolle Helden, Zerstörer der Heere des Feindes. Er wird die ganze weite Welt bis zum Gestade des Ozeans erobern und dann alles beseitigen, was Bedrückung und Elend hervorruft. Er wird herrschen ohne zu strafen, ohne sein Schwert zu gebrauchen, nur durch Dharma und Friedfertigkeit.«

Die Buddhisten glaubten gern, daß alle Herrscher, die den Buddhismus beschützten, dieser Idealvorstellung mehr oder weniger entsprachen. Als das Mahayana später ein neues Pantheon von Gottheiten entwickelte, fielen einige Strahlen des Ruhmes auch auf buddhistische Könige. Die Herrscher in Java, Kambodscha und auch in Ceylon im 10. Jahrhundert wurden als Bodhisattvas angesehen. Jayavarman VII. von Kambodscha nannte gegen Ende des 12. Jahrhunderts eine Statue seiner Mutter: Prajnaparamita, *die Mutter des Buddha.* Im 20. Jahrhundert ist der König von Siam noch immer der *Heilige Meister Buddha (Phra Phutticchao).* In einer uigurischen Inschrift von 1326 wird Dschingis Khan ein *Bodhisattva in seiner letzten Wiedergeburt* genannt. Kublai Khan war nach mongolischer Tradition ein Cakravartin, ein Weiser und ein Heiliger (Hutuktu). Reisende bezeichnen die Herrscher der Mongolei und Tibets oft als *Lebende Buddhas.* Das ist ein Mißverständnis und gibt keine Vorstellung davon, in welchem Sinne der Dalai Lama als eine Inkarnation des Bodhisattva Avalokitesvara angesehen wird oder der Hutuktu von Urga als eine Manifestation des Buddha Amitayus. Die Buddhisten sind der Überzeugung, daß die Buddhas und Bodhisattvas dauernd Phantomgestalten heraufbeschwören und daß diese Würdenträger solche Phantomgestalten sind. Was man auch immer im einzelnen darunter verstehen mag, es ist klar, daß eine solche Vorstellung einen großen Prestigewert hat. Sie erhöht nicht nur die Unterwürfigkeit der Bevölkerung, sondern veranlaßt auch die Mönche dazu, der Regierung als eine Art geistiger Polizei zu dienen. Es gehört zu den Kuriositäten der Weltgeschichte, daß unter buddhistischem Einfluß außerhalb Indiens regelrechte Theokratien nach ägyptischem Muster entstanden sind, nämlich in Indo-China, Java und Tibet.

Jede vor-industrielle Gesellschaft hat geglaubt, daß der Reichtum und die Wohlfahrt des Staates auf der Harmonie zwischen den irdischen und den unsichtbaren, himmlischen Kräften beruhe, die man für die wahren Herrscher des Universums hielt. In der Odyssee wird das Schicksal des Odysseus bei jedem Schritt durch Entscheidungen bestimmt, die auf dem Olymp getroffen werden. Die asiatischen Herrscher versuchten, durch Freundschaft mit den buddhistischen Mönchen die unsichtbaren Kräfte für sich zu gewinnen, und ein Mönch, der beanspruchen konnte, mit diesen Mächten auf besonders gutem Fuße zu stehen, hatte alle Aussichten, als verantwortlicher Ratgeber eine hohe Stellung zu erreichen. So lesen wir in Wei Shou's um 550 n. Chr. verfaßtem Bericht über den Buddhismus in China von einem Mönch in Kaschmir etwa im Jahre 400 n. Chr., der »besonders geschickt war im Wahrsagen und in vorbeugender Magie und das Schicksal anderer Staaten in allen Einzelheiten vorhersagte. Seine Vorhersagen erfüllten sich meistens, und Meng-Hsün befragte ihn oft in Angelegenheiten des Staates.«

Die bisher angeführten Gründe würden natürlich nicht nur für den Buddhismus, sondern für jede andere Religion gelten, die bereit wäre, die Autorität eines Herrschers zu unterstützen. Zwei Faktoren aber waren dem Buddhismus besonders günstig. Im Falle von Japan oder Tibet handelte es sich nicht nur um die Einführung des Buddhismus, sondern die neue Religion war eng mit den vielen Vorteilen einer höheren Kultur verbunden. So wurde z. B., als Shotoku Taishi sich entschloß, den buddhistischen Glauben anzunehmen, der ganze Apparat der chinesischen Kultur über das Meer nach Japan importiert. Die Tibetaner übernahmen zusammen mit dem buddhistischen Dharma auch die weltlichen Wissenschaften Indiens — Grammatik, Medizin, Astronomie und Astrologie. Ferner hat der Buddhismus eine kosmopolitische und internationale Färbung, die ihn für alle Herrscher, die große Gebiete unter ihrer Gewalt vereinigen wollten, besonders brauchbar machte. In der buddhistischen Interpretation der geistlichen Wahrheit findet sich nichts oder doch fast nichts, das an einen bestimmten Boden, ein Klima, eine Rasse oder einen Stamm gebunden wäre. Der Hinduismus ist im Vergleich damit voll von stammgebundenen Tabus. Im Buddhismus gibt es nichts, das man nicht leicht von einem Teil der Welt auf den anderen übertragen könnte. Er paßt sich den verschneiten Höhen des Himalaya ebenso leicht an wie den verdorrten Ebenen Indiens, dem tropischen Klima Javas, der gemäßigten Wärme Japans und der eisigen Kälte der äußeren Mongolei. Inder, Mongolen und die blauäugigen nordischen Stämme Zentralasiens konnten ihn alle ihren besonderen Bedürfnissen entsprechend umgestalten. Obwohl er der Industrialisierung im Grunde feindlich gegenübersteht, hat er es in Japan während der letzten 40 Jahre sogar fertiggebracht, sich den ihm in keiner Weise angemessenen Bedingungen eines Industrielandes anzupassen. Eine Religion, die so biegsam und anpassungsfähig ist, mußte für die Herrscher großer Reiche von besonderem Wert sein, denn sie war vorzüglich dazu geeignet, eine heterogene Bevölkerung zu einer Einheit zusammenzuschweißen, da sie alle Menschen durch gemeinsame Glaubenssätze und Lebensgewohnheiten verband; dazu kamen noch die gegenseitigen Beziehungen unter Mönchen aus den verschiedensten Gegenden. An der Verbreitung des Buddhismus von indischen nach nichtindischen Ländern hatten Kaufleute und Händler hervorragenden Anteil. Für den orthodoxen Hindu machten es die strengen Kastenregeln schwierig, das Land zu verlassen; besonders Seereisen waren ungern gesehen und galten als befleckend, so daß Reisende sich bei ihrer Rückkehr rituell reinigen mußten. Als Folge davon lag in Indien während des Mittelalters ein großer Teil des Außenhandels in den Händen von Buddhisten, die ihre Religion mitbrachten, wohin sie auch kamen.

Nachdem wir so die Frage beantwortet haben, auf welche Weise der Buddhismus der weltlichen Macht nützlich sein konnte, wollen wir nun untersuchen, was er für die Masse der Bevölkerung und die Laien-Anhänger geleistet hat.

Die Dienste des Sangha

Alle Berichte, die wir über die ersten Jahre des Ordens besitzen, lassen erkennen, daß der Buddha den Laien gegenüber sehr klug war, immer bereit, ihren Bedürfnissen und berechtigten Klagen entgegenzukommen. Wenn es gelungen ist, den Buddhismus mehr als 2500 Jahre lang am Leben zu erhalten, so muß die kleine Elite der Mönche wohl Leistungen vollbracht haben, die von den Laienanhängern anerkannt werden konnten. Es waren, so scheint mir, in der Hauptsache drei Bedürfnisse der Laien, die der Buddhismus befriedigte: geistig-seelische, mythologische und magische.

1. Selbst Menschen, die sich im allgemeinen um religiöse Werte

nicht kümmern, werden von Zeit zu Zeit von dem Gefühl der Sinnlosigkeit ihres täglichen Lebens überwältigt. Sie haben die Empfindung, ihr gegenwärtiger Zustand erlaube es ihnen nicht, ihr wahres Selbst zu verwirklichen, während eine Flucht aus der Welt sie zu ihrer wahren Heimat führen könnte. Diesen Welt-Müden können die Mönche einleuchtende Antworten auf ihre Fragen bieten: Die Fragen nach Ursprung und Schicksal des Menschen, nach dem Problem seiner Stellung in der Welt, der Bedeutung seines Lebens und den Mitteln und Wegen zur Erreichung eines besseren Lebens. In diesem Sinne war die Lehre, die die Mönche verbreiteten, ein Fenster, durch das man aus dieser Welt hinausblicken konnte. Auch in ihrer eigenen Lebensführung gaben viele der Mönche ein gutes Beispiel der Freundlichkeit, Selbstbeherrschung und völligen Unabhängigkeit von äußeren Umständen, die man nach dem Gefühl der Menschen braucht, um sich von der Welt zu befreien. Diese Mönche waren glücklich, weil all das, worüber wir uns ständig sorgen, ihnen nichts bedeutete.

2. Im ersten Kapitel haben wir zu zeigen versucht, warum die Mythologie einem offenbar tief-verwurzelten Bedürfnis der menschlichen Seele zu entsprechen scheint. Die kleine Welt, die wir übersehen, ist zu beschränkt, um all der Liebe und dem Glauben im Herzen des Menschen genügen zu können. Nach der buddhistischen Theorie ist der Glaube der erste Schritt in der Richtung auf den Buddhismus — und für den Laien befriedigt das Glauben mehr oder weniger alle religiösen Bedürfnisse. *Glaube* bedeutet in diesem Sinne nicht das Hinnehmen bestimmter Dogmen, sondern besteht im wesentlichen in dem Versuch einer Loslösung von der Welt, einem teilweisen Sichabwenden von dem Sichtbaren, dem Unsichtbaren zu, das allerdings nie ganz erreicht wird. Worin würde nun der Glaube eines buddhistischen Laienanhängers bestehen?

Er würde Verehrung empfinden für den Buddha und seine Lehre (Dharma) und für die Gemeinschaft der Mönche. Er würde überzeugt sein, daß diese *Drei Schätze* ihm helfen könnten, daß das gute oder böse Schicksal eines Menschen von seinen Taten abhänge und der *Erwerb von Verdienst* wichtiger sei als alles andere. Offenbar wurden die Erwerbsinstinkte der Menschen absichtlich in die Richtung des Verdiensterwerbens abgelenkt. So erwirbt man z. B. Verdienst durch Gaben besonders an Priester und Heilige, durch eine reine Lebensführung, durch Geduld gegenüber Beleidigungen, durch Freundlichkeit anderen gegenüber.

Europäer begreifen es oft nur schwer, was die Buddhisten unter *Verdienst* verstehen. *Verdienst* ermöglicht entweder ein glücklicheres und bequemeres zukünftiges Leben oder — und das ist das Wesentliche — ein Dasein, welches reichere Möglichkeiten für religiöse Leistungen und Erfolge bietet. Die Wiedergeburt in einer besseren Welt ist entweder ein Gut an sich oder deshalb wertvoll, weil sie bessere Möglichkeiten bietet, in einem zukünftigen Leben den Zustand der Erleuchtung zu erreichen. Ein sehr böser Mensch z. B. würde als Fisch wiedergeboren werden, und unter den Fischen ist die Religion Buddhas völlig unbekannt. Für einen Besitzenden, einen Laien, war das Nirwana ein allzuweit entferntes Ziel, das er offensichtlich in diesem Leben nicht erreichen konnte. Die Bürde seiner vergangenen Taten war zu schwer, als daß er so hoch hätte steigen können. Niemand, der an seine eigene Individualität glaubt — und wer würde Besitz erwerben, wenn er das nicht täte —, kann das Nirwana erreichen; aber die Lehre erklärt ausdrücklich, daß der Glaube an Individualität die Wiedergeburt im Himmel nicht unmöglich mache. Wir wissen, daß die Hoffnung auf eine Wiedergeburt im Himmel als Lohn für ein reines, gottergebenes Leben viele buddhistische Laienanhänger aller Jahrhunderte erfüllt hat.

Der Glaube ist die Sehnsucht nach einer anderen Welt und findet seinen Ausdruck in der Anbetung. Die Buddhisten beten die Reliquien und die Fußspuren Buddhas an als die sichtbaren Spuren seines Daseins auf dieser Erde. Sie beten auch vor den sogenannten Caityas. *Caitya* ist eine allgemeine Bezeichnung für ein Heiligtum oder einen Schrein. Sie ist immer, wenn auch manchmal nur indirekt, mit der Person des Buddha verbunden. Die Caitya enthält unter Umständen ein Überbleibsel von der körperlichen Existenz des Buddha, einen Zahn oder Knochen; sie kann auch etwas enthalten, was der Buddha an sich getragen oder benützt hat, wie etwa seine Kutte, die in Hadda aufbewahrt wurde, oder seine Almosenschale, die man in Peshawar zeigte; sie kann auch Teile des Dharma-Leibes des Buddha enthalten, also, in anderen Worten, Teile der Schriften. Vor wenigen Jahren wurden einige sehr alte buddhistische Manuskripte in Gilgit in Kaschmir aufgefunden, die 1500 Jahre lang in einer Stupa gelegen hatten. In manchen Fällen allerdings ist die Caitya nur ein Erinnerungsmal an einen Vorfall im Leben des Buddha. So steht z. B. im Mittelpunkte des dem Buddhismus heiligsten Platzes, in Bodh-gaya, jener Baum, unter dem der Buddha die Erleuchtung empfing.

In welcher Form und in welchem Sinne beteten die Buddhisten die ihnen heiligen Gegenstände an? Anbetung (Puja) verlangt das Darbieten von Nahrung, Blumengirlanden, Regenschirmen (die das Symbol königlicher Hoheit sind) und manchmal von Geld. Außerdem bekundet man seine Ergebenheit durch Circumambulation, d. h. man wandert um das Bild oder den Tempel herum, wobei man sich immer rechts hält.

Statuen und Bilder waren wichtige Gegenstände der Kontemplation und ergiebige Quellen des *Verdienstes*. Heilige Bilder in möglichst großer Zahl herzustellen, galt als höchst verdienstvoll, und in den Hochzeiten des Glaubens nahm die Herstellung von Bildern fast die Fülle einer Naturkraft an. Außerdem herrschte die Überzeugung, daß die Wohlfahrt der ganzen Nation von der Ehrung abhänge, die man diesen Bildern und Statuen entgegenbrachte. Niemals wäre es aber einem Buddhisten eingefallen zu glauben, das Bild sei die Gottheit selbst. Protestantische Missionare sind oft der Überzeugung, die Heiden sähen ihre Idole als Götter an, aber unter den Heiden selbst gibt es für diese Annahme keine Begründung. Das Bild ist für sie einmal das sehr unvollkommene Symbol einer göttlichen Kraft und eine nützliche Unterstützung der Kontemplation. Ferner ist es ein Gegenstand, der magische Kräfte besitzt. Das Bild soll die geistliche Kraft anschaulich machen, die von einem Buddha oder Bodhisattva verkörpert wird, erhebt aber nicht den Anspruch, eine materielle oder sinnliche Ähnlichkeit mit ihnen zu besitzen. Nach der Erleuchtung haben es die Buddhisten 500 Jahre lang vermieden, den Buddha in menschlicher Form darzustellen, weil er in Wahrheit über alle Menschlichkeit hinausgewachsen war. Sie begnügten sich damit, die Szenen aus dem Leben auf Steinreliefs darzustellen, die den Beschauer durch einen Baum, ein Rad (als Symbol des Dharma), einen Thron oder eine Stupa mit Reliquien an seine Gegenwart erinnern sollen. Bis heute wissen wir noch nicht, aus welchem Grunde sie dazu kamen, diese Konvention aufzugeben und den Buddha in Stein und auf der Leinwand in menschlicher Gestalt darzustellen.

Waren die Bilder einerseits Symbole geistlicher Kräfte, so sah man sie andrerseits auch als eine Art magischer Kraftquellen an. Die ihnen eigenen magischen Kräfte bezeugen sich den Gläubigen durch Wunder, die sich in Verbindung mit den Caityas, Stupas oder Bildwerken ständig ereigneten. Nach der Auffassung des Hinayana wurden diese Wunder nicht durch den Buddha oder die Reliquien hervorgerufen, sondern waren entweder die Folge der Gnade der Arhats und anderer Gottheiten oder das

Resultat der tiefen Glaubensfähigkeit des Anbeters. So steht es in den *Fragen des Königs Milinda* (S. 309). Dagegen nimmt das Mahayana·an, die übernatürliche Kraft der Gnade des Buddha wirke fort in ihren Reliquien und an den Orten, an denen sie aufbewahrt werden. Beide Richtungen aber glauben, daß die Heiligkeit eines Gegenstandes zum großen Teil erst durch den Glauben und die Verehrung, die er genießt, erzeugt werde. Eine wohlbekannte Erzählung gibt ein gutes Beispiel dafür.

Eine alte Chinesin hörte, einer ihrer Freunde gehe auf eine Geschäftsreise nach Indien, und bat ihn, ihr einen der Zähne des Buddha mitzubringen. Der Handelsmann reiste nach Indien, vergaß aber die Bitte der alten Frau vollkommen und erinnerte sich erst daran, als er schon beinahe wieder zu Hause war. Er sah einen toten Hund am Straßenrande liegen, riß ihm einen Zahn aus und gab ihn der Alten als Reisegeschenk aus Indien. Die alte Frau war hocherfreut, baute einen Schrein für den Zahn und betete ihn täglich mit ihren Bekannten zusammen an. Nach einiger Zeit begann der Zahn zu leuchten und ein merkwürdiges Licht auszustrahlen. Selbst als der Händler ihr erklärte, es sei nur ein Hundezahn, blieb das Leuchten des Zahnes bestehen, so stark war der Glaube und die Ergebenheit der alten Frau.

Übrigens wäre es den Buddhisten nie eingefallen, daß man dem Buddha durch Anbetung seiner Reliquien einen Gefallen tun könnte. Die olympischen Götter bestanden auf ihren Hekatomben und Jahwe auf respektvoller Verehrung durch seine Gläubigen. Der Buddha dagegen verlangt keine Anbetung, »so, wie ein erloschenes Feuer keines Brennholzes mehr bedarf«. Das Ziel der Anbetung bestand lediglich darin, in dem Gläubigen eine Haltung zu fördern, die ihm helfen würde, sich geistig-seelisch weiterzuentwickeln. Denn »Glaube ist der Same, Glaube ist der Schatz, der einem Menschen hier am besten ansteht«.

3. Wir wollen nun einige Worte über die magischen Funktionen des Buddhismus sagen. Es ist nicht leicht für uns, die magischen Überzeugungen unserer Vorväter in dem gleichen Lichte zu sehen, wie sie selbst es taten. Der Leser, und bis zu einem gewissen Grade auch der Historiker, sind durch eine tiefe historische Umwälzung von den Vorstellungen über Magie getrennt, die das menschliche Denken mindestens 20 000 und vielleicht 200 000 Jahre lang beherrscht haben. Die Entwicklung der Städte und die überraschenden praktischen Erfolge der wissenschaftlichen Methoden auf technischem und medizinischem Gebiet haben den Glauben an die Magie unter der Mehrzahl der Gebildeten zerstört. Die Wissenschaft erscheint uns heute in

jeder Beziehung viel überzeugender, weil sie so viel erfolgreicher ist als die Magie. Überall da, wo die praktischen Resultate der Magie mit jenen der Wissenschaft verglichen werden können — auf dem Gebiete des Ackerbaus und der Viehzucht, im Kriege, im Kampf gegen die Krankheiten, in der Chemie oder sogar in der Beeinflussung des Wetters —, fällt der Vergleich sehr zuungunsten der Magie aus. Für die Gebildeten, für die dieses Buch bestimmt ist, hat der Wert der Magie in den Anstrengungen der burmesischen Bauern einen symbolischen Ausdruck gefunden, die im Jahre 1930 »unter dem Gesang mystischer Formeln gegen die Maschinengewehre vorrückten. Mit Amuletten in der Hand griffen sie reguläre Truppen an. Sie deuteten mit den Fingern auf Flugzeuge und erwarteten, sie herunterfallen zu sehen.« (Maurice Collis, Trials in Burma, S. 209). Es erscheint uns lächerlich zu glauben, man könne sich durch den Genuß von Tabletten und Öl oder durch den Gesang bestimmter Formeln und die Tätowierung von Buchstaben auf den eigenen Körper gegen Gewehrkugeln »fest« machen.

Diese Verachtung für die Magie kann leicht zu einem ernsthaften Hindernis für unser historisches Verständnis der Vergangenheit werden. Jede Religion muß, um lebendig zu bleiben und ihre Füße auf der Erde zu behalten, bis zu einem gewissen Grade den materiellen Vorurteilen des Durchschnittsmenschen entgegenkommen. Sie muß imstande sein, sich dem Rhythmus des Gemeinschaftslebens anzupassen, das in der Vergangenheit überall von der Magie durchwirkt und beherrscht wurde. Damals wie heute war der Durchschnittsmensch am stärksten mit den Problemen des täglichen Lebens beschäftigt, d. h. mit seinem Acker und seinem Vieh, mit dem Zyklus von Geburt, Heirat und Tod in der Familie. Er erwartete von der Religion den geistigen Frieden, der aus einem festen Glauben und einem reinen Leben entspringt und den Lohn für ein Leben des Verzichtes bildet. Aber gleichzeitig verlangte er unlogischerweise von derselben, auf den Verzicht weltlichen Besitzes begründeten Religion, daß sie ihm Macht verleihe über die unsichtbaren magischen Kräfte, die allein den sicheren Bestand seines weltlichen Besitzes gewährleisten konnten.

Wie alle anderen Religionen der Vergangenheit verlieh auch der Buddhismus magischen Schutz und magische Kraft. Der Erfolg der Ernte war nach volkstümlichem Glauben zum großen Teil von den Zeremonien abhängig, die die buddhistischen Priester ausführten, und man war überzeugt, daß bei Vernachlässigung dieser Zeremonien eine böse Macht die Feldfrüchte zerstören würde. Die Fruchtbarkeit des Bodens und die Gesundheit der Gemeinschaft hing von den Mönchen ab. Zu gleicher Zeit wurden auch die Wünsche der einzelnen nicht vernachlässigt. In den Ländern, in denen das Mahayana herrschte, glaubte man, daß die Bodhisattvas sich auch um das irdische Glück der Gläubigen bekümmerten. Sie hatten die Macht, ihre Anhänger vor Feuers- und Wassersnot zu bewahren, Schiffe und Vieh zu schützen oder Kindersegen zu gewähren. Die Schriften des Vajrayana (tantrischer Buddhismus) geben genaue Anweisungen darüber, wie man durch Beeinflussung der unsichtbaren Mächte alle seine Wünsche zur Erfüllung bringen könne. Es ist ein Beweis für das allumfassende Mitgefühl der buddhistischen Religion, daß sie wirklich alles einschließt, was ein Mensch sich nur wünschen kann, von vollkommener Erleuchtung bis zur Gabe der Beredsamkeit und der Verführung einer Frau, in die ein Mann sich verliebt hat. In Ländern wie China und Japan erlangte der Buddhismus eine sehr erhebliche soziale Stabilität dadurch, daß er sich eine Art von Monopol verschaffte in allem, was mit dem Tode zusammenhing. In China waren Trauergottesdienste und Begräbnisse buddhistischen Priestern vorbehalten, die niemals daran gedacht hätten, bei einer Heirat zu fungieren. In Japan hatte der Buddhismus es leicht, sich dem einheimischen System der Shintomagie anzupassen, die besonders die Verehrung der Vorfahren pflegte.

Wir werden später noch mehr über die Rolle der Magie im Buddhismus zu sagen haben (s. Kapitel VIII). Aber dies ist ein historisches Werk, und es genüge daher, auf die Bedeutung der Magie im praktischen Verhalten des historischen Buddhismus hinzuweisen. Ein Versuch, den Glauben an die Magie selbst verständlich zu machen, würde hier zu weit führen. Allerdings müssen wir unsere Leser, die Magie, Wunder und Okkultismus als veralteten Aberglauben ansehen, vor der Annahme warnen, gebildete Buddhisten nähmen an magischen Handlungen nur aus äußeren Gründen teil, um einer Überzeugung entgegenzukommen, die sie selbst nicht teilten. Besonders protestantische Leser finden sich hier derselben Schwierigkeit gegenüber, die ihnen in der katholischen Kirche entgegentritt, in der der Glaube an das Okkulte, die Magie und die Wunder immer von allen Anhängern, von den Intellektuellen angefangen bis zu den völlig Ungebildeten, geteilt wird.

Im Buddhismus haben wir dafür das Beispiel von Hsuantsang, einem der begabtesten Vertreter des chinesischen Buddhismus. Hochgebildet, weit in der Welt herumgekommen und ein bedeutender Philosoph, fand er sich doch bei seinen Reisen in Indien ständig wunderbaren Ereignissen gegenüber.

Historisch gesehen gehörten die Manifestationen der übernatürlichen Mächte und die Wunder zu den wirksamsten Hilfsmitteln bei der Bekehrung von Stämmen und Individuen zum Buddhismus. Einem Buddhisten, mag er noch so gebildet und geistig hochstehend sein, ist die Unmöglichkeit von Wundern durchaus nichts Selbstverständliches. Er sieht nicht ein, warum das Geistliche in der materiellen Welt notwendig machtlos sein sollte. Er ist eher geneigt anzunehmen, daß der Glaube an Wunder für das Weiterbestehen des geistlichen Lebens unentbehrlich sei. In Europa ist seit dem 18. Jahrhundert die Überzeugung, daß geistliche Kräfte die materielle Welt beeinflussen könnten, durch den Glauben an die unumschränkte Herrschaft der Naturgesetze verdrängt worden. Deshalb ist der modernen Gesellschaft der Zugang zur Welt des Geistlichen immer schwieriger geworden. Und doch ist noch nie eine Religion zur Reife gelangt, die nicht die Welt des Geistlichen zusammen mit der des Magischen in ihren Kreis einbezogen hätte. Eine Zurückweisung des Geistlichen führt dazu, daß die Religion lediglich zur Waffe wird im Kampf um die Beherrschung der Welt; sie verliert damit jede Kraft, die Menschen, die sie zur Weltherrschaft benützen, zu reformieren oder auch nur in ihren Grenzen zu halten. Das ist es, was im modernen Japan und in Deutschland zur Zeit des Nationalsozialismus eingetreten ist. Eine Religion aber, die die magische Seite des Lebens vernachlässigt, schließt sich selbst so weitgehend von den lebendigen Kräften des Lebens ab, daß sie gar nicht imstande ist, der geistig-seelischen Seite des Menschen zur Reife zu verhelfen.

Für den Buddhismus war es daher wesentlich, seine erhabene Metaphysik mit den gewöhnlichsten abergläubischen Vorstellungen der Menschheit zu verbinden. Selbst in einer so hochdenkenden und unweltlichen Schrift wie der Prajñāpāramitā sind die Spuren dieser Synthese noch deutlich sichtbar. Die wesentliche Botschaft der Prajñāpāramitā besteht darin, daß vollendete Weisheit nur durch völlige, absolute Auslöschung jedes Eigeninteresses zu erreichen sei, und zwar nur in einer Leere, in der alles, was wir um uns herum erblicken, vergangen ist wie ein unbedeutender Traum. Aber neben dieser *Anweisung zum geistlichen Leben* wird uns dieselbe vollkommene Weisheit auch als eine Art magischer Talisman oder Glücksamulett angeboten, und die greifbaren und sichtbaren Vorteile dieser vollkommenen Weisheit für das tägliche Leben werden liebevoll in allen Einzelheiten dargestellt. Diese Weisheit behütet uns vor Angriffen, vor Krankheiten, vor einem gewaltsamen Tod und vor allen möglichen anderen weltlichen Übeln. Wohltätige Gottheiten beschützen den Gläubigen, und die bösen Geister können ihm nichts anhaben. »Wenn man sich dieser vollkommenen Weisheit im Geiste erinnert, während man in die Schlacht zieht, so ist man seines Lebens sicher. Schwerter und Stöcke können den Körper des Gläubigen nicht berühren.«

Unter all den Paradoxien in der Geschichte des Buddhismus ist diese Verbindung zwischen geistlicher Verneinung und magischer Hingabe an das Eigeninteresse vielleicht am auffallendsten. Sie mag uns unlogisch erscheinen, aber es ist kein Zweifel, daß der Buddhismus ihr zu einem erheblichen Teile seine Dauer verdankt.

Einfluß des Laientums

Was die Samgha für das Laientum auf geistlichem, mythologischem und magischem Gebiet geleistet hat, ist damit wohl klargeworden; aber unsere Darstellung des populären Buddhismus bliebe unvollständig, wollten wir die Wirkung übersehen, die Asokas Schirmherrschaft (um 250 v. Chr.) auf die Haltung der Mönche dem Laientum gegenüber ausgeübt hat.

Ursprünglich haben die Mönche den Laien-Anhängern offenbar nur sehr geringen Einfluß zugestanden. Natürlich gab es Unterhaltungen und Lehrvorträge über religiöse Probleme. Das Bedürfnis der Laien nach Andacht und Erbauung konnte durch Anbetung der Caityas und Stupas und durch die Pilgerzüge zu den Heiligtümern befriedigt werden. Aber es gab fast kein Ritual, keine kirchliche Zeremonie, an der die Laien teilnehmen konnten. Die Anbetung der Reliquien war für die Laien reserviert, und diese enge Verbindung mit den magischen Eigenschaften des Buddha und seiner bedeutendsten Schüler gab ihnen ein Gefühl der Stärke. Den Mönchen galt die Anbetung der Reliquien nur als Zeit- und Kraftverschwendung. Im übrigen beteten die Buddhisten, genau wie alle anderen Leute, die Hindu-Gottheiten an und benützten die Zauberwelt der Hindu-Umgebung, um ihre eigenen Ziele zu fördern. Da die Menschen es im allgemeinen sehr viel leichter finden, die Götter anzubeten als ihren Willen zu tun, erinnerten die Mönche die Laien ständig daran, daß man den Buddha am besten nicht durch Anbetung ehre, sondern dadurch, daß man seine Lehren befolgt. Die Grundpflichten eines Besitzenden sind in den fünf Geboten und dem Glauben an *Die drei Schätze oder Juwelen* zusammengefaßt. Diese drei Zufluchtsformeln (triaranam), die seit mehr als 2500 Jahren rezitiert werden, lauten:

Ich nehme meine Zuflucht zu dem Buddha;
Ich nehme meine Zuflucht zu der Lehre;
Ich nehme meine Zuflucht zu dem Orden.

Durch dreimaliges Sprechen dieser Zufluchtsformel wurden die Laienanhänger (Upasaka's) der buddhistischen Gemeinde feierlich angegliedert. Sie waren nun der *fünffachen Rechtschaffenheit*, den fünf großen Geboten, verpflichtet:

1. *nicht zu töten,*
2. *nicht zu stehlen,*
3. *nicht die Ehe zu brechen,*
4. *nicht zu lügen,*
5. *keine berauschenden Getränke zu trinken.*

Diese Gebote kann man im einzelnen verschieden deuten, aber im wesentlichen ist ihre Absicht klar und eindeutig.

Die Schirmherrschaft Asokas scheint in der Haltung gegenüber dem Laientum eine erhebliche Veränderung hervorgerufen zu haben. Einige Teile des Ordens haben sich in der Folgezeit offenbar stärker um Popularität bemüht. Besonders zu erwähnen ist hier die Sekte der Mahasanghikas, die, sobald sie sich unabhängig gemacht hatten, versuchten den Bereich des Ordens dadurch auszudehnen, daß sie die Strenge der Vinaya-Regeln, die viele angehende Mitglieder abschreckten, milderten. In diesem etwa ein Jahrhundert währenden Kampf gegen die steife Exklusivität einiger anderer Sekten versuchten sie in den auf Asoka folgenden Jahren dem Laientum größere Bedeutung einzuräumen; und die anderen Sekten nahmen mit größerer oder geringerer Bereitschaft an dieser neuen Entwicklung teil. Als Folge davon wurde der Buddhismus eine umfassendere Religion als zuvor. Der Buddha wurde eine Art Gott, der höchste aller Götter. Die Anbetung Buddhas wurde durch seine Darstellung in Menschenform begreiflicher gemacht: diese Entwicklung begann ein oder zwei Jahrzehnte nach Asoka. Statt sich in der Hauptsache mit dem Nirwana, dem Dharma, der Konzentration und ähnlichen Fragen zu befassen, die für die Laien nicht viel Anziehungskraft haben, betont die Lehre nun die Dogmen des Karma und der Wiedergeburt, die dem gewöhnlichen Menschen im allgemeinen so viel näher liegen. Zur Erbauung der Laien wurde eine umfangreiche populäre Literatur geschaffen. Sie gibt Erzählungen aus den früheren Leben des Buddha, die

uns entweder als Jatakas (Geburtsgeschichten) oder als Ava-
danas (s. S. 30) erhalten sind. In vielen Tempeln finden sich
Skulpturen, die diese Erzählungen illustrieren. Die neue Literatur beschäftigt sich nicht mit Mönchtum und Klosterleben
und hat mit der grundlegenden Lehre des Buddhismus nur wenig
zu tun. In der Hauptsache behandelt sie die allgemeinen moralischen Tugenden und das unerbittliche Gesetz des Karma, demzufolge wir ernten, was wir gesät haben, mag es auch noch so
viele Leben dauern, bis Lohn oder Strafe uns erreichen. Wir
haben es hier mit einem neuen Evangelium zu tun, das auf den
vielbeschäftigten, besitzenden Bürger berechnet ist und darauf
abzielt, seine Phantasie anzuregen und ihn in treuer Ergebenheit
an den Buddhismus zu binden.

Diese Sorge für die Bedürfnisse des Laientums wurde im Laufe
der Zeit immer stärker und führte schließlich zu der Entwicklung des Mahayana (s. Kapitel V). Zunächst beschränken wir uns
darauf, einige der Gründe dafür anzuführen, daß die Schirmherrschaft Asokas zu einer Art von Krise im Orden führen
konnte. Die Fürsorge des Königs war großzügig gewesen, aber
nicht von langer Dauer. Sie hatte dazu geführt, daß ein Teil
der Kroneinnahmen für den Unterhalt der Mönche verwendet
wurde. Man kann mit Sicherheit annehmen, daß in dieser Zeit
viele sich dem Orden ohne wirkliche Berufung angeschlossen
haben, nur weil sie auf diese Weise ein leichtes Leben hatten.
Die primitive Einfachheit des klösterlichen Lebens war zum
größten Teil verschwunden. Die Mönche waren nicht mehr damit
zufrieden, sich in Lumpen zu kleiden, sondern hatten sich daran
gewöhnt, Kutten geschenkt zu erhalten. Viele von ihnen waren
nicht mehr bereit, sich ihre Nahrung zu erbetteln, sondern aßen
regelmäßig in den Klöstern, wo für sie gekocht wurde. Seit die
Lehre schriftlich niedergelegt worden war, hatten die Mönche
sich an die Hilfsmittel der Bildung gewöhnt, und diese Bildung
erwies sich ebenso nachteilig für das Gelübde der Armut wie
bei den ersten Dominikanern und Franziskanern. Die Mönche
hatten sich gewissermaßen dem weltlichen Besitz ausgeliefert
und waren von auswärtiger Hilfe stärker abhängig als je zuvor.

Allerdings darf man nicht vergessen, daß die Interesselosig-
keit an weltlichen Dingen, die sich aus dem buddhistischen Le-
bensideal ergibt, für das Weiterbestehen der Religion leicht ge-
fährlich werden kann. Es ist bemerkenswert, wie eng die Kloster-
gemeinschaft in den ersten Jahrzehnten der buddhistischen Geschichte mit dem Leben der Stämme in Magadha verbunden war.
Diese enge Berührung mit den Einwohnern der Dörfer mußte

in vielen Fällen notwendig darunter leiden, daß die königliche Schatzverwaltung die Verantwortung für den Lebensunterhalt der Mönche übernahm. Als sie von Asoka nicht mehr unterstützt wurden, entstand das Bedürfnis, die Verbindung mit der Außenwelt zu verstärken und um den guten Willen der Besitzenden zu werben. Das Mahayana, das sich viel mehr um die Erlösung der großen Masse bekümmert, verdankt dieser Lage sein Entstehen, und der Versuch, die Krise auf diesem Wege zu lösen, führte zum Erfolg.

IV. DIE ALTE WEISHEITSSCHULE

Sekten

Als der Buddha ungefähr im Jahre 480 v. Chr. starb, scheint es im Nordosten Indiens eine Anzahl buddhistischer Klostergemeinschaften gegeben zu haben. Für diese war der Verlust der körperlichen Gegenwart des Buddha und seiner Führung ein schwerer Schlag. Ein Nachfolger wurde nicht ernannt. Es blieb nur die Lehre des Buddha (der Dharma), um die Gemeinschaft zu leiten, wie die Schriften es ausdrücken. Diese Lehre war damals natürlich noch nicht schriftlich niedergelegt.

Vier Jahrhunderte lang lebte sie nur im Gedächtnis der Mönche weiter, denn die Buddhisten hatten, genau wie die Brahmanen, eine starke Abneigung dagegen, religiöse Lehren schriftlich festzulegen. Eine ähnliche Einstellung finden wir in Gallien, wo nach der Darstellung Cäsars (Gallischer Krieg VI, 14) die Druiden »es nicht für recht hielten, diese Äußerungen (es handelt sich um Philosophie) niederzuschreiben. Ich glaube, sie nehmen diese Haltung aus zwei Gründen ein — einmal wollen sie nicht, daß ihr Wissen zum Allgemeinbesitz werde, und dann sollen diejenigen, die sich dieses Wissen aneignen, sich nicht auf die Schrift verlassen und so ihr Gedächtnis vernachlässigen; tatsächlich führt die Schreibhilfe gewöhnlich dazu, den Fleiß des Schülers und seine Gedächtnisstärke nachteilig zu beeinflussen.« An dieser Abneigung gegen schriftliche Aufzeichnungen liegt es übrigens, daß unsere Kenntnis der frühen Geschichte des Buddhismus so lückenhaft und unbefriedigend ist.

Andrerseits liegt es auf der Hand, daß sich in diesen Jahrhunderten, in denen die heiligen Texte nur dadurch der Nachwelt erhalten blieben, daß sie gemeinschaftlich rezitiert und gesungen wurden, in den einzelnen Gegenden eine große Anzahl verschiedener Traditionen entwickelt haben muß, besonders als die Religion sich weiter ausbreitete. Man nimmt allgemein an, daß unmittelbar nach dem Ableben des Buddha eine Versammlung von 500 Arhats einberufen wurde, die sich die Texte in der Form einprägten, in der Ananda sie in seinem Gedächtnis bewahrt hatte. Aber selbst damals schon trat ein Mönch auf, der behauptete, seiner Erinnerung nach hätten die Aussprüche des Herrn ganz anders gelautet; man unternahm nichts gegen ihn.

Infolge der Unterschiede in der Überlieferung der Texte, in ihrer philosophischen Auslegung und infolge der örtlichen Verschiedenheiten (s. S. 74 ff.), entwickelte sich eine große Anzahl von Schulen und Sekten. Wir betrachten zunächst diejenigen, die man unter dem Namen der Alten Weisheitsschule zusammenfassen kann.

Sariputra

Man hat oft beobachtet, daß von Anfang an nicht der Gründer selbst, sondern meist einer seiner Anhänger die Politik religiöser und klösterlicher Bewegungen bestimmt. Die Besonderheiten der Organisation des Franziskanerordens gehen weniger auf den heiligen Franz zurück als auf Elias von Cortona, die des Jesuitenordens eher auf Laynez als auf Ignatius von Loyola. Wie Paulus zu Jesus, wie Abu Bekr zu Mohammed, wie Xenokrates zu Platon und wie Stalin zu Lenin, so steht Sariputra zu Buddha.

Es ist leicht zu verstehen, warum ein untergeordneter Anhänger einen entscheidenderen Einfluß ausüben konnte als der Gründer selbst. Der Gründer ist natürlich die Quelle der lebenspendenden Eingebung, die die Bewegung hervorgerufen hat, aber seine Erkenntnis und Lehre liegen zum großen Teil wohl außerhalb des Verständnisbereiches der großen Menge. Der Nachfolger dagegen kann, gerade weil er kein so genial begabter Mensch ist, eine Art Taschenausgabe des Evangeliums zustandebringen, die dem Durchschnittsmenschen und seiner beschränkten Aufnahmefähigkeit besser entspricht. Man hat von Xenokrates, dem Nachfolger Platons, gesagt, er habe »Platons lebendige Gedanken in den starren Rahmen einer gelehrten Doktrin gezwängt und sie damit zur Benutzung im täglichen Unterricht brauchbar gemacht« (Robin). Dasselbe gilt mit Recht für alle Fälle, die wir soeben erwähnt haben. Allerdings konnte Sariputra die Organisation des Ordens nach Buddhas Tod nicht übernehmen, da er bereits sechs Monate vor dem Meister gestorben war. Sein Einfluß beruht auf seinen Ideen über den Unterricht, die nicht nur lange Zeit die Ausbildung der Mönche bestimmten, sondern auch darüber entschieden, welche Seite der Lehre Buddhas zu betonen sei und was mehr in den Hintergrund treten solle.

Tatsächlich hat Sariputras Auffassung von der Lehre Buddhas die buddhistische Gemeinschaft 15 bis 20 Generationen lang beherrscht in dem Sinne, daß ein Teil der Gemeinschaft seine Interpretation übernahm, während der andere seine eigene Auffassung in bewußtem, direktem Gegensatz zur Auffassung Sariputras entwickelte.

Sariputra, *der Sohn Saris*, stammte aus einer brahmanischen

Familie in Magadha. Er widmete sich schon früh einem religiösen Leben unter der Leitung des konsequenten Skeptikers Sañjaya. Bereits 14 Tage nach seinem Eintritt in den buddhistischen Orden erreichte er den Zustand vollkommener Erleuchtung und brachte von da ab sein Leben bis zu seinem Ende mit der Unterweisung der jüngeren Mönche zu. Er hatte eine vorwiegend analytische Begabung. Mit Vorliebe ordnete er das Material so an, daß man es leicht aufnehmen und im Gedächtnis behalten, studieren und weitergeben konnte, und seine Gestalt ist von einer Atmosphäre der Nüchternheit und Trockenheit umgeben.

Den Theravadins und Sarvastivadins erschien Sariputra wie ein zweiter Gründer der Religion. Ist Buddha der König des Dharma, so ist Sariputra sein höchster Marschall. Er übertraf alle anderen Schüler an Weisheit und Gelehrsamkeit. »Ausgenommen den Heiland der Welt, besitzt niemand auch nur den 16. Teil der *Weisheit* Sariputras.« Wir dürfen dabei nicht vergessen, daß das Wort *Weisheit* hier in einem besonderen Sinne gebraucht ist und eine Art methodischer Kontemplation bezeichnet, die auf den Regeln des Abhidharma beruht (s. S. 99 ff.).

Allerdings gab es im Orden auch andere Strömungen. Manchen Mönchen sagte das Abhidharma nicht zu. Für sie waren andere Schüler bedeutender gewesen als Sariputra — so z. B. Mahamogallana, der überlegene psychische Kräfte hatte, oder Ananda, der 20 Jahre lang Buddhas persönlicher Diener gewesen war und die liebenswürdigste Gestalt unter den großen Schülern ist, obwohl er von den Anhängern des Abhidharma ständig zum Gegenstand unfreundlicher Kritik gemacht und als eine Art Sündenbock für alles Unglück angesehen wurde, das den Orden befiel. Die einflußreichste Gruppe unter den Gegnern der Auffassung Sariputras waren die Sautrantikas.

Etwa 400 Jahre nach dem Tod Buddhas begann die Literatur des Mahayana (s. Kapitel V) sich zu entwickeln. Aber der Name Sariputras war weiterhin ein Programm. In Schriften wie z. B. den Sutren der Prajñāpāramitā, dem Lotus des Guten Gesetzes und des Avatamsaka Sutra tritt Sariputra immer als der Vertreter einer unvollkommenen Weisheit auf, der noch viel zu lernen hat; er wird als ein Mann mit stumpfem, langsamem Verstande dargestellt, der die reine Lehre des Buddha nicht begreifen konnte, so daß der Buddha seinetwegen eine anspruchslose Form der Lehre vortrug, die man Hinayana nennt.

Bevor wir die Grundlagen der von Sariputra begründeten Schule betrachten, muß ich eine Erklärung des Ausdruckes *Alte Weisheitsschule* geben, den ich in dieser Darstellung verwende.

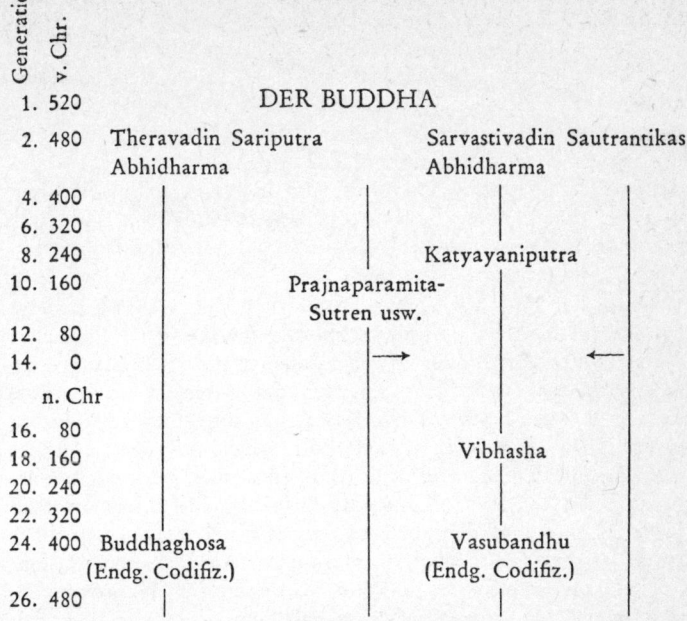

Generation	v. Chr.		
1.	520	DER BUDDHA	
2.	480	Theravadin Sariputra Abhidharma	Sarvastivadin Sautrantikas Abhidharma
4.	400		
6.	320		
8.	240		Katyayaniputra
10.	160	Prajnaparamita- Sutren usw.	
12.	80		
14.	0	→	←
	n. Chr		
16.	80		
18.	160		Vibhasha
20.	240		
22.	320		
24.	400	Buddhaghosa (Endg. Codifiz.)	Vasubandhu (Endg. Codifiz.)
26.	480		

Die beiden Pfeile sollen darauf hindeuten, daß die Gedankenwelt des Mahayana und der Sautrantikas sich im Gegensatz zu dem Abhidharma der Sarvastivadins entwickelt hat.

Sie heißt *Weisheitsschule*, weil *Weisheit* den Schriften der Schule Sariputras als die höchste der fünf Kardinaltugenden gilt: Glaube, Kraft, methodische Selbstbeobachtung, Konzentration und Weisheit. Von diesen kann allein die Entwicklung der Weisheit das Heil gewährleisten. *Alt* heißt Sariputras Schule zum Unterschied von der *Neuen* Weisheitsschule, die sich um etwa 100 v. Chr. entwickelte (s. Kapitel V).

Arhats

Um den Geist der Alten Weisheitsschule zu verstehen, ist es am besten, sich klarzumachen, welche Art von Menschen sie hervorbringen wollte und welches Vollkommenheitsideal sie ihren Schülern zur Nacheiferung vor Augen stellte. Der ideale Mensch, ein Heiliger oder Weiser auf der höchsten Stufe der Entwicklung, heißt *Arhat*. Nach Ansicht der Buddhisten selbst leitet sich das Wort Arhat von *Ari* (Feind) und *han* (töten) ab, so daß ein Arhat ein *Vernichter der Feinde* wäre, wobei die Feinde die Leidenschaften sind. Moderne Gelehrte ziehen es vor, das Wort von *Arhati,* einer Sache wert sein, abzuleiten; es würde dann *wert* oder *würdig* bedeuten, d. h. *würdig, Anbetung und Geschenke zu empfangen.* Ursprünglich, zur Zeit der Entstehung des Buddhismus, wurde die Bezeichnung Arhat auf alle Asketen angewendet. Als technischer Ausdruck jedoch ist er im Buddhismus auf die Heiligen beschränkt, die sich endgültig und vollkommen losgelöst haben. Der Buddha selbst wird immer ein Arhat genannt.

Unter den buddhistischen Kunstwerken sind viele idealisierte Portraits von Arhats erhalten. Im allgemeinen wird ein Arhat als ein würdiger, kahler Mann mit einer gewissen Strenge im Ausdruck dargestellt. Die Schriften der Alten Weisheitsschule definieren oder beschreiben einen Arhat mit einer festgelegten Formel, die sehr häufig wiederholt wird. Ein Arhat ist ein Mensch, »in dem die *Ausflüsse* (d. h. sinnliches Verlangen, Verlangen nach Existenz, Unkenntnis, falsche Meinungen) eingetrocknet sind und der ein großartiges Leben geführt hat; der getan hat, was getan werden mußte; der die Last abgeworfen; der sein Ziel erreicht hat und nun nicht mehr dem *Werden* unterworfen ist; der frei geworden ist, nachdem er wahre Erkenntnis erworben hat«. Er hat alle Bindungen an *Ich* und *Mein* gelöst, ist einsam, eifrig und ernsthaft, innerlich frei, beherrscht, Herr seiner selbst, beschränkt sich freiwillig, ist leidenschaftslos und enthaltsam.

Avadana Sataka (I, 348) gibt eine etwas ausführlichere Beschreibung eines Arhat: »Er strengte sich an, er strebte und kämpfte, und so wurde ihm klar, daß der Kreis von Geburt und Tod mit seinen fünf Bestandteilen (Skandhas) in ständigem Flusse ist. Er verwarf alle Daseinsbedingungen, die durch eine Vielfalt von Bedingungen hervorgerufen werden, die ihrer Natur nach zerfallen und zerbröckeln, wechseln und zerstört werden. Er hat alle Verunreinigungen aufgegeben und Arhatschaft gewonnen. Als er ein Arhat wurde, hat er alle seine Bindungen an die *Dreifache Welt* aufgegeben (d. h. die Welt des sinnlichen Verlangens, die Welt der Form, die Welt ohne Form). Für ihn gab es keinen Unterschied mehr zwischen Gold und einem Erdklumpen. Der Himmel und die Fläche seiner Hand waren für ihn das gleiche, (in Gefahr) blieb er so kühl wie duftendes Sandelholz unter der Axt des Holzfällers. Durch seine Erkenntnis hat er *die Eierschale der Unkenntnis* durchstoßen. Er hat

Erkenntnis erlangt, die *Über-Erkenntnis** und die *Kraft analytischer Einsicht*. Er bekam eine Abneigung gegen weltliche Ehren und Gewinn und wurde würdig, von den Devas (Göttern), unter ihnen Indra, Vishnu und Krishna, geehrt, gegrüßt und geachtet zu werden.«

Niemand, mit der einzigen Ausnahme des Buddha, war so vollkommen wie der Arhat. Es war nur logisch, daß dem Buddha im Vergleich mit den Arhats noch einige weitere Vollkommenheiten zugesprochen wurden (Dialoge II, 1–3, III, 6). Im Anfang allerdings schenkte man dieser Frage, die nur geringe praktische Bedeutung zu besitzen schien, wenig Aufmerksamkeit. Erst als nach drei oder vier Jahrhunderten das Arhat-Ideal seine Anziehungskraft auf einen Teil der buddhistischen Gemeinschaft verloren hatte, begann der Unterschied zwischen Arhats und Buddhas das Interesse buddhistischer Denker zu erregen.

Die Mystiker aller Zeiten haben sich immer bemüht, die einzelnen Stufen des Aufstieges auf der geistlichen Leiter festzulegen. Bevor ein Mensch die Vollkommenheit eines Arhat erreichen konnte, mußte er eine ganze Anzahl verschiedener Stufen durchlaufen. Es ist nicht notwendig, hier auf alle Einzelheiten einzugehen, aber ein gewisses Verständnis des Wendepunktes im Leben eines Menschen ist wesentlich für alles Folgende. Die ganze Menschheit wird in zwei Klassen eingeteilt: Gewöhnliche Menschen und Heilige. Die Heiligen heißen Aryas.

In Sanskrit bedeutet *Arya* edel, recht oder gut. Das gewöhnliche, gemeine Volk lebt ausschließlich innerhalb der Welt der Sinneseindrücke, und die hinter diesen liegende geistliche Welt ist ihnen entweder gleichgültig oder doch nur ein Gegenstand unklaren, ohnmächtigen Sehnens. Die übersinnliche Welt der beständigen Wirklichkeit heißt in der buddhistischen Theorie entweder Nirwana — der endgültige Zustand völliger Ruhe — oder *der Pfad*. Der Pfad ist dasselbe wie Nirwana, nur so gesehen, wie es sich uns im Laufe bestimmter Stadien unseres geistlichen Fortschrittes darstellt. Durch die geistlichen Übungen, die im folgenden beschrieben werden, erlangen wir im Laufe der Zeit eine Erfahrung, die uns aus *gemeinem Volk* zu Heiligen macht. Technisch wird das als der *Eintritt in den Strom* bezeichnet und entspricht bis zu einem gewissen Grade der christlichen *Bekehrung*. In diesem Zustande bricht die Vision des *überweltlichen*

---

* Das heißt: das himmlische Auge; das himmlische Ohr; die Kenntnis der Gedanken anderer; die Fähigkeit, sich an frühere Leben zu erinnern; die Fähigkeit, Wunder zu wirken; die Kenntnis, daß seine *Ausflüsse* eingetrocknet sind.

Pfades über uns herein, und wir sehen nach den Worten Buddhaghosas den *Pfad* wie den strahlenden Vollmond durch einen Riß in den Wolken — wobei die Wolken ein symbolischer Ausdruck unserer sinnlichen Bindungen sind. Aber nachdem wir den Strom erreicht haben, ist noch ein langer Kampf zu bestehen. In manchen Fällen dauert es viele Leben lang, bis wir imstande sind, die Bindung an die Sinneswelt und unsere Eigenliebe zu überwinden. Aber der Wendepunkt ist erreicht.

Übungen

Die Meditationsübungen des Buddhismus sind die Quelle, aus der alle Impulse dieser Religion entspringen. Die historische Entwicklung des Buddhismus besteht im wesentlichen in der sorgfältigen Ausarbeitung immer neuer Heilswege. Es ist allerdings nicht leicht, eine allgemeinverständliche Darlegung dieser Übungen zu geben, denn sie haben alle den Verzicht auf die Welt zum Ziel, während die Mehrzahl der Menschen heutzutage an diesem Ziel nicht besonders interessiert ist. Nur an zwei Punkten kommen diese Methoden dem Durchschnittsmenschen zu Gesicht, an ihrem Anfang und am Ende. Der Ausgangspunkt aller buddhistischen Bemühungen ist die Unzufriedenheit mit der bestehenden Welt; es gibt viele Menschen, die dieses Gefühl der Unzufriedenheit kennen, meist ohne zu wissen, was sie damit anfangen sollen. Am Ende erntet der Buddhist als Frucht seines Kampfes den Gleichmut, den jeder Mensch gern erreichen würde, wenn er nur wüßte wie. Zwischen Anfang und Ende des Kampfes aber liegt ein steiler, anstrengender Weg, den die Menschen im allgemeinen lieber vermeiden.

Es liegt in der Natur der Sache, daß nur diejenigen eine genaue Kenntnis des Pfades erwerben können, die auf ihm wandeln. Trotzdem wollen wir versuchen, die Methoden zu beschreiben, die die Alte Weisheitsschule benützte, um Arhats auszubilden. Diese Methoden zerfallen der Überlieferung nach in drei Teile: moralische Disziplin, Trance und Weisheit. Zum Glück besitzen wir ein ausgezeichnetes Textbuch dieser Übungen in Buddhaghosas *Visuddhimagga,* das kürzlich ausgezeichnet von Nyanatiloka ins Deutsche übersetzt worden ist.

Moralische Disziplin

Über die Klosterdisziplin der Buddhisten haben wir bereits im zweiten Kapitel gesprochen. Nach buddhistischer Überzeugung sind wir nicht Meister unserer Erkenntnis und Einsicht, solange wir sie nur in der Form begrifflicher Ausdrücke besitzen, sondern erst, wenn wir sie unserem widerstrebenden Körper aufgezwungen haben. Wir gewinnen wenig durch eine rein abstrakte Überzeugung von der Bedeutungslosigkeit sinnlicher Freuden und von den abstoßenden und unliebenswerten Eigenschaften, die allem innewohnen, was diese sinnlichen Freuden hervorruft, wenn dieser *Überzeugung* der Sprache und des Verstandes ständig von der Haut, den Muskeln und den Drüsen widersprochen wird. Diese Teile verkörpern geradezu das Begehren, das beinahe automatisch geworden ist. Wenn wir gierig nach Nahrung verlangen, allen jungen Mädchen auf der Straße nachsehen und unglücklich sind, wenn wir uns kalt, hungrig und unbehaglich fühlen, dann heißt das, daß die rein verstandesmäßige Überzeugung von der Bedeutungslosigkeit der Welt nur von einem kleinen Teil unserer Persönlichkeit Besitz ergriffen hat, während sie von deren größerem Teil zurückgewiesen wird. Ein gutes Beispiel dafür ist die bekannte Hindugeschichte von dem Lehrer, der seinen Schüler fragt, was er am höchsten schätze. Der Schüler antwortet pflichtgemäß: »Brahma oder den höchsten Geist.« Worauf der Lehrer ihn zu einem Teich führt, seinen Kopf zwei Minuten lang unter Wasser hält und ihn dann fragt, wonach er am Ende dieser zwei Minuten das größte Verlangen verspürt habe. Der Wahrheit entsprechend mußte der Schüler antworten, daß er am stärksten nach Luft verlangt habe, während der höchste Geist ihm in diesem Augenblick merkwürdig gleichgültig erschienen sei. Solange wir die Geisteshaltung dieses Schülers teilen, wieviel kann die Heilige Lehre uns bedeuten?

Eine bewußte und wohldisziplinierte Einstellung gegenüber dem Körper bildet die Grundlage der buddhistischen Ausbildung. Die Abwendung von unserer selbstverliebten und narzißtischen Bindung an den Körper befreit uns schneller als alles andere von der Illusion der Individualität. Der Körper hat immer im Mittelpunkt der Aufmerksamkeit gestanden: »Ich erkläre dir, daß innerhalb dieses sterblichen, nur 6 Fuß langen Körpers die Welt liegt, ihr Ursprung und ihr Ende wie auch der Pfad, der zu ihrem Ende führt.«

Der menschliche Geist arbeitet in Gegensätzen. Wenn wir buddhistische Kunstwerke, Bilder oder Skulpturen betrachten, finden wir, daß der menschliche Körper in Amaravati und Ajanta mit großer Sinnlichkeit behandelt und in der Kunst Chinas und Tibets in ätherischer Verfeinerung idealisiert wird. Dabei verlief die Ausbildung der Mönche zum größten Teil in ganz entgegengesetzter Richtung. Wieder und wieder wird ihnen beigebracht, den Körper als etwas Abstoßendes, Ekelhaftes und Unerfreuliches anzusehen:

»Und dann betrachtet der Schüler seinen Körper von der Fußsohle aufwärts und vom Kopfhaar abwärts, mit Haut bespannt und mit vielen Unreinheiten angefüllt. In diesem Körper finden sich:

Kopfhaare, Körperhaare, Nägel, Zähne, Haut;
Muskeln, Sehnen, Knochen, Mark, Nieren;
Herz, Leber, wäßrige Schleimhäute, Milz, Lunge;
Eingeweide, Gekröse, Magen, Auswurf, Hirn;
Galle, Verdauungssäfte, Eiter, Blut, Schmiere, Fett;
Tränen, Schweiß, Spucke, Rotz, Gelenkflüssigkeit, Urin.«

Wenn man das Bild einer reizenden Frau mit dieser Vision der *32 Teile des Körpers* überblendet, so dürfte das Resultat mit Sicherheit einen zerstörenden Einfluß auf jede geschlechtliche Leidenschaft ausüben. Außerdem werden die Buddhisten, genau wie die Jains, angewiesen, ihre Aufmerksamkeit auf die *Neun Öffnungen* zu lenken, aus denen ununterbrochen schmutzige und abstoßende Stoffe herausströmen — die zwei Augen, die zwei Ohren, die zwei Nasenlöcher, der Mund, die Harnröhre und der Darm. Nicht genug damit, soll der Mönch die Leichenhaufen außerhalb der indischen Dörfer besuchen, um zu lernen, wie sein Körper in den verschiedenen Stadien der Auflösung aussieht. Mit all diesem wenden sich die Buddhisten bewußt gegen die zivilisierte Gesellschaft, die jene Seiten des Lebens, die die Buddhisten betonen, verpönt. Das Ziel der zivilisierten Gesellschaft ist dem des Dharma gerade entgegengesetzt, und die Mitglieder der Gesellschaft erschrecken im allgemeinen über jeden Gedanken, der ihre meist recht zweifelhafte Lebensfreude stören könnte.

Wie im Grunde auch die Christen, soll der Buddhist auf seinen Körper nicht stolz sein, sondern Scham und Abneigung ihm gegenüber empfinden. Man darf nie vergessen, daß nach dieser Anschauung die Verbindung mit dem Körper, der ein so großartiges Werkzeug zur Erfüllung des Verlangens darstellt, auf Grund eines freiwilligen Willensaktes unsrerseits erfolgt ist. Wenn wir sehen, wie zerbrechlich unser Körper ist, wie stark er allen Arten von Gefahren und Schwächen ausgesetzt ist, wie abstoßend seine wichtigsten Funktionen sind, dann sollten wir Scham und Schrecken empfinden über den Zustand, in den unser göttliches Selbst sich gebracht hat — eingespannt in gefährlicher Lage zwischen zwei Häuten, die, wie wir in unserem modernen

Jargon sagen würden, sich aus dem Ektoderm und dem Entoderm entwickelt haben. Es ist klar, daß unser Selbst sich unter solchen Bedingungen nicht entfalten kann. Es ist klar, daß es nicht frei ist und sich nicht wohl fühlen kann in einer Lage, die durch Gier zustandegekommen ist und mit Notwendigkeit immer mehr Gier hervorrufen muß. Es ist von großer Bedeutung, Worte zu finden, mit denen man andere von der Leere der bedingten Welt überzeugen kann. Die Buddhisten halten es aber für noch wichtiger, dem eigenen Körper diese Wahrheit beizubringen. Dabei wird den Sinnesorganen besondere Beachtung geschenkt, und sie werden strenger Kontrolle unterworfen. Der technische Ausdruck dafür ist *indriya-gutti*, wörtlich *Bewachung der Sinnesorgane*. Wenn ein Mönch unterwegs ist, soll er gerade vor sich hinblicken und nicht ständig nach rechts und links sehen.

>Laß das Auge nicht wandern wie der Affe oder das
zitternde Reh im Walde oder das ängstliche Kind.
Die Augen seien abwärts gerichtet, sie sollen
vor dir her wandern, nicht weiter als ein Joch,
man soll die Gedanken nicht Herrscher werden lassen
über sich wie ein rastloser Affe.«

Der nächste Punkt ist die sogenannte *Bewachung der Sinnes-Tore*. In der Sinneserfahrung unterscheiden wir zwei Vorgänge. Einmal die rein sinnliche Aufnahme eines Reizes, dann unsere willensmäßige Reaktion auf diesen Reiz. Die Berührung unserer Sinnesorgane mit den auf sie wirkenden Reizen bietet, nach buddhistischer Anschauung, »allen Arten von lüsternen, traurigen, bösen und unbekömmlichen Zuständen Gelegenheit, uns zu überfluten, solange wir ohne Selbstkontrolle leben.« Wir müssen daher lernen, das unersättliche Verlangen nach sichtbaren, hörbaren und anderen Reizen, die in Wahrheit uns nur von uns selbst entfremden, in Schach zu halten. Wir müssen lernen, unseren Geist, unsere Gedanken oder unser Herz davon abzuhalten, sich an Dinge zu hängen, denen unsere Sinne begegnen. Wir müssen lernen, jeden Reiz, sobald er in die Festung unseres Geistes eindringt, sorgfältig zu prüfen, damit sich nicht unreine Leidenschaften um ihn sammeln und weiter anwachsen dadurch, daß sie immer und immer wieder einen neuen Mittelpunkt finden. Jeder, der versucht hat, die Vorschriften Buddhas für die Bewachung seiner Sinne zu befolgen, weiß, welches Maß von Gewalt er seinem Geist antun muß, wenn er ihn auch nur für eine oder zwei Minuten ruhig halten will. Wie können wir die wahre Natur unseres Geistes kennenlernen, wenn wir ihn nicht vor dem ständigen Eindringen von Elementen, die ihm fremd sind, bewahren können und ihn nicht so, wie er ist, in seinem eigenen, reinen Selbst zu betrachten vermögen?

Trance

Die zweite Gruppe der buddhistischen Lehrmethoden heißt nach alter Überlieferung: *Konzentration*. In Sanskrit ist das Wort dafür *Samādhi;* etymologisch entspricht es dem griechischen *synthesis*. Sich *konzentrieren* besteht darin, daß man das Beobachtungsfeld einengt, wobei Art und Zeitdauer durch den Willen bestimmt werden. Als Folge davon wird der Geist still wie die Flamme einer Öllampe, wenn kein Wind weht. In bezug auf die Gefühle führt die Konzentration zu einem Zustande völliger Ruhe, da man für den Augenblick sich von allem, was Aufregung hervorrufen könnte, zurückgezogen hat. Nach der Überlieferung fallen drei Arten von Übungen unter den Begriff der *Konzentration:* 1. die 8 Dhyanas, 2. die 4 Unbegrenzten, 3. die okkulten Kräfte. Aus diesen drei ursprünglichen Gruppen entwickelte sich vieles andere: Die Übungen der Dhyanas erlangten im Yogacara-System entscheidende Bedeutung; die *Unbegrenzten* bildeten eine der Grundlagen der frühen Mahayana-Schulen; und die okkulten Kräfte sollten später zum Mittelpunkt des Tantra werden. Wir müssen daher jede dieser Gruppen im einzelnen betrachten.

1. Die Dhyānas, im Pali *Jhānas,* sind Mittel zur Überwindung des Zusammenstoßes zwischen den Sinnesreizen und unserer normalen Reaktionen auf sie. Man beginnt die Übung damit, daß man sich auf einen Sinnesreiz konzentriert — etwa auf einen Kreis aus hellrotem Sand oder aus blauen Blumen, auf eine Wasserschale oder auf ein Bild Buddhas. Kann man für den Augenblick die eigenen, ungesunden Neigungen, d. h. sinnliches Verlangen, bösen Willen, Trägheit und Stumpfsinn, Erregung und Verwirrung, unterdrücken, so ist der erste Trancezustand erreicht. Man lernt, sich von seinen Neigungen zu lösen, und ist imstande, alle Gedanken auf das gewählte Objekt zu konzentrieren. Der nächste Zustand geht über die Gedanken hinaus, die sich mit dem Objekt beschäftigen. Das diskursive Denken hört nun auf, und man erlangt eine einheitlichere und friedlichere Haltung des Vertrauens, die die Schriften *Glauben* nennen. Dieses sehnende Verlangen nach etwas, das man nicht mehr mit dem diskursiven Denken kennt, aber das unendlich größere Befriedigung verleiht als irgend etwas, das dem diskursiven Den-

ken bekannt ist, führt zu einem Zustand innerer Erhebung und begeisterten Entzückens. In gewissem Sinne ist diese Erhebung immer noch ein Makel, eine Befleckung, die überwunden werden muß. Diese Aufgabe wird auf den nächsten zwei Stufen gelöst, so daß man in der vierten Dhyana jede Empfindung für Behagen und Unbehagen, Wohlsein und Unwohlsein, Erhebung und Niedergeschlagenheit, Förderung und Hinderung in bezug auf die eigene Person völlig verliert. Persönliche Vorliebe für irgend etwas wird in diesem Zustand so gleichgültig, daß man sie nicht mehr bemerkt. Was bleibt, ist eine klare, durchsichtige, wachsame Aufnahmefähigkeit »in einem Zustande völliger Reinheit, Wachsamkeit und Gleichmütigkeit«. Über dieser Stufe liegen noch vier *formlose* Dhyanas, in denen die letzten Spuren der Objektbezogenheit nacheinander überwunden werden. Solange wir uns an irgendeinem Objekt, wie hochstehend es auch immer sein mag, festsaugen, können wir nicht in das Nirwana eingehen. Zunächst sieht man alles als unbegrenzten Raum, dann als unbegrenztes Bewußtsein, dann als Leere; schließlich gibt man sogar den Akt auf, mit dessen Hilfe man das Nichts wahrnahm, und erreicht so einen Zustand, in dem es weder Wahrnehmung noch Nichtwahrnehmung mehr gibt. Bewußtsein und Selbstbewußtsein sind nunmehr so gut wie ganz ausgeschaltet.

Darüber liegt das Aufhören des Fühlens und Empfindens, ein Zustand, in dem »der eigene Körper an das Nirwana rührt«. Von außen erscheint das als *Koma*. Bewegung, Sprache und Gedanken sind ausgeschaltet. Nur Leben und Wärme bleiben. Selbst die unbewußten Impulse sind, wie man sagt, »in Schlaf versunken«. Vom Inneren aus gesehen scheint dieser Zustand dem zu entsprechen, was andere mystische Traditionen als das unaussprechliche Bewußtsein der *nackten Betrachtung* kennen, ein nackter Wille, der sich in der Richtung der Wirklichkeit ausstreckt, die Vereinigung des Nichts mit dem Nichts oder des Einen mit dem Einen, ein Aufenthalt in dem *Göttlichen Abgrund* oder der *Wüste der Gottheit*.

Nach der orthodoxen Lehre geben diese Zustände, so erhaben sie auch sein mögen, keine Garantie für endgültige Erlösung. Dafür ist die völlige Auslöschung des individuellen Selbst erforderlich, während man durch diese exstatischen Erfahrungen nur eine zeitweilige Auslöschung erzielen kann. Der Geist wird fortschreitend immer einfacher, immer verzichtender, immer ruhiger, aber das Selbst wird nur vergessen, solange die Dhyana währt. Nur *Weisheit* kann die *Große Leere* betreten. Nur *Weisheit* kann in das Nirwana eingehen, das von da an immer und für alle Zeit, an Stelle der Sinnesreize, das Wirken unseres Geistes bestimmt, solange ein solcher Geist vorhanden ist.

2. Die *Unbegrenzten* (Apramāna) sind Methoden zur Beherrschung der Gefühle. Sie haben vier Stufen: Freundlichkeit (Mettā), Mitleid, Mitfreude und Gleichmut. Das Wesentliche dieser Üungen besteht darin, die Grenzen zwischen dem eigenen und dem fremden Selbst auszulöschen — ohne Rücksicht darauf, ob die anderen einem sehr lieb, gleichgültig oder feindlich gesinnt sind. Man versucht, Freunden, Fremden, Feinden wie sich selbst gegenüber gleichmäßig freundlich zu empfinden, und *Freundlichkeit* wird als eine Tugend angesehen. Sie wird definiert als eine geistige Einstellung, in der man anderen nur Gutes wünscht, das Bedürfnis fühlt, ihr Wohlergehen zu fördern, und versucht, hinter ihrem oft unerfreulichen oder abschreckenden Äußeren die liebenswerten Seiten ihrer Natur zu entdecken. Wir können hier auf die technischen Einzelheiten dieser Meditation nicht eingehen. Ihr Geist wird vielleicht durch das folgende kurze Zitat aus dem Mettā-Sutra deutlich: »Mögen alle Wesen wohl und glücklich sein. Mögen sie heiter sein und in Sicherheit leben. Alle Wesen, ob schwach oder stark — ohne Ausnahme — in hohen, mittleren oder niedrigen Sphären des Daseins, klein oder groß, sichtbar oder unsichtbar, nah oder fern, geboren oder ungeboren, mögen sie alle wohl und glücklich sein. Niemand soll einen anderen täuschen oder verachten, in welchem Stande er sich auch befinden möge. Niemand soll in Ärger oder bösem Willen dem anderen Böses wünschen. Genau wie eine Mutter über ihr Kind, ihr einziges Kind wacht und es beschützt, so, mit freiem, weitem Herzen, soll man alle lebenden Wesen lieben und Freundlichkeit ausstrahlen über die ganze Welt, über uns, unter uns und um uns her, ohne Grenze; möge so ein jeder unbegrenzten, guten Willens sein gegenüber der ganzen Welt, ohne Beschränkung und frei von bösem Willen oder Feindschaft.«

Die nächste Stufe ist Mit-Leiden, und dieses ist wesentlich schwieriger zu erreichen. Es ist eine Haltung, in der man sich auf die Leiden anderer konzentriert, mit ihnen leidet und das Verlangen fühlt, dieses Leiden zu beseitigen. Hat man gelernt, diesen Zustand des Mit-Leidens jederzeit erreichen zu können, so soll man die Mitfreude üben. Zu diesem Zwecke konzentriert man sich auf die glückliche Lage anderer, freut sich über sie und erhebt sich in einen Zustand heiteren Mitgefühls. Die letzte Stufe ist dann der Gleichmut, den wir, der Überlieferung zufolge, erst erreichen können, wenn wir wiederholt die dritte Dhyana in bezug auf die drei ersten Gefühlszustände erzielt haben. Dies geschieht naturgemäß nur selten und braucht hier nur im Vorübergehen erwähnt zu werden.

Die Anweisung zielt nicht nur darauf hin, diese Gefühlseinstellung zu entwickeln und zu fördern, sondern sie zu einer *unbegrenzten* zu machen, das heißt zu lernen, alle Menschen gleich zu behandeln und auf diese Weise alle persönliche Vorliebe und Abneigung allmählich zu verlieren. Jeder, der versucht, die Vorschriften Buddhaghosas für diese Übungen zu befolgen, wird die Erfahrung machen, daß wir in unserem gewöhnlichen Zustande geistiger Flatterhaftigkeit auf diesem Wege nicht sehr weit kommen. Der Geist muß erst die nur durch die Dhyanas zu erzielende Verfeinerung und Loslösung erreicht haben, um erfolgreich zum *Unbegrenzten* fortzuschreiten zu können.

3. Das Rationale spielt im Buddhismus eine so große Rolle, daß die Bedeutung des Okkulten besonders von modernen europäischen Autoren oft unterschätzt worden ist. Es werden dabei nämlich zwei entscheidende Faktoren übersehen: die historischen Bedingungen, unter denen die buddhistische Religion sich entwickelt hat, und die Gesetze des geistlichen Lebens. Außerdem werden die späteren Entwicklungsstadien des buddhistischen Denkens dadurch sinnlos und erscheinen als Degeneration, als ein Sturz von der einst erreichten Höhe. Der Buddhismus war unter Völkern lebendig, die mit derselben Ehrlichkeit an die Magie glaubten wie der moderne Städter an die Wissenschaft. Die Reliquien des Buddha wurden ihrer magischen Kraft wegen hoch geschätzt. Die Himmel, die Flüsse, die Wälder mit ihren Bäumen, die Quellen, die ganze Natur war von Geistern erfüllt. Zauberer und Wundertäter sind in Indien eine tägliche Erscheinung, und alle Religionen benützten sie, um Außenstehende zu bekehren. In der buddhistischen Kunst war die Darstellung von Wundern sehr beliebt. Selbst wenn das Okkulte nicht ein Teil der heiligen Lehre gewesen wäre, hätte sich die Kirche ihm schon der sozialen Umgebung wegen, in der sie lebte, nicht entziehen können.

Dazu kommt allerdings noch etwas anderes. Erfahrung in allen Ländern der Erde hat gezeigt, daß man unmöglich ein geistliches Leben pflegen kann, ohne gleichzeitig parapsychische Kräfte aufzurufen und die Empfänglichkeit für parapsychische Vorgänge zu schärfen. Diese Tatsache kann nur da Erstaunen hervorrufen, wo geistliche Übungen so gut wie unbekannt sind.

Als Erfolg ihrer Tranceübungen erwarben der Buddha und seine Schüler alle Arten von Wunderkräften und magischen Fähigkeiten, Siddhi genannt. Einige dieser Fähigkeiten sind dieselben, die wir heute mit dem Namen *parapsychisch* bezeichnen — Hellsehen, Hellhören, Erinnerung an frühere Geburten und Kenntnis fremder Gedanken. Andere sind mehr physischer Natur. Die Schüler konnten »nach Gefallen durch Mauern, Gitter oder Hügel hindurchgehen wie durch Luft, in die Erde eindringen und wieder aus ihr hervortreten, auf der Wasseroberfläche wandeln oder durch die Luft gleiten«. Sie konnten durch magische Handlungen das Leben in ihrem sterblichen Körper verlängern, konnten einen Doppelgänger aus ihrem eigenen Körper herausstellen oder hervorzaubern und ihm Beständigkeit geben. Sie konnten ihren Körpern die Form eines Knaben oder einer Schlange geben usw.

Vielleicht sind die christlichen Evangelien von buddhistischen Lehren beeinflußt worden, die in Alexandria und anderen Teilen des Mittelmeergebietes wohlbekannt waren. Besonders die wundertätige Seite des Buddhismus scheint auf die frühen Christen Eindruck gemacht zu haben. Wenn Petrus über die Wogen wandelte, so folgte er den Fußspuren vieler buddhistischer Heiliger. Eines der beliebtesten buddhistischen Wunder war das Doppelwunder: Feuer flammte aus dem Oberkörper des Tathagata, und »aus seinem Unterkörper ergoß sich ein Strom von Wasser«. Im Evangelium Johannis 7, 38 finden wir die merkwürdige Feststellung: »Wer an mich glaubet, wie die Schrift sagt, von des Leibe werden Ströme des lebendigen Wassers fließen.«

Wenn auch parapsychische Fähigkeiten notwendig mit gewissen Stufen geistiger Entwicklung verbunden sind, so sind sie doch nicht immer vorteilhaft für den Charakter oder die Geistigkeit desjenigen, bei dem sie auftreten, da große Gefahren in ihnen verborgen liegen: sie können dazu beitragen, Einbildung und Hochmut zu steigern, sie können bei der Suche nach der Macht zum Verlust des Reiches und der Herrlichkeit führen und den Menschen mit demoralisierenden Kräften in Berührung bringen. Im ganzen gesehen, scheint die buddhistische Kirche während des ersten Jahrtausends ihrer Existenz sich auf den Standpunkt gestellt zu haben, daß gegen das Okkulte und Parapsychische nichts einzuwenden sei, solange man ihnen nicht zuviel Beachtung schenke und sie zu billigen Schaustellungen vor der Menge mißbrauche. Eines Tages traf der Buddha am Ufer eines Stromes einen Asketen, der sich 25 Jahre lang kasteit

hatte. Der Buddha fragte ihn, zu welchem Erfolg all seine Anstrengungen geführt hätten, und der Asket antwortete voller
Stolz, daß er jetzt endlich über das Wasser wandeln und so
den Strom überqueren könne. Der Buddha aber versuchte ihm
klarzumachen, das sei kein sehr großer Erfolg für so viel Arbeit,
da er ja für einen Pfennig auf der Fähre hinüberfahren könne.

Weisheit

Weisheit ist die höchste aller Tugenden. Im allgemeinen übersetzt man den Sanskrit-Ausdruck *Pra-jñā* (Pali: Paññā) mit
Weisheit, und das ist auch nicht ganz unrichtig. In der buddhistischen Überlieferung aber hat *Weisheit* eine besondere Bedeutung, die in der Geschichte des menschlichen Denkens einzigartig
ist. Die Buddhisten verstehen unter *Weisheit* die *methodische
Kontemplation der Dharmas.* Das ergibt sich eindeutig aus Buddhaghosas formaler, akademischer Definition: »Weisheit hat die
charakteristische Fähigkeit, zu den Dharmas, so wie sie sind,
vorzudringen. Sie hat die Funktion, die Dunkelheit der Täuschung zu zerstören, die das Eigensein der Dharmas verhüllt.
Sie zeigt sich darin, daß sie nicht getäuscht werden kann. Da es
zutrifft, daß 'Er, der sich konzentriert, die Wirklichkeit kennt
und sieht', ist die Konzentration die unmittelbare Ursache der
Weisheit.«

Die Methoden, mit deren Hilfe die Weisheit gefördert werden kann, sind in den Büchern des Abhidharma niedergelegt.
Diese Bücher sind offensichtlich später entstanden als die anderen
Teile des Kanons (s. S. 29 f.). Einige Schulen, so die Sautrantikas,
sind der Meinung, diese Bücher enthielten keine authentischen
Äußerungen des Buddha und müßten deshalb verworfen werden. Die Bedeutung des Wortes Abhi-dharma ist nicht ganz
sicher; es kann *weiteres Dharma* oder *höchstes Dharma* bedeuten. Wann die Bücher des Abhidharma verfaßt worden sind,
ist schwer zu sagen. Wahrscheinlich sind wir nicht weit von der
Wahrheit entfernt, wenn wir annehmen, daß sie aus den ersten
zwei Jahrhunderten nach Buddhas Tod stammen.

Zwei Fassungen der Abhidharma-Bücher sind uns erhalten:
Eine Sammlung von sieben Büchern in Pali und eine zweite von
ebenfalls sieben Büchern auf chinesisch, die aber ursprünglich in
Sanskrit geschrieben waren. Die Pali-Texte stellen die Tradition
der Theravadins, die Sanskrit-Texte die der Sarvastivadins dar.
Etwa 700 Jahre nach der ersten Niederschrift der Abhidharma-
Bücher wurden beide Abhidharma-Überlieferungen endgültig

kodifiziert, wahrscheinlich zwischen 400 und 450 n. Chr. Für die Theravadins wurde diese Kodifizierung in Ceylon von Buddhaghosa durchgeführt, für die Sarvastivadins von Vasubandhu in Nordindien. Nach 450 n. Chr. gibt es kaum noch eine Weiterentwicklung der Abhidharma-Lehren.

Man muß zugeben, daß der Stil der Abhidharma-Bücher sehr trocken und reizlos ist. Die Behandlung des Gegenstandes erinnert an den Stil, den man in einer Abhandlung über Buchführung oder in einem Handbuch der Physik erwarten würde. Dabei ist die buddhistische Literatur, die für die Propaganda bestimmt ist und den Beifall der Ungläubigen erringen oder die Ergebenheit der Gläubigen steigern soll, oft in einem ansprechenden Stil geschrieben. Die Abhidharma-Bücher aber waren für den engsten Kreis der buddhistischen Elite bestimmt, und man nahm wohl an, daß die Weisheit, die aus ihnen zu gewinnen war, genügend Anreiz und Lohn für die Mühe des Studiums bieten würde.

Das Hauptziel des Buddhismus ist die Auslöschung der Individualität des einzelnen, die eintritt, sobald wir aufhören, irgend etwas mit unserem Selbst zu identifizieren. Durch lange Gewohnheit ist es uns natürlich geworden, unsere eigenen Erfahrungen unter der Kategorie des *Ich* und *Mein* zu betrachten. Selbst wenn wir im Grunde überzeugt sind, daß diese Ausdrücke zu nebelhaft sind, um eine klare Definition zu ermöglichen, und daß ihre gedankenlose Verwendung im täglichen Leben nichts als Unheil hervorruft, so gebrauchen wir sie doch immer wieder. Die Gründe dafür sind vielfältig. Zum Beispiel sehen wir keine Möglichkeit unsere eigenen Erfahrungen uns selbst anders klarzumachen als durch Aussagen, die den Gebrauch des *Ich* und *Mein* einschließen. Es ist das große Verdienst des Abhidharma, daß es den Versuch unternommen hat, eine Methode zu entwickeln, die unsere Erfahrungen einzuordnen vermag, ohne die Begriffe *Ich* und *Mein* überhaupt zu verwenden; nur unpersönliche Dharmas treten als Handelnde auf. Abhidharma ist die älteste Psychologie, die wir kennen, und, wie mir scheint, dem Zweck, für den sie bestimmt war, immer noch durchaus angemessen.

Was ist nun unsere Individualität, ausgedrückt in den Begriffen des Dharma? Nach buddhistischer Tradition kann jeder Mensch mit all seinem denkbaren Besitz in fünf *Haufen* aufgeteilt werden, die technisch *Skandhas* genannt werden. Alles, was ein Mensch als sein Eigentum ansehen, was er sich aneignen oder worauf er sich verlassen kann, fällt notwendig unter eine dieser fünf Gruppen. Es ist entweder:

1. materiell (unser physischer Körper und materieller Besitz) oder 2. ein Gefühl oder 3. eine Wahrnehmung oder 4. eine Handlung oder 5. ein Bewußtseinsakt.

Der irrtümliche Glaube an eine Individualität oder Persönlichkeit beruht nach dieser Vorstellung auf der Erfindung eines *Selbst*, das diesen fünf Haufen übergeordnet ist. In der Form eines Diagramms sähe das folgendermaßen aus:

Wirklichkeit	Erfindung
Form	
(= Materie)	
Gefühl	
(angenehm, unangenehm, unbestimmt)	
Wahrnehmung	
(Gesicht, Gehör usw.)	»Selbst«
Handlung	
(Habgier, Haß, Glaube, Weisheit usw.)	
Bewußtsein	

Die Tatsache, daß ich ein erfundenes Selbst in die Wirklichkeit meiner Erfahrung einschiebe, wird erkennbar, so oft ich annehme, daß irgend etwas *Mein* ist, oder daß ich irgend etwas *bin*, oder daß irgend etwas *mein Ich* ist. Um diese Lehre verständlicher zu machen, kehren wir zu dem oben erwähnten Beispiel des Zahnschmerzes zurück (S. 16). Im allgemeinen sagen wir einfach: »Ich habe Zahnschmerzen.« Sariputra hätte das als eine sehr unwissenschaftliche Ausdrucksweise angesehen. Weder *Ich* noch *habe* noch *Zahnschmerzen* zählen als endgültige Daseinsfaktoren (Dharmas). In dem Abhidharma werden persönliche Ausdrücke durch unpersönliche ersetzt. Unpersönlich ausgedrückt, würde unsere Erfahrung folgendermaßen aufzuteilen sein:

1. Dies hier ist die Form, d. h. der Zahn als Materie.
2. Dies ist ein schmerzliches Gefühl.
3. Dies ist die Wahrnehmung des Zahnes durch Gesicht, Berührung und Schmerz.
4. Dies ist, als Willensreaktion: Abneigung gegen Schmerz, Furcht vor den möglichen Folgen für zukünftiges Wohlbefinden, gieriges Verlangen nach physischem Wohlbefinden usw.
5. Dies ist Bewußtsein — eine Bewußtheit alles oben Gesagten.

Das *Ich* im Sinne des sogenannten gesunden Menschenverstandes ist verschwunden: es bildet keinen Teil dieser Analyse, denn es ist keines der wahrhaft wirklichen Dinge. Man könnte dem natürlich entgegenhalten, das eingebildete *Ich* sei ein Teil der tatsächlichen Erfahrung. In diesem Falle würde es entweder unter den fünften *Haufen,* den des Bewußtseins, fallen (dem Selbst als Subjekt entsprechend) oder als einer der 54 Bestandteile des Skandha der willensmäßigen Reaktionen angesehen werden, der den Namen *irrtümlicher Glaube an ein Selbst* führt.

Diese Analyse wird hier als ein Beispiel der Methode des Abhidharma angeführt; es wird nicht behauptet, daß sie an sich wesentlich dazu beitragen könne, unsere Zahnschmerzen erträglicher zu machen. Dieselbe Analyse kann auf jeden Bestandteil unserer Erfahrung angewendet werden. Die Bücher des Abhidharma geben eine Liste von 79 bis 174 Faktoren, die sie als *letzte Tatsachen* ansehen und die für sie einen größeren Wirklichkeitsgrad haben als die *Dinge* der Welt des gesunden Menschenverstandes, die jedoch durch Analyse auf die endgültigen Faktoren zurückgeführt werden können. Gleichzeitig geben die Schriften uns bestimmte Regeln für eine Kombination dieser Faktoren in Gestalt einer klassifizierten Liste der möglichen Beziehungen zwischen den *letzten Tatsachen*. Die fünf Skandhas sind nur die ersten fünf dieser Faktoren. Der Leser darf nicht vergessen, daß die Methode nur dann mit Erfolg angewendet werden kann, wenn umfassende technische Kenntnis des Inhalts der Abhidharma-Textbücher sich mit straffer geistiger Disziplin und lang ausdauernder, anstrengender Übung in der Selbstbetrachtung verbinden. Andernfalls ist nicht zu erwarten, daß sie zu größerer Geschicklichkeit in der Meditation führen oder überhaupt von irgendwelchem Nutzen sein könnte.

Der Grundgedanke aber ist klar. Erfahrungen sollen durch Analyse zerlegt werden, so daß sie als ein Spiel unpersönlicher Kräfte erkennbar werden. Erst wenn man hinter der Oberflächenerscheinung jeder beliebigen gegebenen Tatsache, die innerhalb oder außerhalb unserer sogenannten Persönlichkeit auftauchen mag, die *endgültigen* Faktoren erkannt hat, kann man, wenn wir dem Abhidharma glauben dürfen, durchschauen, was diese Gegebenheit in Wirklichkeit ist, und erst dann kann man sie mit den Augen der *Weisheit* betrachten. Allerdings dürfen wir nicht dem Irrtum verfallen, anzunehmen, die Theorie der Dharmas sei eine metaphysische Erklärung der Welt, die uns zur Diskussion vorgelegt werde. Sie ist im Gegenteil als praktische Methode gedacht, mit deren Hilfe auf dem Wege der Meditation alle jene Erscheinungen zerstört werden können, die unseren Geist an die sogenannte *Welt des gesunden Menschenverstandes* binden. Die Bedeutung dieser Methode liegt auf therapeutischem, nicht auf theoretischem Gebiet. Richtig angewendet, muß ihr eine riesige Kraft innewohnen, jede unzuträgliche Erfahrung auszuschalten. Natürlich kann die Meditation über die Dharmas allein nicht alles Böse in unseren Herzen ausrotten. Sie ist kein Wunderheilmittel für jede Krankheit, sondern nur *eine* Medizin unter vielen des *Großen Arztes.* Allerdings kann sie unsere geistige Gesundheit soweit fördern, daß wir, bei ausreichender Wiederholung, allmählich dazu gelangen, die Dinge gewohnheitsmäßig ganz unpersönlich anzusehen. In demselben Maße wird sich dann die Last der Welt auf unseren Schultern vermindern.

Sri Aurobindo hat in seinem Buch »The Basis of Yoga« den Erfolg, den die Meditation über die Dharmas auf unseren geistigen Ausblick haben kann, klar definiert: »In einem ruhigen Geist ist es die Substanz des geistigen Wesens, die ruhig ist, so ruhig, daß nichts sie stören kann. Wenn Gedanken oder Tätigkeiten auftreten, so kommen sie nicht aus dem Geist, sondern von außen und kreuzen den Geist, wie eine Vogelschar in der unbewegten Luft den Himmel kreuzt. Sie gehen vorüber, stören nichts, hinterlassen keine Spur. Selbst wenn tausend Bilder oder die erschütterndsten Ereignisse den Geist kreuzen, bleibt die Stille unberührt, als bestünde der Geist selbst aus ewigem, unzerstörbarem Frieden. Ein Geist, der diesen Zustand der Ruhe erreicht hat, kann aktiv werden, sogar in intensiver und machtvoller Weise, und wird trotzdem im Grunde seine Ruhe bewahren — da er nichts aus sich selbst hervorbringt, sondern alles von oben empfängt und ihm eine geistige Form gibt, ohne irgendein Eigenes hinzuzufügen, ruhig, leidenschaftslos und doch erfüllt von der Freudigkeit der Wahrheit und dem glücklichen Gefühl der Kraft und Erleuchtung bei ihrem Durchzuge.«

Wir haben oben gesehen, daß der ungesunde Zustand unseres Geistes sich aus der Gewohnheit erklärt, uns mit Dingen zu identifizieren, die wir nicht sind. Unsere Persönlichkeit bemächtigt sich in den Dingen der sichtbaren oder berührbaren Welt aller möglichen Teile des Universums. Durch dieses *Besitznehmen* wird unser wahres Selbst sich selbst entfremdet, und für jede Bindung, die wir sich entwickeln lassen, werden wir bestraft durch die Entstehung einer ihr entsprechenden Furcht, deren wir uns mehr oder weniger bewußt werden. Der Buddha zeigt uns, daß wir nur geheilt werden und dem fürchterlichen Karussell von Geburt und Tod nur entgehen können, wenn wir uns von diesen Anhängseln befreien.

Bis zu einem gewissen Grade wird der Einfluß, den unser

Besitz auf uns ausübt, gemindert, wenn wir unsere Lebensführung einer gesunden Moral unterordnen. Ein Buddhist soll so wenig Eigentum haben wie möglich, sein Heim und seine Familie aufgeben, die Armut dem Reichtum vorziehen, lieber geben als nehmen usw. Dazu kommt noch die Erfahrung von Trancezuständen, die ihn in derselben Richtung beeinflussen. Wenn der Trancezustand selbst auch nur eine verhältnismäßig kurze Zeit andauert, so muß die Erinnerung daran doch notwendigerweise dazu beitragen, jeden Glauben an die endgültige Realität der Sinneswelt zu erschüttern. Gewohnheitsmäßige Trancezustände führen unvermeidlich dazu, daß die Gegenstände unserer Welt trügerisch, täuschend und entfernt erscheinen, aller Festigkeit und Zuverlässigkeit, die wir ihnen üblicherweise zuschreiben, beraubt. Man nimmt allerdings an, daß selbst diese Verbindung eines moralischen Lebens mit ständigen Trancezuständen allein nicht imstande sei, die Grundlagen unseres Glaubens an eine Individualität zu zerstören. Nach der Lehre der Alten Weisheitsschule kann nur die *Weisheit* die Illusion der Individualität aus unseren Gedanken verjagen, in denen sie sich aus alter Gewohnheit tief eingenistet hat. Keine Handlung, kein Trancezustand, nur das Denken kann die Illusion töten, die im Denken wirksam ist.

Wenn wir alle unsere Leiden der Tatsache zuschreiben, daß wir uns mit einem Besitz identifizieren, der uns in Wahrheit nicht gehört, so geben wir damit gleichzeitig zu, daß es uns ohne diesen Besitz viel wohler sein würde. Diesen einfachen, selbstverständlichen Schluß kann man metaphysisch so ausdrücken, daß unser wirkliches Sein mit dem Absoluten identisch sei. Dabei wird vorausgesetzt, daß es eine endgültige Wirklichkeit gibt und daß etwas in uns existiert, mit dem wir diese endgültige Realität berühren können. Die endgültige Realität, von den Buddhisten auch Dharma oder Nirwana genannt, wird definiert als etwas, das völlig außerhalb der Sinneswelt der Illusion und Unwissenheit steht, einer Welt, die unlöslich mit Verlangen und Habgier verbunden ist. Das höchste, jeder Anstrengung würdige Ziel des buddhistischen Lebens ist es, dieser endgültigen Wirklichkeit näher zu kommen. Diese buddhistische Vorstellung der *endgültigen Wirklichkeit* ist der philosophischen Idee des *Absoluten* nahe verwandt und nicht leicht von der Vorstellung Gottes bei den mystisch eingestellten Theologen, wie Dionysius Areopagita und Eckhart, zu unterscheiden. Das Nirwana wird *absolut gut* und der Dharma *absolut wahr* genannt in dem Sinne, daß beide fraglos und unter allen Umständen gut und wahr sind, ohne daß es darüber überhaupt je irgendeinen Zweifel geben könnte.

Diese Überzeugungen bilden die Grundlage eines großen Teils buddhistischer Meditation und Kontemplation. Man unterscheidet eine unbedingte Welt von unserer bedingten. Wir leiden, weil wir uns mit Bedingtem identifizieren, und tun, als geschehe uns, was mit diesem geschieht. Abgesehen von dem Höchsten (und das ist nur das Unbedingte), müssen wir durch ständige Meditation und Abtötung unseres Selbst alles zurückweisen und auf alles verzichten. In anderen Worten, wir müssen uns von allem Bedingten ent-identifizieren. Es wird vorausgesetzt, daß, wenn es uns gelingt, diesen Zustand völlig und für immer zu erreichen, unser individuelles Selbst ausgelöscht wird und das Nirwana an seine Stelle tritt. Natürlich bedeutet das, daß wir außerordentlich hoch von uns selbst denken. In gewissem Sinne müssen wir uns ständig schämen, daß unser Dasein nicht mit dem Unbedingten identisch ist. Das verlangt auch einen hohen Grad von Kühnheit, müssen wir doch bereit sein, alles, was uns lieb ist, wegzuwerfen in der festen Überzeugung, es hindere uns daran, unsere ursprüngliche, unbedingte Natur wiederzufinden. Buddhaghosa drückt das so aus: »Ein Mönch sieht alle seine bedingten Erfahrungen als verderblich an, er empfindet sie als abstoßend, er ärgert sich über sie und hat keine Freude an ihnen. Wie ein goldner Schwan, der sich mit Entzücken in einem klaren See am Fuß des Berges *Strahlender Sporn* in den Himalayas badet und es haßt, in einem schmutzigen, schlammigen Tümpel am Eingang eines Dorfes von Ausgestoßenen zu leben, so findet der Yogin kein Entzücken an verwickelten, zusammengesetzten und bedingten Dingen, sondern nur an dem ruhigen Pfad.« Die Fähigkeit, uns an den gottähnlichen Zustand zu erinnern, den wir besaßen, bevor wir in diese Welt herabgefallen sind, wird als einer der ersten Schritte angesehen, die auf den Pfad der vollkommenen Weisheit führen.

Das Absolute hat der Definition nach keinerlei Verbindung mit irgend etwas. Andererseits setzt die Idee der Erlösung voraus, daß doch irgendeine Berührung oder Verbindung zwischen dem Unbedingten und dem Bedingten bestehe. Das ist logisch unhaltbar, und die Buddhisten haben beim Nachdenken darüber eine große Anzahl von Widersprüchen und Paradoxen in dieser Idee entdeckt (s. Kapitel V). Wenn das Absolute als solches mit unserer Welt keinerlei Verbindung hat, so ist es weder richtig zu sagen, es sei transzendent, noch es sei immanent. Die Ch'an-Schule machte dies zur Grundlage einer Meditation und stellte ihren Schülern die Frage: »Ist die Buddha-Natur in diesem Hunde?« Die Buddha-Natur ist natürlich das Unbedingte, und der Hund wird als ein nicht gerade erhabenes Beispiel eines bedingten Gegenstandes angeführt. Die richtige Antwort auf diese Frage ist *N-jein, das heißt Sowohl ja wie nein* oder *Weder ja noch nein.*

Was das Absolute angeht, so kann man überhaupt nichts darüber sagen noch etwas dazu tun. Jede Bemühung in Richtung auf das Unbedingte führt nur zu nutzloser Anstrengung. Jede Vorstellung, die wir uns von dem Absoluten bilden, ist schon ipso facto falsch. Immerhin ist auf einem erheblichen Teil des Weges zur Erlösung eine gewisse Vorstellung des Absoluten wertvoll, wenn wir sie nämlich als Maßstab benutzen, um den Wert und die Weite unserer Erfahrungen zu messen. Obwohl diese Vorstellung des Absoluten also nur Gegenstand eines vorläufigen Denkens sein kann, das letzten Endes immer von der Wahrheit entferntbleibt, so wird es in der religiösen Praxis Seite an Seite mit der bedingten Welt betrachtet, als entweder innerhalb oder außerhalb dieser Welt liegend. Es ist bezeichnend für die Alte Weisheitsschule, daß sie immer die Transzendenz des Absoluten betont, seine völlige Verschiedenheit von allem, was wir tun und in uns oder um uns erleben können. Die späteren Buddhisten der Mahayanaschulen bekämpften diese etwas einseitige Betonung der Transzendenz und legten größeren Wert auf die Immanenz des Unbedingten. Die Alte Weisheitsschule nähert sich der endgültigen Realität auf der via negativa, die in Indien von dem großen Yajñavalkya in den Upanishaden (etwa 600 v. Chr.) beschrieben worden ist und die Dionysius Areopagita später im Westen bekanntgemacht hat. Wir dürfen aber nie vergessen, daß das Nirwana letztlich undenkbar und unverständlich ist. Die Vorstellung von ihm, die während bestimmter Phasen unserer geistigen Entwicklung für unser Denken nützlich sein und bei der Übung der Kontemplation eine Rolle spielen kann, ist nur therapeutisch von Wert, im Grunde aber falsch.

Praktisch bedeutete diese Überzeugung von der Transzendenz des Unbedingten, daß es als die völlige Verneinung der gesamten uns bekannten Welt angesehen wurde. Für Einzelheiten muß ich den Leser auf die Textbücher der buddhistischen Meditation verweisen, aber ein allgemeiner Umriß dieser Anschauung ist für unsere Darstellung unentbehrlich: Angenommen, wir seien mit der Welt der Erscheinungen unzufrieden, so werden wir uns fragen, was es denn sei, das diesen unbefriedigenden Zustand hervorrufe. Es heißt, daß man alle die störenden Erscheinungen unserer Welt unter drei Merkmalen zusammenfassen könne. Nämlich: Unbeständigkeit, Leiden und Nicht-Selbst. Alles auf dieser Welt ist *unbeständig*, ewig wechselnd, zur Zerstörung bestimmt, völlig unzuverlässig und abbröckelnd, so sehr wir auch versuchen mögen, es festzuhalten. Für das *Leiden* muß ich auf die Auseinandersetzung über die erste Wahrheit in Kapitel I verweisen. Es ist ein grundlegender Satz des Buddhismus, daß es nichts gibt, das nicht entweder von uns geradezu als Übel empfunden wird oder doch in irgendeiner Weise mit einem Übel verbunden ist — sei es nun in der Vergangenheit oder Zukunft, unserer eigenen oder der eines anderen. Endlich ist alles *Nicht-Selbst*, denn wir besitzen niemals etwas in völliger Sicherheit, beherrschen niemals etwas vollständig, noch ist der, der es wirklich besitzt, jemals in unserer Macht oder der, der es beherrscht, unter unserer Herrschaft. Es wird nicht behauptet, daß diese Analyse weltlicher Erfahrung selbstverständlich sei. Im Gegenteil wiederholen die Buddhisten immer und immer wieder, daß man sie sich nur nach langer, anstrengender Übung in methodischer Kontemplation zu eigen machen könne. Von Natur aus neigen wir dazu, uns mit der relativen Beständigkeit unserer Umwelt zu begnügen, mit dem Glück, das es in der Welt gibt, und mit der wenn auch beschränkten Macht, die wir über uns selbst und die Umstände, in denen wir leben, ausüben. Nur Menschen, die gegen Schmerz und Leid im höchsten Grade empfindlich sind und die eine sehr erhebliche Fähigkeit zum Verzicht besitzen, sind ihrer natürlichen Veranlagung nach fähig, der buddhistischen Analyse zuzustimmen. Wer allerdings der buddhistischen Anschauung volle Gerechtigkeit widerfahren lassen und die Welt mit den gleichen Augen betrachten will wie sie, muß bereit sein, sich der vorgeschriebenen Meditation zu unterziehen, mit deren Hilfe allein die Überzeugung von der völligen Wertlosigkeit der Welt geweckt und gefestigt werden kann. In unserer Darstellung müssen wir den Wert und den Erfolg dieser Meditation als gegeben annehmen.

So haben wir also auf der einen Seite die endgültige Wirklichkeit, die auf einer bestimmten Stufe des Pfades als nie endender, ungestörter, keinem fremden Herrscher unterworfener, segensreicher Friede erscheint. Auf der anderen Seite haben wir bedingte Vorgänge, die alle unbeständig und mit Leiden verbunden sind und nicht in unserer Macht liegen. Führen wir uns den Vergleich zwischen diesen beiden immer wieder vor Augen, so werden wir schließlich alles, was diese drei Eigenschaften besitzt, als abstoßend empfinden. Nichts, das mit ihnen behaftet ist, kann unserem Selbst die Sicherheit verleihen, nach der es verlangt, oder unsere Angst vertreiben. Dieser Abscheu vor allem Bedingten sollte uns die Augen weiter und weiter öffnen und uns so zur Erkenntnis der wahren Natur des Unbedingten befähigen. Das Selbst verschwindet, das Absolute bleibt. Schließlich stellt sich heraus, daß alle unsere Vorstellungen von dem Absoluten, die die Grundlage der Meditation bilden, gleichsam nur ein vorläufiges Gerüst bilden, das wir nicht mehr benötigen, sobald das Haus selbst vollendet ist.

Verfall

Die Buddhisten, die die Unbeständigkeit unserer Welt so nachdrücklich betonen, konnten nicht erwarten, daß ihre eigenen Institutionen von dieser Regel ausgenommen bleiben würden. Wie alles andere, zerfällt auch das Gesetz — wenigstens soweit es in dieser Welt Fuß gefaßt hat. Nur für kurze Zeit bewahrt es seine volle Kraft und Reinheit; dann folgt eine lange Periode des Verfalls und schließlich völliger Untergang, bis es wieder von neuem offenbart wird. Die Ansichten über die Dauer der Herrschaft des Gesetzes sind verschieden. Im Anfang sprach man von 500 Jahren. Später wurde der Zeitraum auf 1000, 1500 oder 2500 Jahre ausgedehnt. Die zwischen 200 v. Chr. und 400 n. Chr. abgefaßten Schriften enthalten in der Form von Prophezeiungen viele Beschreibungen der einzelnen Stufen dieses Verfalls des *Guten Gesetzes*. Nach einem in Pali erhaltenen Bericht sind die Mönche nur während der ersten Periode imstande, den Pfad zu erreichen und Arhats zu werden. Danach ist ihnen die volle Frucht des heiligen Lebens nicht mehr zugänglich. In der zweiten Periode ist noch die Reinheit der Lebensführung möglich, in der dritten können sie noch eine gelehrte Kenntnis der Schriften erzielen, aber in der vierten bleiben ihnen nur die äußeren Symbole, wie z. B. die Tracht der Priester; in der fünften sind nur die Reliquien übrig: die Religion verschwindet von der Erde. Ein anderes Buch sagt voraus, daß Mönche und andere Gläubige in den ersten 500 Jahren nach dem Nirwana noch die Vereinigung mit dem Dharma erreichen können. In den zweiten 500 Jahren werden sie erfolgreich sein in der Meditation, in den dritten 500 Jahren in der Gelehrsamkeit; in den vierten 500 Jahren werden sie viele Klöster gründen und in den letzten 500 Jahren hauptsächlich kämpfen und kritisieren. Dann wird das Reine Gesetz unsichtbar. In China kam man im Laufe der Zeit dazu, drei Perioden zu unterscheiden. Erst 500 Jahre, in denen das Gesetz streng befolgt wird und gute Früchte trägt. Dann 1000 Jahre, während derer das Gesetz verfälscht wird, und danach eine letzte Periode von 1000 oder 3000 Jahren, in der das Gesetz allmählich verfällt. All diese verschiedenen Berichte haben die offenbar sehr starke Überzeugung gemeinsam, daß nach 500 Jahren eine Krise und als Folge davon eine entschiedene Verschlechterung zu erwarten sei.

Die ganze Geschichte des späteren Buddhismus ist von dieser Erwartung des Verfalls überschattet. Zeuge dafür ist die Literatur. Um 400 n. Chr., als der Buddhismus, von außen betrachtet, in Indien noch in voller Blüte stand, beschloß Vasubandhu sein berühmtes Buch »Der Schatz des Abhidharma« mit der melancholischen Betrachtung: »Die Religion des Weisen liegt in den letzten Zügen; dies ist ein Zeitalter, in dem die Laster herrschen; alle, die erlöst werden wollen, müssen auf der Hut sein.« Jahrhunderte später, um 1200 n. Chr., rechtfertigt Ho-nen in Japan seine Abkehr von den alten buddhistischen Methoden durch die Feststellung, seine Zeit läge zu weit von der des Buddha entfernt, und die Gläubigen seien so degeneriert, daß niemand mehr die Tiefe der Weisheit des Buddhismus völlig zu verstehen vermöge; sie seien nur noch der einfachen Handlung des Glaubens an den Buddha fähig. Im 19. Jahrhundert erhält Sir Edwin Arnold von Sir Weligama in Ceylon die Versicherung, die Menschen seien von den Höhen der *Alten Weisheit* herabgestiegen, und niemand könne heutzutage so weit auf dem Pfade fortschreiten wie die Weisen der Vergangenheit.

Die ungünstigen historischen Bedingungen sind nur zum Teil für dieses Gefühl der Niedergeschlagenheit, das zu Beginn unserer Zeitrechnung den Orden überkam, verantwortlich zu machen. Das eigentliche Problem lag tiefer. Etwa 300 Jahre nach dem Nirwana des Buddha begannen die Methoden, für die die Alte Weisheitsschule sich eingesetzt hatte, an Wirkungskraft zu verlieren. In der Frühzeit hören wir von vielen, die, oft mit großer Leichtigkeit, die Arhatschaft erreichten. Später werden es immer weniger. Schließlich verbreitete sich, wie die oben erwähnten Prophezeiungen zeigen, die Überzeugung, daß die Zeit der Arhats vorüber sei. Die Gelehrten verdrängten die Heiligen, und Kenntnisse traten an die Stelle der Erleuchtung. Eine der heiligen Schriften der Sarvastivadins berichtet die furchtbare, tieftraurige Geschichte, daß der letzte Arhat von der Hand eines der Gelehrten gefallen sei: eine gute Illustration für die Stimmung der Zeit!

Die Gemeinschaft reagierte auf diesen Zusammenbruch in verschiedener Weise. Ein Teil wandte sich von der Ausdeutung der ursprünglichen Lehre, die Sariputra gegeben hatte, ab und schuf sich ein neues Evangelium (Kapitel V–IX). Ein anderer Teil blieb der alten Anschauung treu, nahm aber einige unbedeutende Veränderungen vor. Die Anhänger dieser konservativen Partei deuteten ihren eigenen Verlust an Kraft als ein Zeichen des Glaubensverfalls unter ihren Anhängern und gingen deshalb von der mündlichen zur schriftlichen Tradition über. In Ceylon wurden die Palischriften im ersten Jahrhundert v. Chr. zuerst schriftlich niedergelegt. Eine weitere Veränderung war die Herabsetzung des erstrebten Zieles. In den ersten Jahrhunderten des Ordens hatten viele Mönche versucht, das Nirwana zu erreichen. Nur die Laienanhänger und die weniger ehrgeizigen Mönche gaben sich mit der Hoffnung auf eine bessere Wiedergeburt zufrieden. Aber von etwa 200 v. Chr. an kamen fast alle zu der Überzeugung, daß die Erleuchtung während der Dauer ihres Lebens unerreichbar geworden sei. Es ist nicht überraschend, daß zu derselben Zeit eine Überlieferung über den kommenden Buddha, Maitreya, auftauchte. Maitreya (von maitri) personifiziert die Freundlichkeit. Seine Legende war bis zu einem gewissen Grade von persischer Eschatologie beeinflußt, entsprach aber dem Bedürfnis der neuen Lage. Die Theravadins nahmen sie ohne große Begeisterung auf, und Metteya hat bei ihnen nie eine große Rolle gespielt. Für die Sarvastivadins aber und die Anhänger des Großen Gefährtes wurde sie von immer größerer Bedeutung. Nach der buddhistischen Kosmologie durchläuft die Erde periodische Zyklen. In einigen dieser Zyklen verbessert, in anderen verschlechtert sie sich. Das Durchschnittsalter der Menschen ist ein Anzeichen für den Wert der Periode, in der sie leben. Es wechselt zwischen zehn und vielen hunderttausend Jahren. Zur Zeit des Shakyamuni betrug das Durchschnittsalter hundert Jahre. Nach seiner Zeit begann der Verfall, und die Lebensdauer der Menschen verkürzte sich. Wenn das Durchschnittsalter der Menschen sich bis auf zehn Jahre verringert hat, ist der Höhepunkt von Sünde und Elend erreicht, während der Dharma des Shakyamuni völlig der Vergessenheit anheimfällt. Danach aber beginnt ein neuer Aufschwung. Wenn die Lebenszeit des Menschen sich auf 80 000 Jahre erhöht hat, wird der Maitreya, der sich zur Zeit im Himmel der *Zufriedenen Götter* (Tushita) aufhält, auf der Erde erscheinen, die dann üppig und voller Früchte sein wird und größer als jetzt. Ihre Oberfläche wird von fruchtbarem, goldenem Sand bedeckt sein.

Überall wird man klare Seen und Berge von Juwelen finden, Bäume und Blumen werden blühen. Alle Menschen werden guten Willens und reinen Herzens sein, glücklich und von Freude erfüllt. Die Bevölkerung wird sich vervielfacht haben, und die Felder werden die siebenfache Ernte tragen. Alle Menschen, die sich jetzt Verdienst erwerben, Bilder des Buddha verfertigen, Stupas bauen, Gaben stiften, werden zur Zeit des Maitreya wiedergeboren werden und durch den Einfluß seiner Lehre Nirwana erreichen. Diese Lehre wird genau mit der des Buddha Shakyamuni übereinstimmen. So wurde das Ziel der Erlösung nicht nur für die Laien, sondern auch für die Mönche zu einer Hoffnung, die sich nur in der fernen Zukunft erfüllen konnte.

In der ersten Zeit des Verfalls waren in der Alten Weisheitsschule noch Anzeichen eines energischen geistigen Lebens sichtbar. Zwischen 100 v. Chr. und 400 n. Chr. kodifizierten die Mönche die Lehre und verfaßten viele Kommentare und Abhandlungen über den Abhidharma. Während der letzten 1500 Jahre ist die Alte Weisheitsschule langsam abgestorben wie ein wundervoller alter Baum, der einen Zweig nach dem anderen verliert, bis nur noch der Stamm übrigbleibt. Zwischen 1000 und 1200 verschwand der Buddhismus aus Indien vollständig. Der Grund dafür lag zum Teil in seiner eigenen Schwäche, zum Teil in dem Wiederaufleben des Hinduismus und in der Verfolgung durch die Mohammedaner. Die Sarvastivadins besaßen Vorposten in Zentralasien und Sumatra, aber auch diese gingen verloren, zuerst um 800, als in Sumatra das tantrische Vajrayana an die Stelle des Hinayana trat, und dann um 900, als der Islam Zentralasien eroberte. Die Theravadins dagegen haben sich ohne Unterbrechung in Ceylon, Burma und Siam gehalten. Nach Ceylon kam der Buddhismus um 250 v. Chr. durch Asoka, und im Mittelalter hatte das Mahayana dort viele Anhänger. Heute hat die Schule der Theravadins alle anderen verdrängt. Nach Burma drang der Buddhismus im 5. Jahrhundert in der Form des Mahayana vor, aber seit 1050 beherrschen die Theravadins das geistige und soziale Leben des Landes. Ähnlich haben auch in Siam Hinayana und Mahayana zunächst nebeneinander bestanden, aber nach 1150 gewannen die Theravadins mehr und mehr das Übergewicht, und Pali wurde die heilige Sprache.

V. DAS MAHAYANA
UND DIE NEUE WEISHEITSSCHULE

Die Mahasanghikas

Die Verschiedenheiten, die sich in der Frühgeschichte des Ordens entwickelten, hatten hauptsächlich geographische Gründe. Der Dharma war in Magadha entstanden und verbreitete sich von dort nach dem Westen und dem Süden. Etwa 100 bis 200 Jahre nach dem Nirwana scheint sich zwischen Osten und Westen eine gewisse Trennung und sogar Gegnerschaft entwickelt zu haben. Etwa zur Zeit Asokas führten die Meinungsverschiedenheiten im Orden zur ersten Spaltung. Die Sthaviravadins trennten sich von den Mahasanghikas, oder umgekehrt. Die Sthaviravadins waren die Konservativen, die der *Lehre der Alten* nachfolgten, während die demokratischeren Mahasanghikas, die Männer der *Großen Versammlung,* für die *Große Versammlung* eintraten, die im Gegensatz zu der exklusiven und aristokratischen *Versammlung der Arhats* auch Mönche geringeren Grades und Laien, Besitzende, einschloß.

Es ist nicht leicht, die wirklichen Gründe für die Spaltung festzustellen, da die schriftliche Überlieferung einer der beiden Parteien, der Mahasanghikas, fast ganz verlorengegangen ist. Alle Berichte, die wir besitzen, sind durch den Stolz und die gegenseitige Verachtung der Sekten stark gefärbt. Das einzige, was wir mit Sicherheit feststellen können, ist, daß die Spaltung etwa zur Zeit des Asoka eingetreten ist und mit den *Fünf Punkten* eines Mönches namens Mahadeva zusammenhing. Dieser Mahadeva erregte die Entrüstung seiner Gegner in solchem Maße, daß sie ihn als den Sohn eines Kaufmanns beschrieben, der widernatürliche Beziehungen zu seiner Mutter gehabt habe, seinen Vater vergiftete und dann die Mutter und mehrere Arhats umbrachte. Nach all diesen Taten fühlte er Gewissensbisse, zog sich vom Familienleben zurück, machte sich — ganz unberechtigterweise — selbst zum Mönch und versuchte dann, dem Orden seine Fünf Punkte anzuhängen. Zwei dieser Punkte richten sich gegen die Arhats und halten sie moralischer und intellektueller Schwächen für fähig. Eine dieser Schwächen ist angeblich, daß Arhats in der Nacht noch Samenerguß haben könnten. Das sollte wohl darauf hinweisen, daß ihre Leidenschaften noch nicht völlig erloschen seien, da sie noch der Versuchung unterlagen und von Mara belästigt werden könnten. Abgesehen von diesen Resten der Leidenschaft, hätten sie auch einen Rest von Unwissenheit beibehalten. Sie seien nicht völlig allwissend; es sei offenbar etwas übriggeblieben, das ihr Denken behinderte. Dieser zweite Punkt wurde für die Entwicklung des Ideals der Allwissenheit in dem Mahayana von großer Bedeutung (s. S. 129 ff.). Die fünf Punkte Mahadevas waren aber nur die äußere Veranlassung für die Abspaltung der Mahasanghikas. Was ihre Gegner auch über sie sagen mögen, wir haben keinerlei Grund, anzunehmen, daß ihre Lehren weniger weit zurückreichten als die, die wir oben beschrieben haben (Kapitel IV). Wenn wir uns hier auf eine kurze Erwähnung beschränken, so liegt das nur daran, daß wir so wenig über sie wissen.

Infolge ihrer liberaleren Haltung und einiger Besonderheiten ihrer Theorie wurde die Bewegung der Masanghikas zum Ausgangspunkt für die Entwicklung des Mahayana. Die Mahasanghikas waren in jeder Beziehung liberaler als ihre Gegner. Sie waren weniger streng in der Auslegung der disziplinarischen Vorschriften, weniger exklusiv in bezug auf Besitzende, dachten freundlicher über die geistigen Fähigkeiten der Frauen und der unbegabteren Mönche und waren eher bereit, spätere Zusätze zu den heiligen Schriften als authentisch zu betrachten. Einige der wesentlichen Züge des Bodhisattva-Ideals des Mahayana wurden von ihnen zuerst ausgearbeitet, und manche ihrer Lehren trugen entscheidend dazu bei, die buddhistische Tradition von der historischen Erscheinung Buddhas zu lösen. Das ist geschichtlich von größter Bedeutung, da durch diesen Schritt der Grundsatz, nur das anzuerkennen, was der Buddha selbst geäußert habe, den Charakter eines unumgänglichen Gebotes verlor. »In einem einzigen Laut hat der Buddha alle seine Lehren dargelegt.« »Er versteht alles in einem einzigen Augenblick.« »Der materielle Körper des Tathagata ist unbegrenzt; unbegrenzt ist seine Macht und die Länge seines Lebens.« »Der Buddha wird niemals müde, die Lebewesen zu erleuchten und den reinen Glauben in ihnen zu erwecken.« »Der Buddha schläft weder, noch träumt er.« »Der Buddha ist immer im Trancezustand.« Solche Aussprüche passen in keiner Weise zu dem Mann Gautama, der vor langen Jahren in Magadha gelebt hat. Dadurch, daß sie lediglich das Übernatürliche oder Überweltliche des Buddha betonten, in dem er sich von allen anderen Menschen unterschied, lenkten sie die Gläubigen von den zufälligen, historischen Umständen seines Auftretens ab. Einige Mahasanghikas gingen sogar soweit, zu behaupten, der Shakyamuni sei nur eine *magische Schöpfung* gewesen und habe als solche im Namen des überweltlichen Buddha den Dharma gepredigt. Hätte Buddha nur um 500 v. Chr. gelebt, so hätte er auch nur zu dieser Zeit predigen können und seine Lehre wäre zur Zeit seines Todes vollständig gewesen. Existiert aber der wahre Buddha zu allen Zeiten, so gibt es keinen Grund, warum er nicht auch zu allen Zeiten Werkzeuge finden sollte, die die Lehre für ihn verkünden. Auf diese Weise war eine freie, unbehinderte Entfaltung der Lehre gesichert, und neue Ideen konnten als Enthüllungen des wahren Prinzips der Buddhaschaft angesehen werden, selbst wenn sie in dem bestehenden Corpus der Schriften nicht nachzuweisen waren.

Hinayana und Mahayana

Aus der Bewegung der Mahasanghikas entwickelte sich ein neues Evangelium. Seine Anhänger nannten es zuerst die Bodhisattva-Laufbahn (Bodhisattva-Yana) und später das Mahayana, die Große Laufbahn oder das Große Fahrzeug. Im Gegensatz dazu nannte man die Anhänger der Alten Weisheitsschule gelegentlich das Hinayana oder das kleinere, geringere, das Niedrige Fahrzeug. Das Mahayana erschien aus vielen Gründen *groß* — hauptsächlich wegen der allumfassenden Natur des Mitleids und der Leere, zu der es sich bekannte, und wegen der Größe des Zieles, das es erstrebte; dieses Ziel war nichts anderes als die Buddhaschaft selbst.

In seiner ursprünglichen Bedeutung ist das Hinayana ein Schimpfwort, und die Mahayanisten verwendeten es nur selten. Im allgemeinen nennen sie ihre Gegner die *Schüler und Pratyekabuddhas.* Heute wird die ursprüngliche absprechende Bedeutung des Wortes kaum noch empfunden, und der Ausdruck Hinayana kann zur Beschreibung verwendet werden, genau wie in der Kunstgeschichte Barock oder Rokoko nur noch einen bestimmten Stil bezeichnen, während beide Ausdrücke ursprünglich die Ablehnung dieser Stilarten ausdrücken sollten.

Wir haben keinerlei klare Vorstellung über das zahlenmäßige Verhältnis zwischen Hinayanisten und Mahayanisten in Indien. Wahrscheinlich wurden die Mahayanisten den Hinayanisten erst etwa 800 n. Chr. zahlenmäßig überlegen, zu einer Zeit, als der Buddhismus in Indien schon im Verfall begriffen war. Als der buddhistische Glauben sich nach China, Japan und Tibet ausbreitete, verdrängte das Große Fahrzeug das Hinayana und vernichtete es schließlich fast völlig; heute besteht das Hinayana nur noch in Ceylon, Burma, Kambodja und Siam.

Mahayanisten und Hinayanisten lebten zusammen in denselben Klöstern und befolgten lange Zeit hindurch dieselben Vinaya-Regeln. I-tsing zum Beispiel berichtet um 700 n. Chr.: »Die Anhänger des Mahayana und des Hinayana halten sich an denselben Vinaya, erkennen dieselben fünf Kategorien von Fehlern an, folgen denselben vier Wahrheiten. Diejenigen, die die Bodhisattvas anbeten und die Mahayana-Sutras lesen, erhalten den Namen Mahayanisten; alle anderen sind Hinayanisten.«

Wie sahen die Mahayanisten und die Hinayanisten selbst ihr gegenseitiges Verhältnis an? In der Literatur des Hinayana werden die mahayanistischen Neuerer völlig ignoriert. Bei Auseinandersetzungen werden mahayanistische Autoren und Lehren kaum erwähnt. Trotzdem aber übernahm das Hinayana stillschweigend eine Anzahl der Mahayana-Lehren.

Das Mahayana seinerseits scheint sich über sein Verhältnis zu dem Hinayana niemals völlig klargeworden zu sein. In den ersten Jahrhunderten, bis etwa 400 n. Chr., hören wir viel von den Schülern und Pratyekabuddhas. Später, als das Mahayana immer unabhängiger wurde und seine eigene Lehre, Terminologie und Mythologie entwickelte, werden sie immer seltener erwähnt. Die Ansichten der Mahayanisten über den relativen Wert der zwei *Fahrzeuge* wurden durch zwei einander gefühlsmäßig widersprechende Gedankengänge bestimmt: Ihr Vorurteil gegen die andere Sekte, ihr Bedürfnis, die eigene Überzeugung vor sich selbst zu rechtfertigen, und ihr Verlangen, den anderen überlegen zu sein, kämpfte mit dem Wunsch nach Toleranz, liebevoller Freundlichkeit und Bescheidenheit. Dieses Dilemma führte zu allen möglichen, einander ausschließenden Feststellungen, deren Gegensätzlichkeit nie wirklich gelöst worden ist.

Manchmal wird festgestellt, das *Buddhafahrzeug* schließe das *Fahrzeug der Schüler* aus, während es ein andermal mit ihm identisch sein soll. Gelegentlich werden die Hinayanisten mit der größten Verachtung behandelt, mit dem Höllenfeuer bedroht und als *Spreu* oder als etwas noch Minderwertigeres bezeichnet. Zu anderen Zeiten wird eine tolerantere Haltung eingenommen. »Wer denen, die auf dem Weg der Schüler oder Pratyekabuddhas wandeln, Verachtung bezeugt und sagt, 'wir sind besser als sie', der wird dem Tathagata untreu.«

Die Sarvastivadins hatten drei verschiedene *Familien* (Gotra) oder *Wege zum Heil* anerkannt: Die Schüler, die das Nirwana durch die Arhatschaft erreichen; die Pratyekabuddhas, die 'erleuchtet sind für sich selbst (d. h. die völlige Erleuchtung erreicht haben, aber sterben, ohne der Welt die Wahrheit zu verkünden)'; und schließlich die *Höchsten Buddhas*, die die völlige Erleuchtung gewinnen und anderen den Dharma lehren. Jedes Individuum gehört, je nach Vergangenheit, Charakter und Temperament, zu einer dieser Gruppen und muß den Weg gehen, der seiner Natur entspricht. Einige Mahayanisten waren damit zufrieden. Andere dagegen bestanden darauf, es gebe nur einen Weg zu völliger Erlösung, nämlich das *Buddha- oder Große Fahrzeug*, während die anderen Fahrzeuge einen nicht sehr weit bringen könnten. Der *Lotus* sagt zum Beispiel: »Alle Schüler glauben, sie hätten Nirwana erreicht. Aber der Jina belehrt sie und sagt: 'Dies ist nur eine kurze Rast, keine endgültige Ruhe.' Das ist ein Hilfsmittel des Buddha bei dem Unterricht in seiner Methode. Es gibt kein wirkliches Nirwana ohne Allwissenheit. Strebe danach, diese zu erreichen!« Den Arhats wird gesagt, daß sie, entgegen ihrer eigenen Überzeugung, »ihre Aufgabe nicht erfüllt« und daß sie »nicht beendet hätten, was sie zu tun hatten«. Sie müßten sich weiter bemühen, bis sie die Buddhakenntnis erreicht hätten.

Die Unsicherheit der Mahayanisten bei ihrem Versuch, den relativen Wert der beiden Fahrzeuge festzustellen, deutet darauf hin, daß innerhalb der Lehre des Buddha das Gefühl einer sektenmäßigen Überlegenheit nicht folgerichtig aufrecht erhalten werden kann.

Literarische Entwicklung

In der Zeit von 100 v. Chr. und 200 n. Chr. brachte das Mahayana einen großen Reichtum von Sutras hervor. Wer den Geist dieser Zeit verstehen will, findet ihn am besten in dem *Lotus des Guten Gesetzes* und in der *Erläuterung des Vimalakirti* vertreten. Das Wesentliche der Neuen Lehre findet sich in den umfangreichen Sutras über die *Vollendung der Weisheit*. Das Sanskrit-Wort dafür ist pra-jñā-pāram-itā, wörtlich *Weisheit-nach-jenseits-gegangen* oder, wie wir sagen würden, *transzendentale Weisheit*. Die Buddhisten haben immer unsere Welt des Leidens, die Welt von Geburt und Tod mit einem schnell dahinschießenden Strom verglichen. Auf dem diesseitigen Ufer irren wir umher, von allen Arten von Unlust und Unglück gequält. Auf dem anderen Ufer liegt das *Jenseits*, das Paradies, Nirwana, wo, zugleich mit der Individualität, alle Leiden zu ihrem Ende kommen. Diese Schriften über Prajñaparamita entziehen sich in vielem dem Verständnis und sind nicht leicht zu lesen. Während der Buddhismus ursprünglich aus Nordindien, aus der Gegend zwischen Nepal und dem Ganges kam, entstand die Prajñaparamita in Südostindien, im Dekkan, zwischen den Flüssen Godavari und Kistna, in der Nähe von Amaravati und Nagarjunikonda.

Die Lehre der Mahayana-Sutras und im besonderen die der Prajñaparamita wurde von den Madhyamikas systematisch und philosophisch entwickelt. Madhyama bedeutet *mittel,* und die Madhyamikas sind diejenigen, die den *Mittelweg* zwischen Behauptung und Verneinung suchen. Die Schule wurde wahrscheinlich um 150 n. Chr. von Nagarjuna und Aryadeva gegründet. Nagarjuna war einer der feinsinnigsten Dialektiker aller Zeiten. Er entstammte einer Brahmanenfamilie aus Berar in Südindien und lehrte in Nagarjunikonda bei Amaravati und in Nordindien. Die Bedeutung seines Namens erklärte man durch die Legende, daß er unter einem Arjuna-Baum geboren sei und *Nagas,* das heißt Schlangenkönige oder Drachen, ihn in dem unter dem Meere gelegenen Drachenpalaste in der Geheimwissenschaft unterrichtet hätten. Seine Theorie heißt Sūnya-vāda oder die Lehre von der Leere. Er fügte der Darstellung in den Sutras über Vollendete Weisheit, die er aus der Unterwelt der Nagas gerettet haben soll, eine logische Erklärung hinzu. Die Legende erzählt, daß Shakyamuni, während er den Menschen die Lehre der *Schüler* vortrug, gleichzeitig im Himmel eine tiefere Lehre verkündet habe, die zunächst von den Drachen aufbewahrt und dann durch Nagarjuna auf die Erde gebracht worden sei.

Die Madhyamika-Schule blühte in Indien über 800 Jahre lang. Um 450 n. Chr. brach sie in zwei Abteilungen auseinander, deren eine, die Prasangikas, die Lehre Nagarjunas als einen allgemeinen Skeptizismus interpretierte und behauptete, ihre Beweisführung habe ausschließlich den Zweck, die Meinungen anderer zu widerlegen; die andere, die Svatantrikas, bestand darauf, ihre Beweisführung könne bestimmte positive Wahrheiten aufstellen. Zugleich mit dem Buddhismus verschwanden nach 1000 n. Chr. auch die Madhyamikas aus Indien. Ihre führenden Ideen sind noch heute in dem Vedantasystem des Hinduismus lebendig, dem sie durch seine Gründer Gaudapada und Shankara einverleibt worden sind.

Übersetzungen der Prajñaparamita-Sutren haben von 180 n. Chr. an in China einen großen Einfluß ausgeübt. Die Madhyamikas blieben einige Jahrhunderte lang, von 400 oder 600 bis 900, als besondere Schule unter dem Namen San loen t'sung bestehen. Im Jahre 625 kam die Schule unter dem Namen Sanron nach Japan, ist aber dort seit langem erloschen. Die Lehre selbst hat sich den chinesischen und japanischen Anschauungen angepaßt und lebt noch heute unter dem Namen Ch'an oder Zen weiter.

Das Idealbild des Mahayana vom Menschen, ein Bodhisattva

Zwei Worte, die fast auf jeder Seite der Mahayana-Schriften wiederkehren, sind die Ausdrücke *Bodhisattva* und *Leere*. Was ist ein Bodhisattva? Ein Buddha ist ein Erleuchteter. Ein Bodhisattva ist wörtlich ein *Erleuchtungswesen*. Er ist ein angehender Buddha, einer, der ein Buddha, d. h. ein Erleuchteter, werden will. Soviel über die wörtliche Bedeutung.

Es wäre ein Irrtum, anzunehmen, der Begriff *Bodhisattva* sei von dem Mahayana geschaffen worden. Alle Buddhisten glauben, daß jeder Buddha lange vor seiner Erleuchtung ein Bodhisattva gewesen sei. Besonders die Sarvastivadins haben viel über den Weg eines Bodhisattva nachgedacht. Der Abhidharmakosa gibt eine gute Beschreibung von dem Geisteszustand eines Bodhisattva: »Warum benötigen die Bodhisattvas, wenn sie einmal gelobt haben, nach der höchsten Erleuchtung zu streben, noch so lange Zeit, um sie zu erreichen? Weil die höchste Erleuchtung sehr schwer zu erreichen ist: man braucht dazu eine riesige Ansammlung von Kenntnissen und Verdiensten und zahllose heroische Taten im Laufe von drei unermeßlichen kalpas.

Man könnte verstehen, daß die Bodhisattvas nach dieser so schwer zu erreichenden Erleuchtung streben, wenn diese Erleuchtung das einzige Mittel wäre, die Erlösung zu erlangen. Aber das ist nicht der Fall. Warum unterziehen sie sich dann dieser unendlichen Mühe?

Zum Vorteil anderer, denn sie wollen die Fähigkeit erwerben, andere aus dem großen Strom des Leidens zu retten. Aber welchen persönlichen Vorteil sehen sie denn in dem Vorteil anderer? Der Vorteil anderer ist ihr eigener Vorteil, denn sie ersehnen ihn.

Wer kann das glauben?

Es ist wahr, daß mitleidlose Menschen, die nur an sich selbst denken, schwer an die Selbstlosigkeit des Bodhisattva zu glauben vermögen. Aber mit-fühlende Menschen können wohl daran glauben. Sehen wir nicht, daß manche Menschen in ihrer Mitleidlosigkeit so verhärtet sind, daß sie an dem Leiden anderer Vergnügen finden, selbst wenn es ihnen keinen Nutzen bringt?

Ebenso muß man auch zugeben, daß die Bodhisattvas, zum Mit-Leiden entschlossen, Vergnügen daran finden können, anderen Gutes zu tun, ohne dabei an sich selbst zu denken. Sehen wir nicht, daß manche Menschen in Unkenntnis der wahren Natur der bedingten Skandhas, aus denen ihr sogenanntes *Selbst* besteht, sich durch die Macht der Gewohnheit mit diesen Skandhas verbinden — so sehr die Skandhas auch jeder Persönlichkeit entbehren mögen — und um dieser Verbindung willen tausend Leiden erdulden? Ebenso muß man auch zugeben, daß die Bodhisattvas durch die Macht der Gewohnheit sich von den Skandhas, aus denen ihr sogenanntes *Selbst* besteht, lösen, die Skandhas nicht mehr als *Ich* oder *Mein* betrachten und so in wachsendem Mit-Leiden Sorge für andere empfinden, bereit, um dieser Fürsorge willen tausend Leiden zu erdulden.«

Dies ist die Idee des Mahayana, die schon in den Hinayana-Schulen vollkommen ausgebildet worden war. Das Neue im Mahayana bestand darin, daß es diese Idee zu einem Ideal ausbildete, das für alle Gültigkeit hatte. Es verglich die Arhats ungünstig mit den Bodhisattvas und verlangte, alle sollten den Bodhisattvas nacheifern und nicht den Arhats.

In bezug auf die Arhats blieben die Mahayanisten dabei, sie hätten nicht alle Bindungen an das *Ich* und *Mein* gelöst. Der Arhat erstrebte und erreichte Nirwana für sich selbst, aber die anderen blieben davon ausgeschlossen. In diesem Sinne konnte man von dem Arhat wohl sagen, er mache einen Unterschied zwischen sich und den anderen, und das bedeute notwendigerweise, daß er sich auch als verschieden von den anderen ansehe — und damit seine Unfähigkeit beweise, die volle Wahrheit des *Nicht-Selbst* einzusehen. An zwei Stellen der Prajñaparamita wird diese Kritik sehr energisch ausgesprochen: Zuerst wird die Laufbahn eines Bodhisattva der Hinayana-Laufbahn eines Schülers gegenübergestellt, der die Arhatschaft erstrebt, und der Laufbahn eines Pratyekabuddha, der zwar eine vollkommenere Erleuchtung gewinnt, aber, einsam wie ein Rhinozeros, anderen die Lehre nicht verkündet.

„Wie bilden diejenigen, die zu dem Fahrzeug der Schüler und Pratyekabuddhas gehören, sich selbst aus? Sie denken: 'Ein einzelnes Selbst wollen wir zähmen, ein einzelnes Selbst wollen wir befrieden, ein einzelnes Selbst wollen wir ins Nirwana führen.' Dann unternehmen sie Übungen, deren Ergebnisse ihnen helfen, bei der Aufgabe sich selbst zu zähmen, sich selbst zu befrieden, sich selbst dem Nirwana anzugleichen. Aber so sollte der Bodhisattva sich selbst bestimmt nicht erziehen. Er sollte

Übungen unternehmen, deren Ergebnisse ihm zu den folgenden Vorstellungen verhelfen: 'Mein Selbst will ich in die Soheit (= Nirwana) versetzen, und um der ganzen Welt zu helfen, will ich auch alle Wesen in die Soheit versetzen, und die ganze unermeßliche Welt der Lebewesen will ich zum Nirwana führen.'«

Auf tibetanisch wird Bodhisattva übersetzt als *heroisches Wesen*. Auch die Christen sprechen nur dann Menschen heilig, wenn sie Tugenden in gradu heroico bewiesen haben. Die heroischen Eigenschaften des Bodhisattva werden an einer anderen Stelle der Prajñaparamita durch eine Parabel klargemacht:

Angenommen, ein Held, der große Dinge vollbracht hat, sei mit Mutter und Vater, Söhnen und Töchtern zusammen ausgegangen. Zufällig seien sie in einen großen, wilden Wald geraten. Die Törichten unter ihnen würden große Angst bekommen. Der Held aber würde furchtlos zu ihnen sagen: »Ängstigt euch nicht. Ich werde euch schnell aus diesem großen, furchtbaren Urwald herausführen und in Sicherheit bringen.« Da er furchtlos und kräftig ist, zartfühlend und voller Mitempfinden, mutig und geschickt, so würde es ihm niemals in den Sinn kommen, sich selbst allein aus dem Urwald in Sicherheit zu bringen, seine Verwandten aber zurückzulassen. Dem Arhat wird entgegengehalten, daß wir die ganze Schöpfung mit uns in die Erleuchtung mitnehmen müssen, daß wir sie nicht einfach ihrem Schicksal überlassen können, da alle anderen Wesen uns ebenso nahe stehen wie unsere Verwandten.

Ein Mann sollte keinerlei Unterschied machen zwischen sich selbst und anderen; er sollte warten, bis er allen anderen zum Nirwana verholfen hat, bevor er sich selbst darin verliert. So behaupteten die Mahayanisten also, der Arhat habe sein Ziel nicht hoch genug gesteckt. Nach ihrer Anschauung war der Idealmensch, das Ziel aller Anstrengungen des Buddhismus, nicht der etwas egozentrische, kalte und engherzige Arhat, sondern der mitleidend alles umfassende Bodhisattva, der wohl die Welt aufgibt, aber nicht die Wesen, die in ihr leben. Während man anfänglich die Weisheit als die höchste Tugend, das Mit-Leiden aber als eine Tugend geringeren Grades angesehen hatte, wurde Mit-Leiden jetzt ebenso hoch eingeschätzt wie Weisheit. Wenn die Weisheit auch dem Arhat dazu verholfen hatte, in sich selbst alles zu befreien, was nur befreit werden konnte, so war sie doch ziemlich nutzlos, wenn es sich darum handelte, gewöhnlichen Menschen zu helfen. Der Bodhisattva dagegen war nicht ein Mensch, der nur sich selbst befreite, sondern er fand auch

Mittel und Wege, den verborgenen Samen der Erleuchtung in anderen zur Reife zu bringen. Wieder wird das in der Prajñaparamita ausgedrückt: »Täter dessen, was schwer ist, sind die Bodhisattvas, die großen Wesen, die darauf ausgehen, höchste Erleuchtung zu gewinnen. Sie haben nicht den Wunsch, ihr eigenes privates Nirwana zu erreichen. Im Gegenteil, sie kennen die furchtbare, leidenvolle Welt der lebenden Wesen und, obwohl es sie danach verlangt, die höchste Erleuchtung zu gewinnen, so zittern sie doch nicht vor Geburt und Tod. Sie haben sich auf den Weg begeben zum Vorteil der Welt, zur Hilfe für die Welt, aus Mitleid mit der Welt. Sie sind entschlossen: 'Wir wollen ein Hafen für die Welt werden, eine Zuflucht für die Welt, der Ruheplatz der Welt, die endgültige Erleichterung der Welt, Inseln der Welt, Leuchten der Welt, Führer der Welt, der Weg der Welt zur Erlösung.'«

Dieses Ideal des Bodhisattva war zum Teil durch den sozialen Druck entstanden, der auf dem Orden lastete (s. S. 80 ff.), zum größeren Teil aber lag es in der Übung der *Unbegrenzten* begründet, die die Mönche dazu erzogen hatte, zwischen sich und anderen keinen Unterschied zu machen. Wie wir gesehen haben, hatte der Buddhismus zwei Methoden zur Verfügung, mit deren Hilfe er das Gefühl des Individuums, eine eigenständige Wirklichkeit zu sein, reduzieren konnte. Der eine Weg besteht in der Pflege sozialer Empfindungen und Gefühle wie Freundlichkeit und Mitleiden, der andere darin, sich allmählich daran zu gewöhnen, alles, was man denkt, fühlt oder tut, als eine Auswirkung unpersönlicher Kräfte — Dharmas — anzusehen und sich allmählich solcher Vorstellungen wie *Ich, Mein* oder *Selbst* zu entwöhnen. Es besteht ein logischer Widerspruch zwischen der Methode der Weisheit, die keine Personen anerkennt, sondern nur Skandhas, und der Methode der *Unbegrenzten*, die Beziehungen zu anderen Menschen in ihrer Eigenschaft als Personen pflegt. Die Meditation über die Skandhas löst das eigene Selbst wie das anderer Menschen in einen Haufen unpersönlicher, momentaner Skandhas auf. Sie reduziert unsere Menschlichkeit auf fünf Haufen oder Stücke und auf einen Namen. Wenn in der Welt nur Bündel von Skandhas bestünden, die, kalt und unpersönlich wie Atome ohne Unterbrechung ständig zugrunde gingen, dann gäbe es nichts, worauf Freundlichkeit und Mitleiden sich beziehen könnten. Man kann einem Skandha nichts Gutes wünschen, wenn es, bevor man diesen Wunsch noch ausdrücken konnte, bereits vergangen ist; man kann auch für ein Skandha, sei es ein *Gedankenobjekt* oder ein *Gesichtsorgan* oder ein *Tonbewußtsein*, kein Mitleid empfinden. In den buddhistischen Kreisen, in denen die Methode der Dharmas in größerem Ausmaße geübt wurde als die der Unbegrenzten, führte sie zu einer gewissen geistigen Vertrocknung, einer Entferntheit, einem Mangel an menschlicher Wärme. Die wahre Aufgabe des Buddhisten ist es, die beiden einander widersprechenden Methoden gleichzeitig anzuwenden. Die Methode der Dharmas führt zu einer unbeschränkten Zusammenziehung des Selbst — denn es wird von allem entleert —, die Methode der Unbegrenzten dagegen zu einer schrankenlosen Ausdehnung des Selbst — da man sich mehr und mehr mit anderen lebenden Wesen identifiziert. Während die Methode der Weisheit die Idee verwirft, es gebe in der Welt überhaupt irgendwelche Personen, erweitert die Methode der Unbegrenzten die Anteilnahme an den persönlichen Problemen einer immer größeren Anzahl von Menschen.

Wie löst das Mahayana diesen Widerspruch? Die buddhistischen Philosophen unterscheiden sich von jenen, die in der Tradition des Aristoteles aufgewachsen sind, darin, daß sie vor Widersprüchen nicht erschrecken, sondern sich an ihnen freuen. Wie in anderen Fällen, so werden sie auch mit diesem Widerspruch fertig, indem sie ihn in krassester Weise formulieren und es dabei belassen. Eine berühmte Stelle aus dem *Diamanten-Sutra* erläutert diese Haltung gut: »O Subhuti, ein Bodhisattva sollte das folgendermaßen ansehen: So viele Wesen es in dem Universum aller Wesen gibt — seien sie ei-geboren oder aus einem Mutterleib, oder aus der Feuchtigkeit oder wundergeboren; seien sie geformt oder formlos; seien sie wahrnehmungsfähig oder ohne Wahrnehmung, oder weder mit noch ohne Wahrnehmung; sie alle sollen von mir zum Nirwana geleitet werden, in jenen Bereich des Nirwana, bei dem nichts zurückbleibt. Und doch, obwohl zahllose Wesen so ins Nirwana geleitet wurden, ist kein einziges Wesen zum Nirwana geleitet worden. Und warum? Sollte in einem Bodhisattva die Vorstellung eines *Wesens* auftreten, so würde er nicht *Erleuchtungs-Wesen* (= bodhi-sattva) genannt.«

Ein Bodhisattva ist ein Wesen, das aus den zwei einander widersprechenden Kräften der Weisheit und des Mit-Leidens zusammengesetzt ist. In seiner Weisheit sieht er keine Einzelpersonen; doch in seinem Mitleid ist er entschlossen, sie zu retten. Die Gabe, diese widersprechenden Haltungen zu verbinden, ist die Quelle seiner Größe und seiner Fähigkeit, sich selbst und andere zu retten.

Zwei Dinge, so sagt uns das Sutra, sind unentbehrlich für den Bodhisattva und seine Weisheitsübung: »Alle Wesen niemals zu verlassen und die Wahrheit zu erkennen, daß alle Dinge leer sind.« Wir wollen nunmehr versuchen, diese entscheidend wichtige Idee der *Leere* zu verstehen.

Wieder hilft uns dabei die Sanskrit-Wurzel. Sie zeigt, wie leicht das Wort *leer* ein Synonym für *Nicht-Selbst* werden konnte. *Leere* heißt auf Sanskrit *śūnyatā*. Das Sanskritwort *śūnya* ist abgeleitet von der Wurzel *śvi, schwellen*. Śūnya bedeutet wörtlich: *in Verbindung mit dem Geschwollenen.* Unsere Ahnen mit ihrem feinen Instinkt für die dialektische Natur der Wirklichkeit benutzten in längst vergangenen Zeiten häufig dieselbe Wortwurzel zur Bezeichnung von zwei entgegengesetzten Ansichten derselben Situation. Sie waren sich der Einheit der Gegensätze ebenso bewußt wie ihrer Gegensätzlichkeit. So scheint die Wurzel *Svi,* griechisch *Ky,* die Vorstellung ausgedrückt zu haben, daß etwas, was von außen *geschwollen* aussieht, von innen *hohl* ist. Die vergleichende Sprachwissenschaft bestätigt das. Die Bedeutung *geschwollen* liegt den lateinischen Worten *cumulus* (Haufen) und *caulis* (Stengel) zugrunde. Die Bedeutung *hohl* haben wir aus derselben Wurzel im griechischen *koilos* und im lateinischen *cavus.* So ist unsere Persönlichkeit *geschwollen,* soweit sie aus den fünf Skandhas besteht, aber auch innen *hohl,* da sie kein zentrales Selbst besitzt. Weiter kann *geschwollen* bedeuten *gefüllt mit etwas Fremdem.* Wenn eine Frau während der Schwangerschaft *geschwollen* ist — auch hier benutzen die Griechen dieselbe Wurzel in *kyo* —, so ist sie voll von einem fremden Körper, von etwas, das nicht sie selbst ist. Ähnlich enthält nach dieser Ansicht auch die Persönlichkeit etwas, was in Wahrheit nicht zu ihr gehört. Sie ist geschwollen von etwas Fremdem, und dieser fremde Körper muß, genau wie das Kind, ausgestoßen werden.

Es ist bedauerlich, daß diese Bedeutungen des Wortes *śūnyatā* verlorengehen, wenn wir an seiner Stelle von *Leere* sprechen. Damit wird die Tür für zahllose Mißverständnisse geöffnet. Besonders den Nichteingeweihten wird diese Leere, ebenso wie das Nirwana, als ein reines Nichts erscheinen.*

---

* Es ist eine der Ironien der Geschichte, daß gerade das höchst ungeschäftliche, ja sogar geschäftsfeindliche System des Buddhismus ein Werkzeug ausgebildet hat, ohne das der moderne Kommerzialismus sich kaum hätte entwickeln können. Ohne die Erfindung der Null wären unsere Ladeninhaber, Bankiers und Statistiker bei jedem Schritt

Obwohl in der buddhistischen Kunst die Leere gewöhnlich durch einen leeren Kreis symbolisch dargestellt wird, dürfen wir die buddhistische Leere nicht als ein reines Nichts ansehen. Leer ist ein Ausdruck für das Nichtvorhandensein des Selbst oder für Selbstauslöschung. Im buddhistischen Denken werden bestimmte Ideen, die wir im allgemeinen nicht miteinander verbinden, vereinigt. Ich gebe sie hier in der Form eines Diagramms:

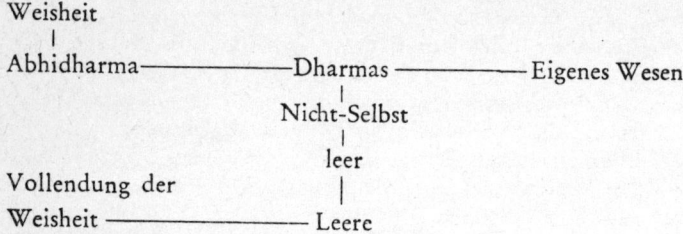

Bodhidharma, ein Inder oder Perser, der um 500 nach China ging, definierte die Bedeutung des Begriffes sehr genau mit den Worten: »Alle Dinge sind leer, und es gibt nichts, das begehrenswert ist oder wert, daß man ihm nachgeht.«

In technischem Sinne bezeichnen die Worte *leer* und *Leere* in der buddhistischen Tradition die völlige Negierung dieser Welt durch die Ausübung der Weisheit. Im Mittelpunkt steht die völlige Verleugnung, der Verzicht, der völlige Rückzug und die Befreiung von der uns umgebenden Welt, in jeder Beziehung und in weitestem Ausmaße. Die Anhänger des Abhidharma kannten den Begriff leer, gebrauchten ihn aber nur selten. Im Palikanon kommt er nur an wenigen Stellen vor. Die Neue Weisheitsschule behandelt den Begriff als ein Sesam, das alle Türen öffnet, und Nagarjuna arbeitete alle seine epistemologischen Beziehungen aus. Leere bedeutete ihm die Identität von ja und nein. In seinem Denksystem gilt die vornehme Kunst, mit der einen Hand zu lösen, was die andere geknüpft hat, als die Quintessenz eines fruchtbaren Lebens. Der buddhistische Weise wird wie eine treu ergebene Penelope angesehen, die geduldig auf die Ankunft des Odysseus der Erleuchtung wartet. Eigentlich sollte der Weise sich niemals dazu verführen lassen, ja oder

durch die Schwerfälligkeit des Rechenvorgangs behindert. Der kleine Kreis, den wir als Null bezeichnen, hieß bei den Arabern um 950 n. Chr. *shifr, leer.* Als um 1150 die Null in Europa eingeführt wurde, wurde aus *shifr* lateinisch *chifra.* Im Deutschen wurde ursprünglich *Ziffer* als Name für Null gebraucht, und *Ziffer* ist nichts anderes als das Sanskritwort *sunya.*

nein zu sagen. Sagt er aber einmal ja, so muß er auch nein sagen. Und wenn er nein sagt, so muß er zu derselben Sache auch ja sagen.

Die *Leere* liegt in der Mitte zwischen Behauptung und Verneinung, zwischen Dasein und Nichtsein, Ewigkeit und Vernichtung. Das Samenkorn dieser Idee findet sich in einem frühen Ausspruch, den die Schriften aller Schulen überliefert haben. Der Buddha sagt zu Katyayana, die Welt baue ihre Meinung im allgemeinen auf zwei Dingen auf, dem Dasein und dem Nicht-Dasein. »Es ist«, ist das eine Extrem; »Es ist nicht«, ist das andere. Zwischen diesen zwei äußersten Grenzen liegt die Welt gefangen. Die Heiligen aber gehen über diese Beschränkung hinaus. Der Tathagata vermeidet beide Extreme und lehrt einen Dharma in der Mitte zwischen ihnen, der einzigen Stelle, wo sich die Wahrheit finden läßt. Dieser Dharma heißt jetzt die Leere. Das Absolute ist Leere, und alle Dinge sind ebenfalls leer. In ihrer Leere fällt unsere Welt mit dem Nirwana zusammen, sie sind nicht mehr verschieden voneinander, sondern sind eins geworden.

Die Anattalehre widerspricht ganz offen dem gesunden Menschenverstand. Die Gelehrten der Alten Weisheitsschule hatten diesen Widerspruch dadurch als unlösbar anerkannt, daß sie zwei Arten von Wahrheiten einführten: Die *endgültigen* Wahrheiten, die Feststellungen über die Dharmas sind, und die *konventionellen* Wahrheiten, die sich auf Personen und Dinge beziehen. Die *endgültigen Dinge* dieser Schule haben eine ganz ähnliche Funktion wie Atome und Zellen, auf die sich die Feststellungen der modernen Wissenschaft beziehen, die aber im täglichen Leben nicht beachtet werden. Die Neue Weisheitsschule geht in ihrer Auffassung der *Endgültigen Wahrheit* noch einen Schritt weiter. Sie ist nunmehr nur noch in Verbindung mit der einzigen, letzten Wirklichkeit möglich, die nichts anderes ist als das Absolute in seiner Leere. *Endgültige* Wahrheit bedeutet jetzt nicht mehr wissenschaftliche, sondern mystische Wahrheit. Es ist leicht einzusehen, daß in diesem Sinne alles, was wir sagen können, letztlich unwahr ist. Die Leere kann nicht der Gegenstand einer bestimmten Annahme sein. Wir können sie nicht festhalten, und selbst wenn wir es könnten, würden wir sie nicht als solche erkennen, da sie keine Unterscheidungsmerkmale hat. Alle Lehren, selbst die »Vier Heiligen Wahrheiten«, sind letzten Endes falsch und nur ein Beweis unserer Unwissenheit. Das unauslöschliche Licht des *Einen* wird verschleiert durch unsere Theorien, die nur konventionelle Wahrheiten enthalten, konventionell in dem Sinne, daß sie sich der ständig wechselnden Fähigkeit der Menschen, geistliche Erlebnisse zu verstehen, anpassen. Die Lehre kann und muß sich nach der Veranlagung und den besonderen Neigungen der zu Belehrenden richten und daher dauernd verändert werden.

Die Lehre von der Leere wird häufig mit Hilfe eines Gleichnisses erklärt. Schon die Alte Weisheitsschule hatte die Welt um uns her mit einer Schaumblase, einer Luftspiegelung, einem Traum, einer magischen Vorführung verglichen. Diese Gleichnisse sollten den Menschen die Einsicht erleichtern, daß die Welt verhältnismäßig unwichtig, wertlos, täuschend und unwesentlich ist. Wenn die Neue Weisheitsschule ihrerseits alle Dharmas mit einem Traum, einem Echo, einer Spiegelung oder einer magischen Vorstellung vergleicht, so tut sie das in einem mehr technischen Sinne. Nur das Absolute ist völlig unabhängig und damit wirklich. Alles Relative ist seiner Funktion nach von anderen Dingen abhängig und kann nur in und durch seine Beziehung zu anderen Dingen existieren und verstanden werden. Für sich allein ist es ein Nichts und besitzt keinerlei eigene innere Wirklichkeit. »Geliehenes Geld ist kein eigenes Kapital«, wie Candrakirti es ausdrückt. Wenn aber jedes einzelne Ding »des Eigenseins entbehrt« und, wie »die Tochter einer in Stein gehauenen unfruchtbaren Jungfrau«, gar nicht wirklich existiert, wie kommt es dann, daß wir die Dinge um uns her, die in Wirklichkeit nur Leere sind, sehen und fühlen können? Die Gleichnisse sollen diese Frage beantworten. Man sieht eine magische Vorführung oder eine Luftspiegelung, man hört ein Echo, träumt einen Traum, und doch wissen wir alle, daß die magische Erscheinung eine reine Täuschung ist (s. S. 164), daß in der Luftspiegelung kein wirkliches Wasser fließt, daß das Echo nicht ein sprechender Mensch ist und daß die Traumobjekte, die man liebt, haßt und fürchtet, in Wirklichkeit nicht existieren.

So manche Mißdeutung der Madhyamika-Auffassung von der Leere hätte sich vermeiden lassen, wenn man den Begriffen, die als Synonyme verwendet werden, genügend Beachtung geschenkt hätte. Eines der am häufigsten verwandten Synonyme ist Nicht-Dualismus. In der vollendeten Gnosis sind alle Dualismen aufgelöst, das Objekt unterscheidet sich nicht von dem Subjekt, Nirwana ist nicht verschieden von der Welt, Dasein ist nicht mehr getrennt vom Nicht-Sein. Unterscheidung und Vielfältigkeit sind Merkzeichen der Unkenntnis. Von einem anderen Gesichtspunkt aus wird die Leere *Soheit* genannt, denn man akzeptiert die Wirklichkeit *so* wie sie ist, ohne ihr irgendwelche Ideen aufzuzwingen. Die Feststellungen, die die mahayanistischen Philosophen über das wahre Wissen machen, verlieren alles Paradoxe und Absurde, sobald man sich klarmacht, daß sie den Versuch darstellen, das Universum so zu beschreiben, wie es vom Standpunkt völliger Selbst-Auslöschung oder vom Absoluten aus gesehen erscheint. Wenn man zugibt, daß es einen guten Sinn hat, die Welt so zu beschreiben, wie sie Gott erscheint, dann sind die Sutren des Mahayana durchaus sinnvoll. Meister Eckhart und Hegel haben etwas ganz Ähnliches versucht, und auch ihre Schriften legen es nahe, daß es nicht immer leicht ist, zu verstehen, was Gott gewollt hat.

Erlösung

Erlösung, wie die Neue Weisheitsschule sie versteht, kann durch drei negative und ein positives Attribut definiert werden: Nicht-Erreichen, Nicht-Behaupten, Nicht-Sich-Stützen und Allwissenheit. Eine große Anzahl von Argumenten wird vorgebracht, um zu zeigen, daß das Nirwana unerreichbar ist, daß die Erlösung tatsächlich nicht eintreten kann und daß der lange, mühevolle Kampf des Bodhisattva in Wahrheit nirgends hinführt — »in der Leere gibt es weder ein Erreichen noch ein Nicht-Erreichen«. Das Unbedingte hat der Definition nach keinerlei Verbindung mit irgend etwas anderem oder ist, wie die Sutren es ausdrücken, völlig isoliert und vereinzelt. Es ist daher für einen Menschen ganz unmöglich, irgendeine Verbindung mit ihm einzugehen, noch weniger, es zu besitzen oder zu erlangen. Außerdem würde man niemals wissen, daß man Nirwana erreicht hat. Die Leere hat keinerlei Eigenschaften, keine Merkmale, gar nichts, an dem sie zu erkennen wäre, und wir können daher niemals sicher sein, ob wir sie haben oder nicht.

Nicht-Erreichen läuft tatsächlich darauf hinaus, daß man sich selbst auslöscht oder sich in völliger Selbsthingabe selbst vergißt. Das Merkmal der allerhöchsten Tugenden ist, daß man ihrer nicht bewußt werden kann, ohne sie gleichzeitig zu verlieren. Das ist der Fall bei Einfachheit und Demut. Man kann weder bewußt natürliche Einfachheit erwerben, noch kann man über die eigene Demut nachdenken, ohne der Gefahr des Stolzes zu verfallen. Man kann nicht sagen, man habe Nirwana erreicht, ohne dabei einen Unterschied zwischen sich selbst und Nirwana zu machen, zwischen seinem früheren und seinem gegenwärtigen Zustande, zwischen Nirwana und seinem Gegenteil. All das sind Anzeichen der Unkenntnis, die uns vom andern Ufer trennt.

Eine große Gefahr, die allein schon durch den Sprachgebrauch hervorgerufen wird, liegt darin, daß jede Aussage wie eine Behauptung klingt. Bei einem System, in dem *Nicht-Behaupten* eins der Kennzeichen der Erlösung ist, darf man nie vergessen, daß seine Aussagen nicht eine positive Theorie oder ein metaphysisches System darstellen. »Diese erhabene Lehre ist kein Tummelplatz für Logiker.« Die Lehre von der Leere wird nicht vorgetragen, um eine Theorie gegen eine andere zu verteidigen, sondern um Theorien überhaupt loszuwerden. Es wäre deshalb eine völlige Verkennung der Absichten der Neuen Weisheitsschule, wollte man die Leere als eine Art Absolutes hinter der bedingten Welt ansehen oder als eine Art Grundlage für die Welt, als einen Anker für uns. Es ist bestimmt nicht so gemeint — »Nirwana ist nicht im geringsten verschieden von Geburt und Tod.« Es ist keine abgesonderte Wirklichkeit. Ebenso falsch wäre es, diese Lehre als einen metaphysischen Monismus zu bezeichnen, der sich gegen den Pluralismus der Sarvastivadins wendet. In philosophischen Textbüchern wird die Madhyamika-Lehre zwar oft so dargestellt. Aber eine Lehre, die den Dualismus zu vermeiden sucht, kann nicht *Eins* gegen *Viele* setzen, dazu war Nagarjuna zu feinsinnig. Die Leere bedeutet die Aufhebung des Unterschiedes zwischen ja und nein, und diese Wahrheit entgeht uns, wenn wir sagen, *es ist* und *es ist nicht;* aber sie liegt irgendwo zwischen diesen beiden Polen. Wer »in der Leere wohnt«, hat weder eine positive noch eine negative Einstellung zu irgend etwas. Die Lehre Nagarjunas ist in keiner Weise metaphysisch, sondern beschreibt die praktische Haltung des Nicht-Behauptens, die allein dauernden Frieden gewährleisten kann. Nichts wäre der geistigen Haltung des Weisen fremder, als für oder gegen irgend etwas zu kämpfen. Diese Friedlichkeit des wahren Weisen ist der Ausgangspunkt der Madhyamika-Dialektik. Das wird schon in lange vor Nagarjunas Zeit verfaßten Schriften klar ausgedrückt, es findet sich ganz eindeutig in dem sehr alten Sutta Nipata (Vers 796—803), und in dem Samyutta Nikaya sagt der Buddha: »Ich kämpfe nicht mit der Welt, sondern die Welt kämpft mit mir, denn wer von dem Dharma weiß, kämpft niemals mit der Welt. Und was die Gelehrten der Welt als nicht-seiend betrachten, das lehre ich ebenfalls als nicht-seiend. Und was die Gelehrten der Welt als seiend betrachten, das betrachte auch ich als seiend.« Das Ziel der Dialektik Nagarjunas war nicht, zu irgendeinem endgültigen Schluß zu kommen, sondern alle Meinungen zu zerstören und alle festen Überzeugungen ad absurdum zu führen.

Das Neue Testament sagt in einem knappen Satz, daß »der Sohn des Menschen nicht hat, wohin er sein Haupt lege«. Die Neue Weisheitsschule predigt in unzähligen und immer neuen Ausdrucksformen das Evangelium des *Sich-auf-nichts-verlassens*. Der Schlüssel zu dieser Lehre liegt in der Bedeutung der Angst für unser Leben (s. S. 20). Diese Angst zwingt uns ständig, uns an etwas zu halten, was verschieden von uns ist. Wir hängen uns immer wieder an einen Menschen, und nichts erschreckt uns so sehr als das Gefühl, ganz allein, ganz einsam zu sein, ohne daß wir uns auch nur in Gedanken einen Zufluchtsort vorstellen könnten. Die einzige Rettung für uns besteht darin, uns von allen diesen Stützen zu befreien und zu lernen, die Leere unserer Seele, nackt und allein, wie sie ist, ohne Zittern ins Auge zu fassen. Erst wenn wir so ohne jede feste Stütze, ja ohne die geringste Hoffnung auf eine Unterstützung sind, kann von uns gesagt werden, daß wir »uns auf nichts verlassen als auf vollkommene Weisheit« oder auf die Leere, was dasselbe ist.

Von einem positiven Standpunkt aus wird die Erlösung als *Allwissenheit* beschrieben. Dieser Ehrgeiz, Allwissenheit zu erlangen, mag uns recht seltsam erscheinen und verlangt eine Erklärung. Er ist das Resultat einer zweifachen Entwicklung, die auf der einen Seite jedem Gläubigen das Nirwana der Buddhaheit als das Ziel vor Augen stellt, nach dem er streben sollte, während sie auf der anderen Seite betont, daß die Allwissenheit das entscheidende Attribut eines Buddha sei. Das erste ist, wie wir gesehen haben, im Bodhisattva-Ideal enthalten. In welchem Sinne aber soll dann der Buddha allwissend sein? Die Mahayanisten behaupten, der Buddha sei im genauen Sinne des Wortes all-wissend gewesen. In seiner unbeschränkten Kenntnis habe er alle Seiten des Daseins bis in die letzten Einzelheiten gekannt. Natürlich konnte kein endlicher Geist hoffen, zu verstehen, wie ein unendlicher Intellekt arbeitet. Die Gedankenwelt des Buddha muß in Wirklichkeit von unseren Gedanken völlig verschieden sein. Es sind *absolute* Gedanken, Gedanken eines Absoluten über Absolutes. Richtig betrachtet, ist das Denken des Buddha allerdings gar kein Denken, denn unbedingtes Denken kann nicht in dem Skandha des Bewußtseins mitenthalten sein und ist auch nicht von seinem Objekt verschieden, sondern identisch mit ihm. Überhaupt konnte man dem Buddha keine Allwissenheit zuschreiben, soweit er ein Mensch war, oder auch nur, soweit er sich in seinem *verklärten Körper* aufhielt; aber die Allwissenheit ist natürlich untrennbar mit dem Buddha als reinem geistigen Prinzip, mit dem Dharma-Leib des Buddha verbunden. Offenbar glaubten nicht alle Buddhisten, daß die absolute Allwissenheit des Buddha unentbehrlich sei, um seiner Religion die erforderliche Autorität zu verleihen. Wenn er nur um alles wußte, was zur Erlösung wesentlich war, würde das ausreichen, ihn zu einem vertrauenswürdigen Führer zu machen. Tatsächlich lehnt der Buddha an einigen Stellen der Palischriften ausdrücklich jede andere Art von Allwissenheit ab. Das Mahayana behauptet dagegen, daß die Allwissenheit des Buddha zwar in erster Linie in der Kenntnis der Mittel und Wege bestehe, durch die man den Himmel und die Befreiung erlangen könne, daß er aber auch ohne Ausnahme um alle anderen Dinge, selbst um so unwichtige Einzelheiten wisse wie z. B. die Anzahl sämtlicher Insekten in der Welt. Wäre der Buddha in dieser Hinsicht nicht allwissend, so würde die Unkenntnis von Dingen außerhalb seines Wissensbereiches ihn einengen, und er wäre nicht mit dem Absoluten identisch.

Wenn wir die philosophische Seite des Problems außer acht lassen, so ist — von einem praktischen Gesichtspunkt aus gesehen — das Verlangen nach Allwissenheit identisch mit dem Streben nach Selbstauslöschung; deshalb ist es sinnvoll, die Allwissenheit als das Ziel des geistlichen Lebens hinzustellen. Betrachten wir uns selbst und den Zustand, in dem wir uns gewöhnlich befinden, so müssen wir zugeben, daß wir kein besonderes Verlangen danach spüren, allwissend zu werden. Für den durchschnittlichen Sucher nach dem Dharma ist allumfassende Kenntnis sicherlich weder eine der Früchte, nach denen er strebt, noch der Lohn, den er erwartet. Der Daseinszustand, den man als Folge des Strebens nach dem Dharma zu erreichen sucht, wird, so scheint mir, durch drei Haupteigenschaften bestimmt: 1. Schutz vor physischem Schmerz; 2. Befreiung von Furcht, Angst und Sorge durch die Lösung aller Bindungen an das Selbst, zusammen mit allen ihren Folgen, z. B. dem Tode; schließlich 3. die Hoffnung, daß der Mensch zum Mittelpunkt einer ruhigen, reinen Kraft werde, die es vermöge, die Welt zu überwinden und zu bannen. Aus unseren historischen Dokumenten läßt sich ersehen, daß dies etwa die Motive waren, die in dem alten buddhistischen Orden Indiens die Anstrengungen eines erheblichen Teils der Mönchsgemeinschaft bestimmten. Die Gläubigen sahen im Geiste einen Idealzustand des *Ungerührtseins* vor sich, der beinahe dem stoischen Ideal der *Apatheia* entspricht. Diese Richtung ist es, gegen die sich das Mahayana wendet, wenn es die Allwissenheit betont. Wenn man immerwährend von dem Verlangen beherrscht ist, den Übeln der Welt zu entgehen, so könnte diese Art von Selbstauslöschung sehr leicht zu einem Zustand führen, der einem ständigen, traumlosen Schlaf gleicht. Der Buddha aber ist immer wach, und in Sanskrit bedeutet die Wurzel *budh* sowohl *aufwachen* wie *wissen*. Das ist einer der Gründe, warum das Mahayana die Allwissenheit als ein Ziel für alle betrachtete.

Dazu kommt, daß das Fehlen jedes persönlichen Verlangens nach Allwissenheit gerade einer ihrer größten Vorzüge ist. Kein einziger unserer Instinkte treibt uns dazu, Allwissenheit zu erstreben; sie liegt unserer natürlichen Veranlagung ganz fern. Offensichtlich stehen wir hier einem Widerspruch gegenüber: das Ziel muß für mich, der ich dem Pfad folge, eine Anziehungskraft haben, da ich sonst kaum versuchen würde, es zu erreichen. Es muß aber gleichzeitig auch ohne Anziehungskraft für mich sein, denn sonst würde *ich* versuchen, es zu erreichen. Das Ziel aber liegt da, wo mein gegenwärtiges Ich und alles, was dieses Ich für wert hält und versteht, nicht mehr ist und wohin es unter keinen Umständen gelangen kann. Ernsthaft zu behaupten, daß man jede Einzelheit des gesamten Universums kennen wolle, ist offensichtlich lächerlich für ein bloßes Individuum. Verglichen mit dem riesigen Universum, ist die ganze Menschheit unbedeutender als ein winziges Lebewesen auf einem Kiesel in der Weite des atlantischen Ozeans. Wieviel weniger noch bin ich! Allwissenheit und mein *Ich* können nie zusammenkommen. Aber wenn ich nicht mehr *Ich* bin, dann wird alles möglich.

Es ist nicht leicht und geht uns gegen die Natur, diesen Widerspruch zu akzeptieren und damit zufrieden zu sein. Für uns Menschen ist es eine große Versuchung, sich das Ziel als etwas vorzustellen, das wir greifen können wie einen Schmetterling, den man im Netze fängt, oder wie ein zinsentragendes Bankkonto. Wir denken uns die Lösung als etwas, das man, nach den Worten Eckharts, »in eine Decke hüllen und unter die Bank legen kann«. Der Versuch, sich dem Ziel zu nähern wie einem *außerhalb* befindlichen Ding, ist ein Irrtum; um diesen aufzuklären, könnte man sagen, das Ziel sei überhaupt *nichts*, d. h. es sei die Leere oder die Identität von ja und nein, oder, anders gesehen, es sei *alles;* nicht die Summe, sondern die Totalität aller Dinge, die jedes Einzelding sowohl einschließt wie auch ausschließt. Das Ziel ist natürlich unausdenkbar, aber in der Allwissenheit ist es ein Objekt, das mit seinem Subjekt identisch ist. Das Ziel liegt darin, alles zu tun, ohne sich bewußt zu sein, daß man irgend etwas tut; alles zu denken, ohne sich bewußt zu sein, irgend etwas zu denken; nach allem zu streben und damit zufrieden zu sein, es nie zu erlangen. Das ist das Wunder, das wir vollbringen müssen, um von uns selbst frei zu werden. »Wer sich selbst nicht dazu erzieht, Allwissenheit zu erlangen, der erzieht sich selbst in Allwissenheit, der wird in die Allwissenheit fortschreiten.«

Parallelen

Die Gedanken des Prajñaparamita-Sutra wie die der Madhyamikas erscheinen Europäern gewöhnlich seltsam, da sie anscheinend völlig außerhalb des Stromes unserer eigenen philosophischen Überlieferung liegen. Es ist daher vielleicht gut, den Leser daran zu erinnern, daß wir hier keine rein indische Erscheinung vor uns haben, sondern daß im Gebiet des Mittelmeeres sich eine ganze Reihe ähnlicher Entwicklungen vollzogen hat.

So hatte z. B. die un-theoretische Einstellung der Madhyamikas eine interessante Parallele bei den sogenannten griechischen Skeptikern. Der Gründer dieser Schule war Pyrrho von Elis (um 330 v. Chr.). Abgesehen von der Betonung der Allwissenheit, entsprechen seine Ansichten in allen Einzelheiten denen der Madhyamikas. Pyrrho hatte keine positive Lehre. Sein Schüler zu sein bedeutete, »ein Leben ähnlich dem des Pyrrho« zu führen. »Er wollte den Menschen das Geheimnis der Glückseligkeit enthüllen, indem er ihnen zeigte, daß die Erlösung nur in dem Frieden einer gleichmütigen Gedankenwelt, einer erloschenen Empfindsamkeit und eines dienstbereiten Willens gefunden werden kann; und weiter, indem er ihnen zeigte, daß, um dieses zu erreichen, eine Anstrengung erforderlich ist, die auf seiten des Individuums darin besteht, sich selbst zu ersterben.« (L. Robin, Pyrrhon et le scepticisme grec, 1944, S. 24.)

Das Lebensziel ist Freiheit von der Leidenschaft und die zu erstrebende Haltung Gleichmut. Alle äußeren Dinge sind gleich, es gibt keinen Unterschied zwischen ihnen, und der Weise unterscheidet zwischen ihnen nicht. Um diesen Zustand des Gleichmutes zu erreichen, muß man alle natürlichen Instinkte aufgeben. Alle theoretischen Ansichten sind gleichmäßig unbegründet, und man muß sich völlig davon fernhalten, Behauptungen aufzustellen und Urteile abzugeben. In Pyrrhos Philosophie tritt dieselbe Unterscheidung auf zwischen der konventionellen Wahrheit und den Erscheinungen (phainomena) auf der einen und der endgültigen Wahrheit (adela) auf der andern Seite. Die endgültige Wahrheit bleibt völlig verborgen. »Ich weiß nicht, daß der Honig süß ist, aber ich gebe zu, daß er mir so erscheint.«

Pyrrho enthält sich jedes theoretischen Urteils; technisch heißt das *epokhe*. Die Bedeutung dieses Begriffes wird von Aristokles von Messene in drei Fragen klar definiert: 1. Welches ist die innere Natur (= Eigen-Sein, *svabhāva* in Sanskrit) der Dinge? Man kann sie nur durch Negation erklären, denn alle Dinge sind gleichmäßig un-wesentlich, un-wägbar, un-entschieden. Sie sind alle gleich, und keines wiegt mehr als ein anderes. Man kann von einem Ding nicht sagen, es sei »mehr dies, als es dies nicht sei«. Ebenso gut könnte man behaupten, daß es sei und nicht sei, oder leugnen, daß es sei oder nicht sei. 2. Wie ist unser Verhältnis zu den Dingen? Wir sollten dem einen nicht mehr trauen als dem andern. Wir sollten zu den Dingen keine Zuneigung haben. Wir sollten von ihnen nicht erregt werden. 3. Wie sollten wir den Dingen gegenüber handeln? Die weiseste Haltung ist sprachloses Schweigen, Unerschütterlichkeit und Gleichgültigkeit. Nicht-handeln ist die einzig mögliche Handlung.

Aus dieser Parallele kann man übrigens einen Schluß ziehen auf die Zeit des Auftretens der Madhyamika-Lehre in Indien selbst. Das klingt gewagt, liegt aber meiner Ansicht nach so nahe, daß eine Erwähnung an dieser Stelle wohl gerechtfertigt ist. Wir wissen, daß Pyrrho seine Schule unmittelbar nach der Rückkehr aus Asien gegründet hat, das er zusammen mit seinem Lehrer Anaxarchos als Teilnehmer an Alexanders Indienfeldzug besucht hatte. Ferner haben Robin und andere Gelehrte überzeugend dargelegt, daß die skeptische Philosophie für Griechenland etwas ganz Neues war und sich aus keiner der ihr vorhergehenden, in Griechenland beheimateten philosophischen Lehren entwickelt zu haben scheint. Es besteht daher guter Grund anzunehmen, daß Pyrrho seine Ansichten aus Indien oder Iran mitgebracht habe. Wenn er sie nicht in Iran erworben hat, würde das bedeuten, daß die Lehren der Madhyamikas in Indien bereits um 350 v. Chr. bekannt gewesen sein müssen. Sie sind Pyrrho nicht notwendig durch buddhistische Mönche überliefert worden. Es ist wahrscheinlicher, daß er mit den Digambara-Jainas in Berührung gekommen ist, die in den griechischen Berichten unter dem Namen der *Gymnosophisten* (d. h. nackte Asketen) auftreten. Die Jainas und die Buddhisten lebten in enger Verbindung miteinander, und ihre Lehren zeigen eine starke gegenseitige Beeinflussung. So ist z. B. auffällig, daß die Jainas eine Liste von 24 einander folgenden Tirthankaras (Heilande) haben, während die alten Hinayana-Buddhisten 24 Vorgänger des Shakyamuni kennen. Ich glaube, daß auch die

Mahayana-Doktrin der Allwissenheit von den Ansichten der Jainas über diesen Gegenstand stark beeinflußt worden ist. Tatsächlich findet sich unter den Aussprüchen Pyrrhos eine typische Jaina-Doktrin. Als Grund dafür, daß er keine Bücher schreibe, gab Pyrrho an, er sei entschlossen, keinerlei Druck auf den Geist irgendeines Menschen auszuüben. Vor ihm hatten schon die Jainas aus ihrer These der *Gewaltlosigkeit* den logischen Schluß gezogen, man dürfe niemandem dadurch Gewalt antun, daß man ihm seine Ansichten aufdränge. Wie dem auch sei, wenn man zugibt, daß Pyrrho seine grundlegenden Ideen möglicherweise indischem Einfluß verdankte, und wenn es zutrifft, daß seine Philosophie der der Madhyamikas sehr ähnlich ist, dann müssen die Madhyamika-Lehren, die wir nur durch Schriften aus der Zeit um oder nach 100 v. Chr. kennen, im wesentlichen bis auf etwa 350 v. Chr. zurückgehen, d. h. sie müssen im Laufe der ersten 150 Jahre nach dem Nirwana des Buddha entstanden sein.

Jedenfalls aber bleibt die merkwürdige Tatsache bestehen, daß zwei verschiedene Kulturen, die eine im Mittelmeergebiet, die andere in Indien in derselben Zeit, d. h. seit etwa 200 v. Chr., aus ihrer eigenen Entwicklung heraus und unabhängig voneinander, Ideen über die Weisheit entwickelt haben, die sich genau entsprechen. Im östlichen Mittelmeergebiet haben wir die Weisheitsbücher des Alten Testaments, die beinahe zu derselben Zeit entstanden sind wie die erste Fassung der Prajñaparamita. Später entwickelten die Gnostiker und Neuplatoniker unter dem Einfluß Alexandrias eine Literatur, die der Weisheit (Sophia) eine entscheidende Rolle zuerkannte und von Philo bis Proklus eine Fülle wörtlicher Übereinstimmungen mit dem Texte der Prajñaparamita aufweist. Auf der christlichen Seite wurde diese Entwicklung von Origenes und Dionysius Areopagita fortgesetzt; der wundervolle Bau der Hagia Sophia ist ein sprechendes Zeugnis für die Bedeutung der Weisheit im östlichen Zweig der christlichen Kirche. Die Parallelen oder Übereinstimmungen in der Behandlung von Chochma und Sophia auf der einen und den von der *Vollkommenen Weisheit* handelnden buddhistischen Texten auf der andern Seite sind zahlreich. Diese Übereinstimmungen dadurch zu erklären, daß die einen sie von den anderen entliehen hätten, hilft uns nicht viel. Es ist keine Erklärung für Lloyd Georges soziale Gesetzgebung, wenn man feststellt, daß er sie von Deutschland entliehen habe. Wenn man der Frage wirklich auf den Grund gehen will, muß man die Motive des Entleihers untersuchen. Die Theorie der Übernahme würde auch die Tatsache nicht erklären, daß die Vorstellung der Weisheit, so wie sie sich nach 200 v. Chr. entwickelte, sowohl im Buddhismus wie im Judaismus ohne Schwierigkeit aus der vorhergehenden Tradition abgeleitet werden kann und zu ihren Grundvorstellungen sehr wohl zu passen scheint. Es besteht allerdings ein Unterschied: Während die Sophia eine ganz bestimmte Rolle bei der Schöpfung der Welt spielt, hat die Prajñaparamita keinerlei kosmische Funktionen und beschäftigt sich nicht mit der Entstehung des Universums. Auch die Ikonographien der Sophia und der Prajñaparamita scheinen sich unabhängig voneinander entwickelt zu haben. In diesem Zusammenhang ist vielleicht eine byzantinische Miniatur des 10. Jahrhunderts (Vat. Palat. gr. 381 vol. 2) von Interesse, die auf ein alexandrinisches Vorbild zurückgehen soll: Die rechte Hand der Sophia ist erhoben in der Geste der Belehrung, während die linke ein Buch hält. Diese Haltung ähnelt der einiger indischer Statuen der Prajñaparamita. Es mag sich bei all diesen Beobachtungen um Parallelentwicklungen handeln, die unter dem Einfluß örtlicher Bedingungen aus einer gemeinsamen, weit verbreiteten Kulturgrundlage hervorgegangen sind. Es könnte aber etwa auch ein verborgener Geschichtsrhythmus am Werke sein, der, zu gewissen Zeiten und in weit voneinander getrennt liegenden Gegenden, gewisse *Archetypen* — wie Jung sie nennen würde — aktiv werden läßt.

VI. DER BUDDHISMUS DES GLAUBENS
UND DER VEREHRUNG

Die Übernahme der Bhakti

Die Neue Weisheitsschule war die Bewegung einer Elite, welche die Interessen der Masse des Volkes aus Mitgefühl als ihre eigenen ansah. Sie konnte sich deshalb mit der Formulierung der im höchsten Grade abstrakten Metaphysik, die wir im vorgehenden Kapitel beschrieben haben, nicht begnügen, sondern mußte, um ihre Mission zu erfüllen, die metaphysischen Lehren durch ein mythologisches System ergänzen.

Der Bodhisattva mußte »Geschick in den Mitteln« besitzen. Er konnte sich unmöglich darauf beschränken, anderen zur Erlösung zu verhelfen, indem er ihnen riet, über die Leere zu meditieren. Sonst hätte er die Mehrzahl der Menschen übergehen müssen, die durch das Fehlen jeder metaphysischen Veranlagung, durch den Zwang, sich zunächst einmal ihren Lebensunterhalt zu verdienen, und durch ihre tief verwurzelte Bindung an Eigentum, Familie und Heim von diesem Wege ausgeschlossen waren. Da aber der Laie ebenfalls in das Leiden verstrickt ist und, seinem göttlichen Ursprung entsprechend, geistliches Verlangen und geistliche Möglichkeiten besitzt, so ist das Wort des Buddha auch an ihn gerichtet.

Der Weisheit unfähig, muß er den Weg des Glaubens gehen. Die transzendentale Weisheit wird durch den Glauben (Bhakti) ergänzt. Nagarjuna unterscheidet den leichten Weg des Glaubens von dem harten, beschwerlichen der Weisheit. Beide führen zum gleichen Ziel, so wie man etwa auf zwei verschiedenen Wegen, zu Schiff oder zu Fuß, nach derselben Stadt gelangen kann. Manche ziehen die Methode glühenden Eifers, harten Lebens und tiefer Meditation vor. Andere benützen das *hilfreiche Mittel* des Glaubens und erreichen einfach dadurch, daß sie an den Buddha denken, während sie ihn mit Namen anrufen, schnell einen Zustand, »aus dem es keinen Rückfall gibt«, d. h. von dem aus sie, sicher ihr Ziel zu erreichen, zu voller Erleuchtung fortschreiten können.

Der Glaube, der im Hinayana noch eine ziemlich untergeordnete Rolle spielt, wird jetzt mit der Weisheit auf die gleiche Stufe gestellt. Seine Macht, die Menschen zu erlösen, ist wesentlich größer als in den alten Schulen. Man mußte der ständig zunehmenden Degeneration der Menschheit entgegenkommen.

Der *harte* Weg selbsterlernter, kraftvoller Weisheit war vielen, vielleicht sogar den meisten — selbst unter den Mönchen —, nicht mehr zugänglich. Deshalb blieb den Menschen letztlich nur der *leichte* Weg des Glaubens übrig.

Seit etwa 400 v. Chr. hatte die Bewegung der Bhakti in Indien an Bedeutung zugenommen; zu Beginn unserer Zeitrechnung spielte sie bereits eine große Rolle. Bhakti bedeutet liebevolle, persönliche Verehrung der angebeteten Gottheiten, die man sich in menschlicher Form vorstellte. Um die Zeit von Christi Geburt drangen die von der großen Masse der indischen Bevölkerung getragenen bhaktischen Tendenzen machtvoll in den Buddhismus ein, den sie schon lange beeinflußt hatten. Die Metaphysik der Neuen Weisheitsschule war elastisch genug, diese Neigung zum Bhakti in sich aufzunehmen und ihr eine philosophische Grundlage zu geben. Das Ergebnis der daraus sich bildenden organischen Verbindung nennen wir den *Buddhismus des Glaubens.*

Die Vertreter des Mahayana hatten auf der Universalität der Erlösung bestanden — im Gegensatz zum Hinayana, das ihnen unvollständig erschien, nicht zuletzt deswegen, weil es sich auf die Elite beschränkt hatte und den weniger Begabten bei dem Streben nach Erlösung kaum eine wirksame Hilfe bieten konnte. Der Mahayanist nimmt seine Pflichten gegenüber den weniger weit entwickelten Mitbürgern sehr ernst. Kann er ihnen den Dharma nicht verständlich machen, so muß er wenigstens erreichen, daß er ihnen zugänglich wird. Die innere Logik der vollendeten Weisheit führt so zu ihrer Aufhebung im Glauben. Wenn das Nirwana und die Welt identisch sind, wenn alles unter sich gleich ist, dann besteht kein wirklicher Unterschied zwischen Erleuchteten und Unerleuchteten, zwischen Weisen und Dummen, zwischen Reinheit und Unreinheit, und jeder muß die gleiche Möglichkeit haben, erlöst zu werden. Ist das Mit-Leid des Buddha unbegrenzt, so muß er auch die Dummen retten. Ist die Buddha-Natur in uns allen in gleichem Maße vorhanden, so müssen alle dem Buddhatum gleich nahe sein. Aus diesen Voraussetzungen zieht der *Buddhismus des Glaubens* des Mahayana seine praktischen Folgerungen. Er entwickelt Methoden, die den Unterschied zwischen arm und reich, zwischen unwissend und gelehrt, zwischen Sündern und Heiligen, zwischen Reinen und Unreinen aufheben. Da alle das gleiche Anrecht auf Erlösung haben, muß diese allen in gleicher Weise zugänglich gemacht werden.

Die Literatur dieser Schule verbindet die Ausdrücke, Formulierungen und Ideen der Neuen Weisheitsschule mit der Verehrung persönlicher Erlösergestalten. Sie entsteht in Indien etwa zu Beginn unserer Zeitrechnung. 400 oder 500 Jahre später wurde sie immer stärker mit tantrischen Ideen durchsetzt und beschäftigte sich immer mehr damit, Zaubermittel zu verbreiten, mit deren Hilfe man sich den Gottheiten nähern und sie den eigenen Wünschen gefügig machen konnte (s. S. 174 ff.).

Einer der ersten Buddhas, der Gegenstand der Bhakti wurde, war Akshobhya (der Unerschütterliche), der im Osten, im Buddhaland Abhirati, herrscht. Er wird in einer ganzen Anzahl früher Mahayana-Sutras erwähnt. Sein Kult muß ziemlich weit verbreitet gewesen sein, von seiner Legende aber haben sich nur Fragmente erhalten. Der Kult des Amitabha zeigt starken persischen Einfluß und begann etwa um dieselbe Zeit. Amitabha ist der Buddha des Unbegrenzten *(amita)* Lichtes *(ābhā)*, und sein Land liegt im Westen. Er wird auch Amitayus genannt, weil seine Lebensdauer *(āyuh)* unbegrenzt ist *(amita)*. Dem Amitabha sind viele Texte gewidmet. Am bekanntesten ist der Sukhavativyuha, »die ausführliche Beschreibung des glücklichen Landes«, in dem Ursprung und Aufbau seines Paradieses beschrieben werden. Auch Bhaishajyaguru, der Buddha des Heilens, erfreute sich großer Beliebtheit. In China und Japan war Amitabha volkstümlicher als jeder andere Buddha. In Indien scheint er nie eine so überragende Stellung eingenommen zu haben, wenn auch Huei-je, ein chinesischer Pilger, der Indien zwischen 702 und 719 besuchte, berichtet, daß sich jedermann mit ihm über Amitabha und sein Paradies unterhalten habe.

Wieder andere Texte beschäftigen sich mit den Bodhisattvas. Diese sind ebenso wie die Buddhas sehr zahlreich, und wir können nur wenige von ihnen erwähnen. Unter den Geschöpfen der mythologischen Phantasie des Glaubens-Buddhismus ist Avalokiteshvara fraglos das berühmteste. Durch die Kraft seiner Magie und seiner unendlichen Sorgfalt und Geschicklichkeit »gewährt er denen, die ängstlich sind, Sicherheit«. Das Wort Avalokiteshvara ist aus *īshvara* (Herr, Herrscher) und *avalokita* zusammengesetzt; avalokita bezeichnet *den, der voll Mitleid herabsieht,* d. h. auf Wesen, die in dieser Welt leiden. Avalokiteshvara ist eine Personifikation des Mit-Leidens. Die Texte und künstlerischen Darstellungen lassen erkennen, daß man in Indien drei Stufen seiner Entwicklung unterscheiden muß. Zu-

nächst ist er einer der Dreiheit, die aus Amitayus, Avalokiteshvara und Mahasthamaprapta (d. h. *Er, der große Kraft
erworben hat*) besteht. Diese Dreieinigkeit hat viele Gegen-
beispiele in der iranischen Religion, d. h. im Mithraskult und im
Zervanismus, einer persischen Religion, welche die *Unbegrenzte
Zeit* (Zervan Akarana = Amita-āyus) als das Grundprinzip ansieht. Avalokiteshvara wird vom Buddhismus assimiliert und entwickelt sich zu einem Bodhisattva von solcher Vollendung, daß
er beinahe so vollkommen ist wie der Buddha selbst. Er besitzt
eine große Wunderkraft, durch die er bei allen Gefahren und
Schwierigkeiten zu helfen imstande ist. Auf der zweiten Stufe
erwirbt sich Avalokiteshvara eine Anzahl kosmischer Funktionen
und Merkmale. Er »hält die Welt in seiner Hand«, er ist unendlich groß — »800 000 Myriaden Meilen« —, »jede der Poren
seiner Haut beherbergt ein Weltsystem«. Er ist der Herr und
Herrscher dieser Welt. Aus seinen Augen scheinen die Sonne und
der Mond, aus seinem Mund blasen die Winde, aus seinen Füßen
stammt die Erde. In all diesen Beziehungen ähnelt Avalokiteshvara dem Hindugott Brahma. Endlich wird er auf der
dritten Stufe, zu einer Zeit, als die magischen Elemente des
Buddhismus in den Vordergrund treten, ein großer Magier, der
seine Macht seinen Mantras verdankt; er übernimmt auch viele
der Merkmale Shivas. Das ist der tantrische Avalokiteshvara.
In gewissem Sinne war Manjushri ebenso populär wie Avalokiteshvara. Manjushri personifiziert die Weisheit. Einige Sutras
wurden zu seiner Ehre verfaßt, manche vor 250 n. Chr. Man
könnte viele andere Bodhisattvas, wie z. B. Kshitigarbha und
Samantabhadra, aufzählen, doch müssen wir den Leser für alle
Einzelheiten auf die Spezialliteratur über den japanischen Buddhismus verweisen.

Die Wirkungskraft der Erlösung

Nach den Schriften der Alten Weisheitsschule zu urteilen, war
das Selbstvertrauen eine der hervorragendsten Eigenschaften
ihrer Anhänger. Man nahm es als selbstverständlich an, daß
jeder nur durch seine eigene persönliche Anstrengung zu retten
sei und daß »niemand von einem anderen erlöst werden könne«.
Drei neue Gedanken trugen dazu bei, diese Haltung ausschließ-
lichen Selbstvertrauens im *Buddhismus des Glaubens* zu unter-
graben: Die Lehre von der *Übertragung des Verdienstes*, die
Überzeugung, daß die Buddha-Natur in uns allen gegenwärtig
sei, und die Erschaffung einer großen Anzahl von Erlösern.

Die Annahme, Verdienst könne von einer Person auf die andere übertragen werden, widerspricht der Auslegung, die der alte Orden dem Gesetz des Karma gegeben hat. Ursprünglich war der Buddhismus der Überzeugung, jeder habe seine eigene Karma-Reihe. Daher müsse er für seine Missetaten ebenso Strafe erleiden, wie nur er selbst sich der Belohnung für seine guten Taten erfreuen könne. Dieser übertriebene Individualismus war für die Karma-Doktrin nicht wesentlich; ebenso wie die Idee der kollektiven Verantwortlichkeit historisch älter ist als die Vorstellung der individuellen Verantwortlichkeit, so wird in den Vedas als selbstverständlich angenommen, daß alle Mitglieder einer Familie oder eines Stammes ein gemeinsames Karma haben. Die individualistische Ausdeutung des Karma beschränkt dagegen jedes einzelne Individuum auf seine eigenen Hilfsquellen und scheint, soweit es sich um die wesentlicheren Fragen des Daseins, wie um Verdienst und Bestrafung, handelt, die Solidarität zwischen verschiedenen Personen zu leugnen. Wir hören, daß ein Brahmane gegen die Lehre des Buddha einwandte, sie erlaube, in die Praxis umgesetzt, nur jeweils einem einzelnen Individuum Verdienst zu erwerben. Der Buddha erwiderte darauf, das Leben der Heiligen beeinflusse eine große Anzahl von Menschen, die sich an den Heiligen ein Beispiel nähmen. Wir kennen aber keine buddhistische Schrift aus der Zeit vor 200 v. Chr., die ausdrücklich gelehrt hätte, daß jemand sein Verdienst direkt auf andere übertragen könne.

Verdienst gibt uns die Sicherheit künftiger materieller und geistlicher Vorteile. Das bedeutet, daß mit dem Verlangen nach Verdienst, mit dem Streben, Verdienst zu sammeln und aufzuspeichern, so wertvoll dies an sich auch sein mag, notwendig ein erheblicher Eigennutz verbunden ist. Die Buddhisten hatten es immer darauf abgesehen, die Besitzinstinkte der geistlich weniger hochstehenden Mitglieder der Gemeinschaft dadurch einzuschränken, daß sie sie von dem Verlangen nach Reichtum und Familienleben abzubringen und statt dessen auf ein einziges Ziel zu lenken versuchten: auf den Erwerb von Verdienst. Aber natürlich befriedigt das nur Menschen, die sich auf einer verhältnismäßig niedrigen geistlichen Ebene bewegen. Auf einer höheren Stufe wird es unvermeidlich, sich auch gegen diese Form der Lust am Besitz zu wenden; man muß bereit sein, den angesammelten Verdienst hinzugeben, um andere glücklich zu machen. Das Mahayana kam zu dieser Schlußfolgerung und erwartete von seinen Anhängern, daß sie bereit wären, ihren eigenen Verdienst anderen zu übertragen oder, wie die Schriften es ausdrücken, »ihren Verdienst der Erleuchtung aller Wesen zuzuwenden und zu weihen«.

»Mit Hilfe des Verdienstes, den ich mir durch alle meine guten Taten erworben habe, möchte ich das Leiden der gesamten Kreatur lindern, möchte Heilmittel, Arzt und Pflegeschwester der Kranken sein, solange es Krankheiten gibt. Mit Wolkenbrüchen von Speise und Trank möchte ich die Flammen von Hunger und Durst auslöschen. Den Armen will ich ein unerschöpflicher Schatz sein, ein Diener, der sie mit allem versieht, was ihnen fehlt. Mein Leben und alle meine Wiedergeburten, meinen ganzen Besitz und all den Verdienst, den ich erworben habe oder noch erwerben werde, all das gebe ich auf, ohne den geringsten Vorteil für mich selbst zu erwarten, auf daß die Erlösung aller lebenden Wesen gefördert werde.«

Das ist das erstrebte Ziel. Erreicht wird es von den großen Bodhisattvas auf der letzten Stufe ihrer geistlichen Entwicklung, und es bildet einen Teil ihrer Gelübde. Von ihrem unermeßlichen Verdienst wird ein Teil auf den Gläubigen übertragen, wenn er gläubig darum bittet.

Ferner haben sich die Mahayanisten durch die starke Betonung der Identität des Buddha mit der Welt an die Vorstellung gewöhnt, daß die Buddha-Natur in jedem Teil des Universums und daher auch in dem Herzen eines jeden von uns gegenwärtig sei.

»Buddha, der Herr auf seinem Löwenthron,
Wohnt in jedem Sandkorn und im kleinsten Stein.«

Nimmt man an, daß wir selbst durch eigene Anstrengung nach der Erlösung streben, welcher Teil von uns ist es dann, der nach dem Nirwana begehrt? Ist es unser individuelles Selbst oder vielleicht unser *Höheres Selbst,* unser *Buddha-Selbst?* Das Mahayana kam zu dem Schluß, es sei in Wahrheit der Buddha in uns, der nach sich selbst strebe, und die Buddha-Natur in uns, die nach dem Buddhatum verlange.

Schließlich war der Buddha ursprünglich ein Lehrer und nicht ein Heiland gewesen. In dem Glaubens-Buddhismus wurden nun die höheren Bodhisattvas zu den Erlösern der Gläubigen. Hatte ein Bodhisattva sich völlig mit vollendeter Weisheit erfüllt und sein eigenes Selbst durch tiefes Verständnis der Leere ausgelöscht, so erfuhr sein Wesen eine völlige Umbildung. Alles Selbstinteresse und jede Bindung waren dann abgestorben. Im Prinzip konnte ein Bodhisattva sich auf dieser Stufe selbst vernichten, aber das Mitgefühl hielt ihn davon zurück. Er blieb weiter tätig, aber seine Tätigkeit war von vollkommener Reinheit. Als wahrer König herrschte er über die Welt. Auf dieser Stufe erwarb der Bodhisattva die verschiedensten überirdischen und übernatürlichen Fähigkeiten. Er konnte seine eigene Wiedergeburt zu jeder Zeit und in jeder beliebigen Gestalt auf wunderbare Weise herbeiführen; er besaß die unbegrenzte Fähigkeit, sich zu verwandeln usw. Die Neue Weisheitsschule hatte die Existenz solcher übernatürlicher Wesen als möglich angesehen. Der Buddhismus des Glaubens betrachtete sie als lebende Individuen, gab ihnen Namen, verband Legenden mit ihnen und sprach ihnen eine bestimmte, greifbare Individualität zu.

Andrerseits ist es klar, daß Akshobhya und Amitabha, Avalokiteshvara und Manjushri sowie alle die himmlischen Buddhas und Bodhisattvas dieser Schule geistige Erfindungen ohne jede historische oder tatsächliche Grundlage sind. Es ist nicht leicht zu verstehen, daß die Mahayanisten dies ganz offen zugeben konnten, während sie doch leugneten, daß diese neuen Erlöser nur Schöpfungen und Vorstellungen der Phantasie, subjektive und willkürliche Erfindungen seien. Das bei den Hindus oft beobachtete Fehlen jeglichen historischen Verständnisses reicht zur Erklärung dieser Haltung nicht aus; wissen wir doch, daß die indischen Buddhisten der Hinayana-Schule sich weigerten, an die himmlischen Buddhas und Bodhisattvas des Mahayana zu glauben, mit der Begründung, es gäbe keinerlei Beweise für ihre wirkliche Existenz.

Meiner Ansicht nach liegt hier ein philosophisches Problem vor, das dem jahrhundertealten Streit zwischen dem Nominalismus und dem Realismus entspricht. Für den Nominalisten kommt nur dem Individuellen wirkliches *Sein* zu, für den Realisten nur dem Universellen. Ganz ähnlich verlangen auf dem religiösen Gebiet Menschen einer bestimmten Veranlagung nach historischen Tatsachen, auf die sie ihren Glauben stützen können, während andere der Ansicht sind, daß die Schöpfungen der mythologischen Phantasie den Resultaten der menschlichen Geschichte an Bedeutsamkeit in keiner Weise nachstehen. Viele Christen legen großen Wert auf die Tatsache, daß Jesus Christus eine historische Erscheinung war. Für die mythologische Richtung dagegen ist die Frage seiner historischen Existenz ohne jede Bedeutung. Nach ihrer Einstellung ist nur Christus in religiösem und geistlichem Sinne von Bedeutung, nicht aber der Mensch Jesus. In der Geschichte des frühen Christentums vertraten einige gnostische Sekten diese Einstellung des Mahayana; sie behaupteten, der Christus sei im Augenblick der Taufe in den

Menschen Jesus herabgestiegen und habe ihn am Kreuz wieder verlassen in dem Augenblick, als Jesus ausrief: »Gott, mein Gott, warum hast du mich verlassen?«

Die Philosophen machen einen Unterschied zwischen dem, *was* ein Mensch ist und der Tatsache, *daß* er ist. In der traditionellen Auffassung des Christus gibt es keinen einzigen Gedanken, der nicht auf vorchristliche Zeiten zurückginge, der nicht ebenso gut anderen religiösen Systemen angehörte und in den Legenden über den Messias, Osiris, Herakles und viele andere wiederkehrte. Für die mythologische Schule ist der Mythos das Wesentliche. Ob er durch eine historische Person verkörpert wird oder nicht, erscheint als zufällige und höchst gleichgültige Nebensache. Die Namen Akshobhya und Amitabha mögen erfunden sein, die Wirklichkeit, die hinter ihnen steht, das Absolute, ist jedenfalls immer vorhanden.

In China hatte diese Haltung des Mahayana gegen die sorgfältige und genaue historische Einstellung der chinesischen literarischen Überlieferung zu kämpfen. Die Chinesen waren daher geneigt, einen historischen Kern für die Idee der himmlischen Bodhisattvas zu suchen. Man behauptete z. B. von Manjushri, er sei ursprünglich ein chinesischer Prinz gewesen, der im ersten Jahrhundert, zur Zeit des Kaisers Ming-ti auf dem Wut'ai-shan, dem Berge mit den fünf Gipfeln (Pañcashirsha) gelebt habe. Hatte man ihn damit in Zeit und Ort festgelegt, so war man zufrieden. In ähnlicher Weise führte man Tara auf eine chinesische Prinzessin zurück. Der 650 verstorbene König von Tibet, Srong Tsen Gampo, hatte zwei Frauen, eine chinesische und eine nepalesische. Diese wurden mit zwei Gottheiten, der Weißen Tara und der Grünen Tara, identifiziert. Für die Inder war dies ein normaler Fall der Inkarnation einer prä-existenten geistlichen Kraft. Die Chinesen aber drehten die Sache um. Ihrem eingeborenen Euhemerismus stellte sich der Vorgang so dar, daß die Prinzessinnen als die zwei Taras vergöttlicht worden seien und die Gottheit Tara eine Apotheose der historischen Persönlichkeiten sei, die keineswegs die Verkörperung einer Idee waren, sondern ihren Ausgangspunkt in der Wirklichkeit hatten. Der weiten kosmischen Perspektive des frühen Mahayana wäre diese kleinliche Betonung der Gegebenheiten menschlicher Geschichte völlig unbegreiflich gewesen.

Was erwarteten nun die Gläubigen von dem Buddha und den Bodhisattvas? Im Buddhismus des Glaubens haben die Erlöser im wesentlichen vier Aufgaben:

1. Sie fördern die Tugenden des Gläubigen, bestärken ihn bei der Unterdrückung von Habgier, Haß und Täuschung und gewähren Schutz gegen Geister und Menschen, die böswillig versuchen, die geistlichen Übungen zu stören.

2. Sie gewähren außerdem materielle Vorteile. Da die Buddhas und Bodhisattvas unendlich gnadenreich waren, schien es ganz natürlich und in gewisser Hinsicht sogar logisch, anzunehmen, daß sie sich um die tatsächlichen praktischen Wünsche ihrer Anhänger kümmern, deren irdisches Vermögen schützen und Unheil von ihnen abwehren würden. Avalokiteshvara z. B. schützt Karawanen gegen Räuber, Seeleute vor Schiffbruch und Verbrecher vor der Hinrichtung. Mit seiner Hilfe erlangen die Frauen die Kinder, die sie sich wünschen. Wenn man nur an Avalokiteshvara denkt, so hören Feuersbrünste auf zu brennen, Schwerter zerfallen in kleine Stücke, Feinde werden großmütig, Fesseln werden gelöst, Hexereien fallen auf ihren Urheber zurück, Raubtiere fliehen, und Schlangen verlieren ihr Gift. Diese Seite des Glaubensbuddhismus steht im logischen Gegensatz zu der Lehre des Verzichtes, die sich durch den ganzen Buddhismus zieht. Als eine magische Lehre verspricht der Buddhismus die Heilung und Entfernung physischer Leiden, als eine geistliche Lehre zielt er darauf ab, den Geist von seiner falschen Einstellung gegenüber diesem Leiden zu reinigen. Wir haben aber schon mehrmals darauf hingewiesen (s. S. 78), daß einander widersprechende Gedankengänge im Leben sehr wohl nebeneinander hergehen können.

3. Die Buddhas und Bodhisattvas werden Objekte des Liebesverlangens. Das Wort Liebe ist sehr vieldeutig. In unserem Zusammenhang bezeichnet *Liebe* in der Bedeutung von *Bhakti* die persönliche Beziehung zu einem anderen persönlichen Wesen, das man nicht nur werthält und verehrt, sondern das man zu sehen, mit dem man vereint zu sein wünscht, das man nicht fortlassen will, dessen beständiges Dasein und Gegenwart man ersehnt. Die orthodoxe Vorstellung, die die *Weisen* sich von dem Buddha gebildet hatten, ließ ihn als Gegenstand eines solchen Liebesverlangens durchaus ungeeignet erscheinen. Dieser Vorstellung nach war er *erloschen* und, nach seinem Nirwana,

nirgendwohin gegangen. Er war für die Welt tatsächlich verloren und völlig abgeschieden von ihr. Nur sein Dharma war übriggeblieben, aber das war ein unpersönliches Wesen. Diese Theorie war für alle diejenigen, denen Religion *Liebe* bedeutete, von Anfang an gefühlsmäßig unbefriedigend geblieben. Der Hauptvertreter der bhaktischen Richtung unter den unmittelbaren Schülern des Buddha, Ananda, der den Herrn als Person liebte, konnte sich nicht damit zufrieden geben, ihn verloren zu haben. Er entwickelte die häretische Vorstellung, daß der Buddha nach seinem Eintritt in das Nirwana zu den Himmeln Brahmas aufgestiegen sei, genau so wie er bei seiner Geburt aus den Tushita-Himmeln herniedergestiegen sei.

Im Laufe der Zeit entwickelte sich die bhaktische Richtung in Indien immer stärker, und der Buddhismus blieb nicht unberührt davon. Die Gläubigen verlangten in steigendem Maße danach, »im Angesicht des Buddha zu wohnen« oder »die Tathagatas zu sehen«. Obwohl man sie offiziell davon abzubringen versuchte, neigten sie immer mehr zu dem Glauben, Buddha der Herr sei nicht wirklich *erloschen,* sondern existiere und lebe irgendwo. Weisheit und Verehrung gerieten in offenen Widerspruch. *Weisheit* bestand darin, alle äußeren Hilfen aufzugeben. *Verehrung* war unglücklich ohne eine lebendige Persönlichkeit, auf die sie sich beziehen konnte. Die Mahasanghikas kamen dem Verehrungsbedürfnis des Laientums dadurch zu Hilfe, daß sie den Glauben verbreiteten, der Buddha sei als überirdisches Wesen nicht dahingegangen, sondern lebe nach seinem Nirwana noch in der einen oder anderen Form. Das Mahayana entwickelte diese Vorstellung weiter und füllte das ganze Universum bis zu den äußersten Grenzen des Raumes mit Buddhas und Bodhisattvas, die am Leben waren und daher geliebt und verehrt werden konnten.

4. Außerdem schufen die Buddhas und Bodhisattvas jene Bedingungen, die es den Menschen in einem zukünftigen Leben erleichtern sollten, die Erleuchtung zu erreichen. In dieser Beziehung führte das Mahayana nur die Gedanken seiner Vorgänger weiter. Natürlich hatte die Mehrzahl der Gläubigen niemals damit gerechnet, das höchste Ziel des Nirwana in diesem Leben erreichen zu können. Sie konnten nur hoffen, auf eine Stufe des Universums zugelassen zu werden, die der Erleuchtung weniger Hindernisse entgegensetzte als die Welt der Menschen. Die Wiedergeburt in den Himmeln bedeutete für sie die Belohnung dafür, daß sie in dieser Welt ein heiliges Leben geführt und bei den *Drei Schätzen* Zuflucht genommen hatten. Dort,

mitten unter den Göttern, kann der Tugendreiche »endgültig dahingehen« *(parinibbāyati)*, »um von jener Welt nicht mehr zurückzukehren«. Das Mahayana ersetzte einfach die Himmel der alten Hindugottheiten durch die Himmel der Buddhas und Bodhisattvas und vermehrte die Aussichten der Durchschnittsmenschen, indem es eine Vielzahl von Paradiesen schuf, in denen sie wiedergeboren werden konnten. Selbst im Hinayana war das Paradies des Maitreya (s. S. 110) als Ort zukünftiger Wiedergeburt immer beliebter geworden. Maitreya, der nächste Buddha, herrscht und lehrt zur Zeit in den Tushita-Himmeln, die von den »Befriedigten Göttern« bewohnt werden und der rechtmäßige Aufenthaltsort eines zukünftigen Buddhas dieser Welt in seinem vorletzten Dasein sind. Nach ihrem Tode hofften die Frommen, in das Königreich des Maitreya zugelassen zu werden und dort wohnen zu dürfen, bis sie mit ihm sein endgültiges Leben auf dieser Erde teilen könnten.

Die Anhänger des Mahayana fanden, wenn sie zu dem ungeheuren, sternübersäten Himmel aufblickten, überall solche Paradiese. Ebenso wie der Buddha Shakyamuni in unserem Weltsystem erschienen ist, so haben auch andere Weltsysteme ihre Buddhas. Diese Zuteilung verschiedener Buddhas an verschiedene Weltsysteme war keine originale Erfindung des Mahayana. Schon die Mahasanghikas und die Sautrantikas hatten diesen Gedanken. Das Neue war, daß das Mahayana die Vorstellung eines *Buddha-Landes* (Buddha-kshetra) sehr viel weiter entwickelte und einen Unterschied machte zwischen reinen und unreinen Buddha-Ländern.

Jeder Buddha hat ein bestimmtes und begrenztes Einflußgebiet, innerhalb dessen er mit seiner »tiefen, erhabenen und wundervollen Stimme« alle Wesen den Dharma lehrt und ihnen dadurch hilft, die Erleuchtung zu gewinnen. Ein Buddha-Land ist eine Art himmlisches Königreich, ein mystisches Universum, das von dem Buddha und den Wesen, die er beherrscht und denen er zur Reife verhilft, bewohnt wird. Nach Buddhaghosa hat ein Buddha eine doppelte Beziehung zu seinem Universum: 1. In seiner Allwissenheit kennt er das gesamte Universum, das »den Bereich seiner Erkenntnis ausmacht«. 2. Durch seine Souveränität als Herrscher hat er Macht und Einfluß über eine bestimmte Reihe von Weltsystemen. Die erste dieser beiden Beziehungen ist in der frühen Literatur des Hinayana klar entwickelt. Die zweite — die eines räumlich begrenzten, magischen Einflusses des Buddha und seiner Souveränität über ein besonderes Gebiet (und zwar abgesehen von seiner hervorragenden Stellung darin) —

fehlt in der frühen Hinayana-Literatur so gut wie völlig und wurde von Buddhaghosa aus dem Mahayana übernommen.

Aber das ist noch nicht alles. Viele Buddha-Länder sind mit den natürlichen, unreinen Weltsystemen identisch, die von Lebewesen in einem der sechs Daseinszustände bewohnt werden (s. S. 46 ff.). Andere Buddha-Länder dagegen, wie das des Buddha Amitabha z. B., sind *Reine Länder*. Einige Buddhas schaffen Gebiete, die nicht real, sondern ideal oder transzendent sind in dem Sinne, daß sie außerhalb der *dreifachen Welt* des sinnlichen Verlangens, der Form und Formlosigkeit liegen; in ihnen gibt es weder Frauen noch Tiere, weder Geister noch Verdammte; sie sind nur bewohnt von Bodhisattvas hoher geistlicher Vollendung, die Götter oder Menschen sind, »rein in Körper, Stimme und Geist«; sie sind nicht durch normale Geburt, sondern auf wunderbare Weise in ihre Welt eingetreten. In dieser Welt kann man den leuchtenden Körper des Buddha sehen, seinen Predigten lauschen und sich immer weiterer Reinigung unterziehen, bis alle das Buddhatum erreicht haben. Dieses *Paradies* wird oft mit vielen, der Sinnenwelt entnommenen Bildern ausgeschmückt. Es ist leuchtend hell, besteht aus Lapislazuli und hat weder Steine noch Kies, weder Löcher noch steile Abhänge oder Abflußkanäle. Es ist eben und von einer ruhevollen Schönheit, geschmückt mit juwelenverzierten Bäumen, die in einem mit Golddrähten abgegrenzten, schachbrettartig angelegten Garten wachsen, es ist voll von Blumen usw. »Wesen, die in diesem Lande geboren sind, sterben niemals vor ihrer Zeit, sie sind wohlhabend und reich, wahrheitsliebend und ehrlich, sie tun Gutes und reden sanftmütig. Ihre Familien und Verwandten werden nie voneinander getrennt werden. Sie werden die Gabe besitzen, Streitigkeiten beizulegen, und wenn sie sprechen, werden ihre Zuhörer immer von ihnen lernen können. Nie werden sie neidisch oder ärgerlich sein, sondern sich immer an die rechten Grundsätze halten.«

Das ist einfache, populäre Religion. Charakteristisch für den Buddhismus aber ist, daß große Anstrengungen gemacht worden sind, diese populäre Auffassung mit den Grundideen der Neuen Weisheitsschule in Übereinstimmung zu bringen. Es ginge gegen den Geist der Lehre von der allgemeinen Leere, wollte man diesen Paradiesen eine Art vergröberter Wirklichkeit im Raum zugestehen. Tatsächlich stammen sie aus dem Geiste der Bodhisattvas. Das Avatamsaka-Sutra sagt z. B.:

»Die Buddha-Länder, zahllos wie Staubteilchen, stammen aus einem Gedanken, der in dem Bodhisattva-Geist des

Mitleids liebevoll gepflegt wurde,
Er, der in zahllosen kalpas sich durch seine Taten Verdienst erworben und alle Wesen zur Wahrheit geführt hat.
Alle Buddha-Länder entstehen aus dem eigenen Geist und haben unendliche Formen,
zuweilen rein, zuweilen befleckt, befinden sie sich in verschiedenen Zuständen des Genießens oder Leidens.«

Ein Buddha-Land ist das Ergebnis der Selbstlosigkeit eines Bodhisattvas, der nicht danach strebt, sich von den Übeltätern fernzuhalten, sondern sie zu bekehren. Das *Ratnamegha* belehrt uns darüber: »Wenn der Bodhisattva von habgierigen und gewalttätigen Menschen hört, darf er nicht sagen 'hinweg mit diesen so habgierigen und gewalttätigen Leuten', und darf darüber nicht betrübt sein und sich gegen sie wenden. Er gelobt, ein sehr reines Reich zu schaffen, in dem nicht einmal der Name solcher Menschen bekannt ist. Wenn aber der Bodhisattva sein Antlitz von der Wohlfahrt aller Kreaturen abwendet, dann ist sein Reich nicht rein und sein Werk nicht vollendet.«

Wenige unter uns glauben heutzutage daran, daß man eine Welt erschaffen könne dadurch, daß man sie herbeiwünsche. Den Buddhisten aber ist die Schöpfungskraft ethischer Handlungen ebenso axiomatisch, wie sie uns fremd ist. Die Umgebung, in der lebende Wesen existieren müssen, ist in erheblichem Maße durch ihre Taten bestimmt (Karma). Die verschiedenen Höllen z. B. werden durch die Handlungen der dort Wiedergeborenen geschaffen. Daß wir wasserlose Wüsten auf unserer Erde vorfinden, liegt an dem geringen Ausmaß des Verdienstes, das wir erworben haben. Tatsächlich ist die Welt der Dinge *(bhajana-loka)* nichts anderes als eine Art Spiegelbild der Handlungen der Menschen. Eine Umgebung besteht nur so lange, als es Menschen gibt, deren Karma sie zwingt, diese Umgebung wahrzunehmen. Im gleichen Sinne nimmt man nun an, das Verdienst eines Bodhisattva könne genügen, ihm ein *Reines Land* zu schaffen, und zwar nicht nur für sich selbst, sondern auch für andere, auf die er es übertragen kann.

Der Buddhismus des Glaubens als volkstümliche Religion lehrt, daß es eine Vielheit von Buddha-Reichen gebe. Da der Glaubensbuddhismus ein Zweig des Weisheitsbuddhismus ist, so wissen seine Anhänger sehr wohl, daß diese Vielheit der Wahrheit nur bedingt entspricht. Letzten Endes sind alle Reiche ein Reich, und ein Reich ist alle Reiche. Letzten Endes sind die natürlichen und die idealen Buddha-Reiche ein und dasselbe.

Der Buddha ist allgegenwärtig, und unsere Welt ist im Grunde die ideale Welt, wenn man sie nur als solche erkennt. »Hier, in diesem Zimmer«, sagt Vimalakirti, »sind all die herrlichen, himmlischen Paläste und all die Reinen Länder aller Buddhas gegenwärtig.« Unsere Welt erscheint uns als unrein, erfüllt von vielen Schmerzen und Sorgen, jämmerlich und voller Schrecken. Aber denen, die den wahren Glauben haben, erscheint dieselbe Welt mit allen ihren Eigenheiten als ein Reines Land, »eine große Ebene aus Lapislazuli, ein Schachbrett, das durch goldene Fäden in acht Felder abgeteilt und mit juwelenbestückten Bäumen bepflanzt ist.« Wieder ist es Vimalakirti, der das Paradoxe dieser Lehre deutlich macht, wenn er sagt: »Lebende Wesen können, ihrer Sünden wegen, die Reinheit unseres Buddha-Landes nicht erkennen. In Wahrheit ist dieses, unser Land, immer rein. Die Unreinheiten bestehen in deinem eigenen Geist. Ich sage dir, Sariputra, ein Bodhisattva mit seinem reinen, klaren Geist betrachtet alle Dinge gleichmütig, mit der Weisheit eines Buddha, und deshalb ist für ihn dieses Buddha-Land von fleckenloser Reinheit. Diese unsere Welt ist immer von solcher Reinheit. Und trotzdem zeigt sich uns die Welt böse und unrein, damit Wesen mit geringeren Fähigkeiten gerettet werden können."

Methoden

Da wir das Ziel nunmehr beschrieben haben, können wir jetzt die fünf Methoden aufzählen, mit deren Hilfe die Wiedergeburt in einem der *Gefilde der Seligen* erhofft werden kann.

1. Man führe ein reines Leben und pflege das Verlangen, so zu werden wie die Buddhas.

2. Im Laufe der Entwicklung des Mahayana wurde mehr und mehr Wert auf die Verehrung der Buddhas gelegt als auf einen Weg, Verdienst anzusammeln. Unter Verehrung versteht man Handlungen wie das Preisen der Tugenden Buddhas, die Anbetung seiner Schönheit, das Entzücken bei dem Gedanken an ihn, das Verlangen, eines Tages als ein vollkommener Buddha wiedergeboren zu werden (Pranidhana), und die Darbringung von Geschenken an den Buddha. Das letztere ist eine besonders wichtige Quelle der Verdiensterwerbung. Das Verdienst, das man durch eine Gabe erwirbt, ist um so größer, je höher die Stellung des Empfängers ist. Bestimmte Individuen und Gruppen, besonders die Heiligen und der Sangha, wurden von früh an als *unvergleichliche Verdienst-Felder* dieser Welt angesehen.

Im Mahayana wurde der Buddha immer mehr zu dem höchsten *Verdienst-Feld*.

3. Man denke an den Buddha, während man seinen Namen wiederholt ausspricht. Da der Name die Macht der Buddhas und Bodhisattvas in sich schließt, ist seine Anrufung ein Akt der höchsten Tugendkraft. Zahllose Anrufungsformen wurden entwickelt. Die berühmteste von allen ist *Verehrung dem Buddha Amitābha! Om Namo Amitabhāya Buddhāya* in Sanskrit, *Om O-mi-to-fo* auf chinesisch, *Namo Amida Butsu* auf japanisch. Während auf der einen Seite die Mönche in der Anzahl der Wiederholungen des heiligen Namens einander zu übertreffen suchten, machte man dem Laien das Zugeständnis, daß »ein einziger Akt der Ergebenheit«, »ein einziger Gedanke an den Buddha«, »einen einzigen Augenblick lang« seine Erlösung herbeiführen könne.

4. Man glaube fest, daß der Buddha oder Bodhisattva, den man sich erwählt hat, das Gelübde getan habe, alle zu erlösen, und deshalb bereit und fähig sei, auch einen selbst zu erlösen und mit sich in das Paradies zu führen. Ein fester Glaube läßt sich an drei Anzeichen erkennen: Er muß ehrlich sein; man muß wirklich überzeugt sein von seiner eigenen kraftlosen Erbärmlichkeit und von der Macht der Gelübde des Buddha; man muß seine Verdienste auf das Paradies *übertragen* und ein Gelübde tun, daß man dort wiedergeboren werden wolle. Die mitfühlende Hilfe des Buddha und das Zusammenwirken zwischen ihm und unserem Glauben bewirken die ersehnte Wiedergeburt.

5. Man versenke sich in Meditationen über die Vollkommenheit eines Buddha-Landes, übe seine bildliche Vorstellungskraft darin, die Buddhas und Bodhisattvas vor sich zu sehen, und erziehe die Gehör-, Gesichts-, und Geruchssinne dazu, die sinnliche Schönheit der Buddha-Länder wahrzunehmen.

Das sind die fünf Methoden. Manche Autoritäten nehmen an, es sei der Glaube, der zur Erlösung führe, andere, es sei die Wiederholung des heiligen Namens. Über die erste und fünfte Methode gab es viele Auseinandersetzungen, da manche der Ansicht waren, sie beruhten auf zu großem Selbstvertrauen. Im allgemeinen neigte der Glaubensbuddhismus in Indien dazu, die moralische Haltung des Anbetenden nicht außer Betracht zu lassen. Große Sünder und diejenigen, »die den heiligen Dharma verleumden«, können nicht durch Glauben allein erlöst werden. Wie können sie behaupten, daß sie den Buddha von ganzem Herzen lieben, wenn sie seine ethischen Lehren nicht befolgen und sich weigern, seinen Willen zu tun? Erst in der späteren

Entwicklung des Amidismus in Japan kommt man zu der Anschauung, daß der Glaube allmächtig sei, ganz ohne Rücksicht auf die moralische Lebensführung (s. Kapitel IX).

Selbstauslöschung und Glaube

Die Besonderheiten der buddhistischen Schulen, die sich nach den ersten 500 Jahren entwickelten, sind zum Teil durch sozialen Druck, zum Teil aus den unausweichlichen Folgerungen zu erklären, die in dem Problem der Selbstauslöschung verborgen lagen. Das Mahayana übernahm das Bodhisattva-Ideal und versuchte dadurch, wie wir oben (S. 118 ff.) gesehen haben, die letzten Reste der Selbstsucht auszutreiben. Die Bhakti-Richtung verwarf gläubig jedes Vertrauen auf die eigene Kraft, auf die Fähigkeit, das eigene Leben und die Erlösung für sich selbst zu planen und durchzuführen. Legen wir die Selbstauslöschung als Maßstab an, so liegt der Glaubensbuddhismus in der geraden Linie buddhistischer Rechtgläubigkeit. Völlige Ergebenheit im Glauben ist nur bei einem hohen Grade der Auslöschung des gesonderten Selbst möglich, und zwar einmal, weil man sich nicht auf sich selbst und die eigene Kraft verläßt, dann, weil man die Nutzlosigkeit jeder bewußten eigenen Anstrengung einsieht und sich zur Erlösung *tragen* läßt, und schließlich, weil man keine besonderen Vorrechte auf Grund höheren Verdienstes oder größerer Weisheit beanspruchen will. Die einfachste Bescheidenheit läßt uns einsehen, daß, verglichen mit den Buddhas und Bodhisattvas und der Bedeutung ihrer Hilfe für uns, jedes Verdienst, das wir etwa beanspruchen könnten, zu völliger Nichtigkeit herabsinkt. Die vorgeschritteneren Buddhisten waren von allen Sünden immer am ehesten der Gefahr des Stolzes ausgesetzt. Jetzt lehrte man sie, in aller Bescheidenheit Geschenke von einem Wesen anzunehmen, dessen Existenz sie nur glaubend erfassen konnten. Jeder Stolz auf den eignen Verstand oder die Reinheit des Herzens führt zur Aufrichtung eines Selbst gegenüber dem Selbst anderer. Wird der Verstand aber als zwecklos, das Herz als verdorben angesehen, so verliert dieses Selbst jede Bedeutung. Nur die Gnade des Absoluten kann uns hinübertragen; unsere eigenen Pläne und Versuche sind völlig nichtig. Denn man darf nie vergessen, daß der persönliche Heiland und das Paradies, die man den Unwissenderen vor Augen stellt, nichts anderes sind als das Absolute, über das der besser Unterrichtete belehrt wird. Folgt man der Logik der buddhistischen Dialektik bis zum Ende, so besteht die buddhistische

Vollkommenheit nur in ihrer Vernichtung, und sie kann nur da vorhanden sein, wo sie völlig ununterscheidbar geworden ist. Alles besondere buddhistische Leben muß untergehen, wenn der Buddhismus erfüllt werden kann. Man bedarf nur eines aufrechten Herzens und eines ehrlichen Glaubens, die sich des Verdienstes ihrer Aufrichtigkeit nicht bewußt sind. Die Forderung des Buddha, daß man, um erlöst zu werden, lernen müsse, nichts Besonderes zu tun, wird auf diese Weise so vollkommen wie nur möglich erfüllt.

VII. DIE YOGACARINS

Weisheit und Trance

Während der ersten Jahrhunderte unserer Zeitrechnung begann sich eine neue Schule unter dem Namen der Yogacarins zu entwickeln. Diese Schule beherrschte nach 500 n. Chr. die Gedankenwelt des Mahayana in immer stärkerem Maße. Ihre Theorien sind außerordentlich vielfältig und lassen sich nur schwer allgemein verständlich darstellen, da sie eine nähere Bekanntschaft mit den Methoden und Wirkungen des Trancezustandes *(Samādhi)* voraussetzen, die heute die wenigsten Menschen besitzen.

Die ursprüngliche Lehre des Buddhismus enthielt bereits alle später entwickelten Systeme in ihrer Zusammenstellung der Übungen (S. 90, 94). Die verschiedenen Übungen wurden in die drei Gruppen der Moral, der Trancezustände und der Weisheit zusammengefaßt (S. 90—108). Die theoretische Entwicklung, die wir oben (s. Kapitel IV—VI) besprochen haben, war im wesentlichen das Werk der *Weisheitsspezialisten,* und die Methoden des Abhidharma waren die Triebkraft der theoretischen Arbeit. Wie stand es aber mit dem Verhältnis von Moral und Trancezuständen? Die Frage der Moral tritt in den Auseinandersetzungen erst ganz spät auf, als der Tantrismus die moralischen Gebote zurückwies (S. 186 ff.). Die besondere Einstellung und die Erfahrungen jener, die sich ausschließlich mit ekstatischer Meditation befassen, waren in der theoretischen Formulierung der Lehre nicht genügend beachtet worden. Erst die Yogacarins stellten sich die Aufgabe, jener *Weltanschauung,* die sich durch den Rückzug in den Trancezustand manifestiert, den ihr zukommenden Platz einzuräumen. Das Temperament mancher Mönche eignete sich besser für den Weg der Weisheit, das anderer für den Trancezustand. Im Samyutta Nikaya II, 115 wird der Unterschied zwischen diesen beiden Wegen durch das Beispiel von Musila und Narada erläutert. Die Bhagavat Gita räumt der Gegenüberstellung dieser beiden unter den Namen Samkhya und Yoga erheblichen Raum ein. Die *Männer der Weisheit* sind in der Hauptsache intellektuell eingestellt, die *Männer des Trancezustandes* meditativ und asketisch. Die ersteren sind *dem Dharma ergeben,* die letzteren sinnen *(jhāyin).* Die Weisen kommen zur *Einsicht,* während der Trancezustand zur *Ruhe* führt. Die Weisen schenken der Magie nur geringe Beachtung, die anderen dagegen sehr große. Nach der orthodoxen Auffassung konnten nur beide *Flügel* zusammen die Menschen zur Erleuchtung tragen. Die Sarvastivadins betonten immer die überragende Bedeutung der *Weisheit*, worunter sie die Betrachtung der Dharmas verstanden. Bei einigen von ihnen, wie z. B. bei Harivarman, ist die ekstatische Übung des Trancezustandes ganz in den Hintergrund getreten. Unter den Madhyamikas liegt der Nachdruck ebenfalls ganz auf der Weisheit, die sie als eine verfeinerte Dialektik verstehen, welche alles Denken abtötet. Die Yogacarins sind die Reaktion auf diese Überbetonung der Gedankenprozesse und die damit notwendig verbundene Vernachlässigung der Trancezustände.

Welches war nun die besondere Lehre der Yogacarins? Sie lehrten, das Absolute sei Denken. Das ist als Theorie durchaus nicht neu und war in den Schriften aller Schulen eindeutig dargelegt; wir müssen versuchen, zu verstehen, warum man es so lange vernachlässigt hatte und aus welchem Grunde die Yogacarins nun begannen, es zu entwickeln.

In den Palischriften sagt der Buddha ausdrücklich, ein wohlgeordneter Geist sei so klar wie das durchsichtige Wasser eines reinen Sees und ohne die geringste Unreinheit an der Oberfläche. »Durch und durch selbstleuchtend *(pabhassara)* ist ein solcher Geist, aber gewöhnlich wird er verunreinigt durch eine ihm zugefügte Befleckung, die von außen kommt.« Mit anderen Worten, wenn der Geist der Wahrheit von Angesicht zu Angesicht gegenübersteht, so offenbart sich ein selbstleuchtender Gedankenfunken im tiefsten Inneren unseres Selbst und, analog, auch im Inneren aller Wirklichkeit. Die Lehrer der Alten Weisheitsschule hatten zwar diese Feststellung nicht ausdrücklich bestritten, aber kaum Gebrauch von ihr gemacht. Ihre Theorien waren völlig von dem Abhidharma beherrscht, und für dieses bestand die Wirklichkeit aus einer Aufeinanderfolge von Dharmas oder augenblicklichen Ereignissen. Wir sehen die Welt so, wie sie in Wahrheit ist, wenn wir erkennen, daß »es nur Dharmas gibt« *(dhamma-matta)*, um Buddhaghosas knappe Formulierung zu zitieren. Die Formel der Yogacarins, *Nur-Denken (cittamātra)*, empfängt ihre Bedeutung zum Teil aus dem Gegensatz zu dem traditionellen Abhidharma.

In der Prajñaparamita ist dagegen die Leerheit die letzte Tatsache des Lebens. Diese Leerheit mit den Yogacarins als *Denken* zu beschreiben, erschien den Madhyamikas jedoch völlig sinnlos. Die Prajñaparamita-Sutras kennen die Tradition eines selbstleuchtenden Denkens im Mittelpunkte jedes Wesens sehr wohl. Aber die Tatsache, daß es sich dabei wirklich um *Denken* handelt, hat für sie überhaupt kein Interesse. Sie befassen sich nur mit der dialektischen Natur des Denkens über das Absolute bzw. eines absoluten Denkens (s. S. 106 ff.), das mit sich selbst im Widerspruch und mit seiner eigenen Verneinung identisch ist. Natürlich ist das Denken »in seiner wesentlichen, ursprünglichen Beschaffenheit«, in der es frei ist von Habgier, Haß und Täuschung, in »einem Zustande durchsichtigen Leuchtens« und stellt auf dieser Stufe »das wesenhafte Sein aller Dharmas« dar. Dieses Denken aber, so fährt das Sutra fort, »ist in Wahrheit kein Denken« und ist weder vorhanden, noch ist es nicht vorhanden. Der Zutritt zu dem Problem wird in diesem Falle deutlich durch die überwiegende Beschäftigung mit der Weisheit bestimmt, die man als völlige dialektische Auflösung jeder tatsächlichen Gegebenheit verstand.

Der Lebenslauf des absoluten *selbstleuchtenden Gedankens* war damit nicht beendet. Chinesische Buddhisten, die auf die Passivität und das Nicht-Handeln so viel Wert legten, nahmen den Ausspruch der Prajñaparamita auf und erklärten, die Erlösung bestehe darin, einen Zustand des *Nicht-Denkens* zu erreichen. Sie wiesen jede geistige Tätigkeit zurück und erklärten, nur dumme Menschen könnten die Tugenden verwirklichen und meditieren. Ihre These, »man solle nicht an irgend etwas denken«, fand bei ihren indischen Brüdern der Madhyamika-Schule wenig Anklang.

Die Yogacarins ihrerseits gaben dem alten Ausspruch eine ganz andere Bedeutung. Ihnen war daran die Feststellung wichtig, das Absolute sei *Denken,* und zwar in dem Sinne, daß man es nicht in irgendeinem Objekt suchen dürfe, sondern nur in dem reinen Subjekt, das von allen Objekten frei ist. Bevor wir versuchen können, eine Erklärung dieser einigermaßen dunklen Lehre zu geben, müssen wir zunächst einmal die Geschichte der Schule kurz darstellen.

Literaturgeschichte

Die Entwicklung, die später zu der Yogacara-Schule führte, begann im Jahre 150 n. Chr. mit dem Sandhinirmocana-Sutra. Aus den Jahren 150 bis 400 haben wir mehrere andere literarische Dokumente, die *Nur-Denken* lehren. Das Lankavatara-Sutra, das Avatamsaka und das Abhisamayalankara stehen etwa in der Mitte zwischen den Madhyamikas und den Yogacaras. Das *Abhisamayalankāra* ist ein wichtiger Kommentar, der die Interpretation der Prajñaparamita von etwa 350 n. Chr. an bestimmt hat und in den Klöstern Tibets und der Mongolei noch heute die Grundlage für die Erklärung der Prajñaparamita bildet. Das Avatamsaka übernimmt die Lehre von der *Gleichheit* aller Dinge (s. S. 126) und erklärt sie damit, daß alle Elemente der Welt sich gegenseitig und gleichartig durchdringen. Das einzige ewige Prinzip des Universums, die *Heiterkeit des Geistes,* spiegelt sich im Kosmos wider und erfüllt alles mit geistlicher Bedeutung; seine Mysterien finden wir überall; wir können mit Hilfe irgendeines Objekts sämtliche Tugenden hervorrufen und in die Geheimnisse des gesamten Universums eindringen. Das Avatamsaka-Sutra war der grundlegende Text für eine Schule, die in China unter dem Namen Hua-yen-tsung, in Japan unter dem Namen Kegon-shu Bedeutung erlangte. Ihr größter Theoretiker war der 712 verstorbene Fa-tsang. Die Schule trug viel dazu bei, die Einstellung gegenüber der Natur im Fernen Osten zu verfeinern, und hat in China wie in Japan viele Künstler beeinflußt. In Indien stellt sie eine wichtige Verbindung zwischen den Yogacarins und dem Tantra dar. Die Yogacara-Schule wurde um 400 n. Chr. von zwei Brüdern, Asanga und Vasubandhu, gegründet, die aus Nordwestindien stammten. Manche Gelehrte setzen jedoch die Lebenszeit Asangas früher, um 320 n. Chr., an. Asanga und Vasubandhu brachten die Theorie des *Nur-Geist* in ein System und arbeiteten drei weitere Lehren aus, die sich mit dem *Speicher-Bewußtsein,* den drei Arten des *Selbst-Seins* und den drei *Körpern* des Buddha befaßten. Die Schule entwickelte ein außerordentlich kompliziertes scholastisches System und ist nicht ganz frei von übertriebener Spekulation.

Aus den Reihen der Yogacara-Schule kamen Männer, die eine buddhistische Version der Wissenschaft der Logik entwickelten. Die buddhistische Logik wurde um 440 n. Chr. von Dignaga begründet, und in Indien entstand eine reiche Literatur, die etwa bis zum Jahre 1100 n. Chr. reicht. Das Interesse an der Logik wurde durch ihren großen propagandistischen Wert gefördert. Im indischen Mittelalter veranstalteten die Herrscher regelmäßig eine Art von geistigen Turnieren, in denen Asketen verschiedener Schulen sich vor einer großen Zuhörerschaft gegenseitig debattierend bekämpften. Der Sieger in einer solchen Debatte erhöhte sein Prestige erheblich und konnte mit einem Zuwachsen materieller Unterstützung rechnen. Ihre Ausbildung in der Logik gab den Buddhisten große Vorteile über ihre Gegner, und so waren die Hindu-Sekten bald gezwungen, eigene logische Systeme auszuarbeiten. Dignagas Logik hatte eine wichtige indirekte Folge. Wo immer die Yogacarins ihren Einfluß ausübten, wandte sich das Interesse von dem traditionellen Abhidharma fort, der neuen Logik zu. Als Folge davon wurde das Abhidharma zwar nicht ausdrücklich abgelehnt, aber doch immer mehr vernachlässigt. Die Tradition der Yogacara-Logik ist in Tibet noch heute lebendig. In China haben wir eine ziemlich ausgedehnte und in Japan bis zum 15. Jahrhundert eine sehr große Literatur, die sich mit indischen logischen Texten beschäftigt.

Die Yogacara-Schule verschwand zusammen mit dem Buddhismus um 1100 n. Chr. aus Indien. Verschiedene Lehrer brachten sie nach China. Unter diesen waren zwei erstklassige Köpfe, Paramartha (500–569), der 546 aus Ujjayini (Ogein) in Ostindien herüberkam, und Yüan-tsang der große Pilgrim (um 650). Des letzteren Schule ist unter dem Namen Weih-shih bekannt.

Yüan-tsang faßte seine Lehre in dem Ch'eng-weih-shih-lun zusammen, der »*Abhandlung über das Erreichen* der Erkenntnis, daß alles nur Idee ist«, die immer noch das klassische Textbuch der Schule im Fernen Osten bildet. Das Buch ist ein Auszug aus zehn indischen Kommentaren zu Vasubandhus *Dreißig Versen*. Yüan-tsang stützte sich in der Hauptsache auf das des Dharmapala, des Abtes von Nalanda, und vernachlässigte die anderen neun. Ein wichtiger und einflußreicher Vertreter der Weih-shih-Schule war Yüan-tsangs Schüler K'uei-chi (632–685). Er verfaßte eine große Anzahl von Kommentaren und eine *Enzyklopädie der Lehren des Großen Fahrzeuges*. Die Weih-shih-Schule teilte sich bald in eine nördliche und eine südliche Linie. Außer der Schule des Paramartha und der Weih-shih gab es in China noch andere Abarten der Yogacara-Tradition, und die Geschichte der Richtung ist durch lange scholastische Disputationen über die Einzelheiten der Lehre gekennzeichnet. Im Jahre 653 und noch einmal im Jahre 712 wurde die Schule unter dem Namen der Hosso-Sekte (= chinesisch: *fa tsiang tsong, Kennzeichen des Dharma)* nach Japan gebracht. In der Tempyo-Periode blühte sie, besonders durch die Anstrengungen des Sojo Gien (gest. 728). Die Schule ist sogar bis in unsere Tage am Leben geblieben und stellt heute eine der kleineren japanischen Sekten dar, mit 44 Tempeln und Klöstern und 700 Priestern.

Nur-Geist

Geist, Denken und Bewußtsein werden in der buddhistischen Philosophie als auswechselbare Termini verwendet. Die Yogacarins, die das Nirwana durch positive Ausdrücke bezeichnen — sie nennen es Nur-Geist oder Nur-Denken oder Nur-Bewußtsein — weichen damit anscheinend von der buddhistischen Tradition ab, die immer negative Namen für das Absolute vorgezogen hat. Das Wort Nirwana selbst bedeutet *zu Wehen aufhören,* und wo andere Traditionen von *Ewigem Leben* sprechen, spricht der Buddhismus von dem *Nicht dem Tod Unterworfenen.* Der Buddhismus wacht eifersüchtig über die Transzendenz des Absoluten und sucht jene Mißverständnisse zu vermeiden, die so leicht entstehen, wenn derselbe Name, der etwas in unserer Welt bezeichnet, zugleich etwas anderem verliehen wird, das von unserer Welt völlig verschieden ist — so wie es den Christen begegnet, die Gott als eine Person bezeichnen. Warum aber sollten die Yogacarins von allem, was die Welt ausmacht, gerade das Bewußtsein wählen und versuchen, das Absolute dadurch zu bezeichnen?

Sie beabsichtigten damit, auf die Stelle in der Welt hinzuweisen, auf die Dimension des Selbst-Gewahrseins, wo wir das Absolute mit größter Wahrscheinlichkeit finden können. In unserer Erfahrung steht immer ein Objekt einem Subjekt gegenüber. Das Subjekt wird von dem Abhidharma mit dem Skandha des Bewußtseins identifiziert, dessen wesentliches Unterscheidungsmerkmal das Gewahrsein ist. Ebenso wie die Schneide eines Messers sich nicht selbst schneiden kann, können wir von unserem Bewußtsein keine direkte Erfahrung haben, wie wir sie etwa von einem vor uns liegenden Objekt gewinnen können. Denn sobald wir uns dem Subjekt zuwenden, wird es ein Objekt und hört auf, Subjekt zu sein. Durch Betrachtung unseres Inneren können wir niemals hoffen, dem Subjekt von Angesicht zu Angesicht gegenüberzutreten. Das endgültige Subjekt — das vielleicht am Ende des regressus ad infinitum steht — ist völlig außerhalb unserer Erfahrung und kein Teil dieser Welt: es ist transzendental. Den Versuch zu machen, sich ihm zu nähern, heißt etwas Unmögliches zu unternehmen. Und das ist genau das, was die Yogacarins sich zum Ziel gesetzt haben.

Durch rücksichtsloses Sich-Zurückziehen von jedem Objekt in einen nach innen gerichteten Trancezustand könnte man hoffen, sich diesem Ziel zu nähern. In jeder Lage, in der meine Persönlichkeit sich normalerweise befinden kann, ist das Subjekt immer mit irgendeinem Objekt verbunden. Wenn dagegen dem Subjekt kein Objekt gegenübersteht und daher keinerlei Verbindung zu einem Objekt besteht, dann könnte man wohl sagen, ich hätte mein innerstes Selbst in seiner ganzen Reinheit verwirklicht. Demnach könnte man sagen, die Erlösung bestehe in einer durch die Abwendung von allen objektiven und äußeren *Zuwüchsen* ermöglichten Zuwendung zu diesem inneren Selbst, welches erst verwirklicht ist, wenn es ganz allein, ohne ein Objekt oder auch nur den Gedanken an ein Objekt, für sich stehen kann. »Das Erfassen hört auf, wo nichts mehr vorhanden ist, das erfaßt werden könnte.«

Wir sehen nun deutlicher, wo die Verbindung zwischen diesem Gedankengang und der Erfahrung von ekstatischen Trancezuständen liegt. Die Weisheitsschulen hatten die Objekte um uns her durch eine rücksichtslose Analyse vernichtet, derzufolge es nur zahllose augenblickliche Dharmas gab, die zu unpersönlich oder zu gebrechlich waren, um erhebliche Bindungen aufrechterhalten zu können; sie hatten ferner eine rücksichtslose *Trennung* durchgeführt, die durch den Gedanken »ich bin nicht dies, dies ist nicht mein, dies ist nicht mein ich« die Identifizierung mit allen Objekten abschneidet. Die rücksichtslose *Nachinnen-Wendung* der ekstatischen Meditation entfernt das Objekt ebenfalls, aber dadurch, daß sie sich von ihm zurückzieht. Es war die Erfahrung dieses Sich-Zurückziehens, die den Yogacara-Theorien ihre Besonderheit verlieh. Die verschiedenen Stufen des Dhyana entstehen, wie wir oben (S. 94, 95) gesehen haben, durch den allmählichen Rückzug von allen äußeren Reizen oder Objekten, die den Geist immer weniger berühren, bis die fünf Sinne schließlich völlig *zur Ruhe kommen;* im höchsten Trancezustand gibt es überhaupt kein äußeres Objekt mehr. Der Yogin strebt nach Glück und Erfüllung nicht mit Hilfe der Außenwelt, sondern in der stillen Ruhe der reinen Innerlichkeit seines eigenen Denkens. Die Weisheitsschulen haben immer betont, daß alle unsere Schwierigkeiten aus der irrigen Identifizierung unseres wahren Selbst mit Eigenschaften herrühren, die wir in unserem empirischen Selbst vorfinden. Die Yogacarins definieren nun das wahre Selbst als das letzte Subjekt. Infolgedessen muß die Wurzel allen Übels darin liegen, daß wir geneigt sind, gewisse Dinge, die außerhalb dieses innersten Selbsts stehen, so anzusehen, als wären sie Objekte. In Wahrheit sind alle Dinge und Gedanken *Nur-Geist*. Der Grund für alle unsere Illusionen besteht darin, daß wir die Versachlichungen unseres eigenen Geistes als eine Welt ansehen, die von diesem Geiste unabhängig ist, obwohl er in Wahrheit ihre Quelle und ihr Wesen darstellt. Philosophisch gesehen, ist diese Lehre dem Idealismus Berkeleys ganz ähnlich. Bischof Berkeley sagte, „manche Wahrheiten sind dem Geist so nahe und so selbstverständlich, daß der Mensch nur seine Augen zu öffnen braucht, um sie zu erkennen. Dazu gehört meiner Ansicht nach die wichtige Tatsache, daß alle die Chöre des Himmels und die Ausstattung der Erde — in einem Wort all das, woraus das mächtige Gebäude der Welt besteht — ohne einen Geist kein Dasein haben.«

Die Außenwelt ist in Wahrheit der Geist selbst. Die Vielfältigkeit äußerer Objekte ist *bloße Vorstellung, nichts als Idee.* »Genau so, wie in einer Luftspiegelung kein wirkliches Wasser vorhanden ist und doch die Vorstellung wirklichen Wassers entsteht, so gibt es kein Objekt, und doch wird die Vorstellung eines Objektes hervorgerufen.« Die höchste Einsicht ist erreicht, wenn alles als reine Halluzination erscheint. Die Yogacarins gründeten diese Überzeugung nicht nur auf eine Anzahl logischer Argumente, mit denen sie die Unmöglichkeit der Existenz äußerer Objekte bewiesen, sondern auf die lebendige Erfahrung der ekstatischen Meditation. Auf den höheren Stufen des Trancezustandes war es für den Yogin etwas ganz Gewöhnliches, lebhaften visuellen Erscheinungen zu begegnen, denen kein äußerer Reiz entsprach. Im Laufe seiner Übungen sah er Dinge vor Augen wie z. B. einen blauen Kreis oder ein Skelett, die reine Halluzinationen oder, wie Asanga sie deuten würde, reine Gedanken waren. Die Welt ist wie ein Traum. Ein Traum ist nur ein Gewahrwerden von Ideen; die ihnen entsprechenden Objekte sind in Wahrheit nicht vorhanden. Ebenso wie man nach dem Aufwachen in den Traumbildern das Fehlen jeder Objektivität bemerkt, so bemerken diejenigen, die zur Kenntnis der wahren Wirklichkeit erweckt worden sind, das Fehlen der Objektivität in den Wahrnehmungen der Wachenden.

Speicher-Bewußtsein

Die Vorstellung der Yogacara von einem *Speicher-Bewußtsein* (*ālayavijñāna*) ist weniger interessant um ihrer selbst willen, als vielmehr wegen des dahinterstehenden Motivs. Asanga nahm an, daß ein überpersönliches Bewußtsein die Grundlage aller gedanklichen Tätigkeiten bilde. In diesem Bewußtsein werden die Eindrücke sämtlicher Erfahrungen der Vergangenheit, aller Taten und ihrer Folgen *aufgespeichert*. Es ist nicht eine individuelle, an einen psycho-physischen Organismus gebundene Seele, sondern die objektive Tatsache, die wir in unserer Unwissenheit und Eigenliebe fälschlich als eine individuelle Seele oder ein Selbst ansehen. So, wie die Yogacarins sie beschreiben, ist die

Vorstellung eines Speicher-Bewußtseins kaum verständlich; sie hat auch zu nichts anderem als zu hitzigen Auseinandersetzungen geführt.

Daß eine derartig unbefriedigende Idee überhaupt in allen Einzelheiten ausgearbeitet werden konnte, zeigt, daß im buddhistischen Denksystem eine erhebliche Schwierigkeit verborgen liegt. Die Anattalehre hatte behauptet, es gäbe tatsächlich kein individuelles Selbst, kein beständiges Ego, das die selbst-genügsame Einheit eines Individuums erklären könnte. Was uns als ein Individuum erscheint, ist in Wahrheit eine Reihe kurzlebiger Skandhas, die ständig, von Augenblick zu Augenblick, aufeinander folgen. Bestehen bleibt aber die relative Einheit jeder Reihe und ihre Unterscheidung von den andern. Mit unserem gesunden Menschenverstand beobachten wir, daß wir uns wesentlich besser an unsere eigenen inneren Erfahrungen erinnern können als an die anderer, daß wir uns in der Tat an die Erfahrungen anderer überhaupt nicht erinnern können. Es bleibt auch die Lehre vom Karma, derzufolge wir die Früchte unserer eigenen Taten ernten, aber für die Taten anderer weder bestraft noch belohnt werden. Es bleibt auch die Beobachtung, daß manche unserer früheren Erfahrungen eine Zeitlang in einem *Unbewußten* aufgespeichert bleiben und später unsere Handlungen beeinflussen. Die Illusion einer Individualität mag aus dem Begehren stammen, sie wird aber durch die tägliche Beobachtung kräftig unterstützt. Allerdings könnte man das alles beiseite schieben und den Zweifler auf das Nirwana verweisen, in dem diese Beobachtungen sicherlich in sehr verschiedenem Licht erscheinen würden.

Für alle diejenigen aber, die noch nicht bis zum Nirwana gelangt sind, muß der Glaube an eine Individualität so naheliegend erscheinen, daß sie das Vorhandensein einer objektiven Grundlage dafür als sicher annehmen. Dies war die schwächste Stelle der buddhistischen Ausrüstung, und das Problem hat die buddhistischen Theoretiker zu allen Zeiten beunruhigt. Der ketzerische Glaube an ein Selbst drang sogar in die Reihen des Ordens selbst ein. Die Anhänger einer der 18 traditionellen Sekten — die Sammitiyas — waren bekannt unter dem Namen der *Pudgala-vādins, Derer, die an die Person glauben*. Sie versuchten, eine Art von Glauben an ein Selbst oder an eine Seele aufrechtzuerhalten, ohne sich doch wirklich dazu zu bekennen. Sie sprachen von einem undefinierbaren Prinzip mit dem Namen *pudgala*, d. h. „Person", das weder verschieden noch nicht-verschieden ist von den fünf Skandhas. Dieses Prinzip bleibt wäh-

rend der verschiedenen Wiedergeburten wirksam bis zur Erreichung des Nirwana. Es liegt etwa in der Mitte zwischen unserem
wahren und unserem *empirischen* Selbst. Es erklärt auf der
einen Seite unser Gefühl einer persönlichen Identität (wie das
empirische Selbst) und bleibt andrerseits bis ins Nirwana bestehen (wie das *wahre* Selbst). Dies wurde unter all den stritti-
gen Punkten als der bedeutsamste angesehen. Im Laufe der
Jahrhunderte wurden die Orthodoxen niemals müde, ein Argu-
ment auf das andere zu türmen, um dieses Zugeständnis eines
Selbst durch die Pudgalavadins aus dem Felde zu schlagen. Aber
je hartnäckiger man versucht, etwas aus dem eigenen Kopf oder
aus einem Denksystem fernzuhalten, mit um so größerer Sicherheit wird es durch eine Hintertür wieder hereinkommen. Schließlich sahen sich die Orthodoxen gezwungen, die Vorstellung eines
dauernden Ego anzuerkennen; sie taten das zwar niemals offen,
sondern verhüllten dieses Zugeständnis und versteckten es in
besonders dunklen und unverständlichen Formulierungen, wie
z. B. dem *unterbewußten Lebenskontinuum (bhavanga)* der
Theravadins, dem *Dauer-Dasein eines höchst verfeinerten Bewußtseins* der Sautrantikas, dem *Wurzel-Bewußtsein* der Mahasanghikas usw. Das *Speicher-Bewußtsein* der Yogacarins ent-
stammt derselben Geisteshaltung. Als die Anweisung, das individuelle Selbst nicht zu beachten, sich erst einmal zu der Maxime
verhärtet hatte: »Es gibt kein Selbst«, wurden solche Zugeständ-
nisse an den gesunden Menschenverstand unvermeidlich.

Nachdem die Yogacarins dem Verlangen, den Ursprung
unserer Illusionen zu erforschen, einmal nachgegeben hatten,
trieb ihr Schiff auf einen Ozean unbegrenzter Spekulation hinaus.
Sie begannen mit der Aufgabe, unsere Welt aus dem Speicher-
Bewußtsein abzuleiten und den Evolutionsprozeß aufzuspüren,
durch den das endgültige Subjekt sich selbst entfremdet und
sich in eine Welt von Objekten entfaltet. Zu diesem Zwecke
bauten sie ein unerhört verwickeltes und kompliziertes System
der spekulativen Metaphysik auf, das mit dem tatsächlichen
Streben nach Emanzipation gar nichts mehr zu tun hat. Sie gaben
die frühere theoretische Einfachheit, die sich mehr damit beschäftigt hatte, Illusionen zu beseitigen als sie zu erklären, ganz
auf. In Wahrheit stellt die Yogacara-Philosophie, obwohl sie
aus den inneren Schwierigkeiten der Anattalehre entstanden ist,
einen Einbruch des Samkhya-Systems der Hindu-Philosophie in
den Buddhismus dar; etwa zur Zeit Asangas wurde dieses System
von Patanjali (um 450 n. Chr.) für die theoretische Darstellung
der in Indien noch heutzutage geübten Yoga-Methoden benutzt.

In der Zeit zwischen dem Abhidharma und den Jahrhunderten, in denen die Schule der Yogacarins sich entwickelte, hatte sich das geistige Klima Indiens völlig verändert. In den alten Zeiten hatten sich die Mönche um das Universum im allgemeinen wenig bekümmert. Für den, der sich selbst erkennen wollte, waren nur die geistigen Zustände und die psychologischen Methoden von Bedeutung. Jetzt aber handelte es sich nicht mehr um individuelle, sondern um universelle Erlösung, und die Zustände des Geistes mußten in Beziehung gebracht werden zu der Entwicklung des Kosmos, dem sich die Aufmerksamkeit mehr und mehr zuwendet. Diese Veränderung in der Betonung begann mit den Yogacaras und wurde in der Entwicklung des Tantra, der wir uns in Kürze zuwenden müssen, immer deutlicher.

Weitere Lehren

Abgesehen von der Identifikation des Nirwana mit dem *Denken* und den Spekulationen über das Speicher-Bewußtsein haben die Yogacarins sich dadurch einen Namen gemacht, daß sie zwei alten Ideen, einer ontologischen und einer buddhologischen, endgültige systematische Form gaben.

Die ontologische Lehre brauchen wir nur kurz zu erwähnen. Die Yogacarins unterschieden *drei Arten von Selbst-Sein.* Das bedeutet, daß alles Seiende von drei Gesichtspunkten aus betrachtet werden kann: Einmal, so wie der gesunde Menschenverstand es sieht, in seiner eingebildeten Erscheinungsform als ein Objekt, als ein Ding, das einfach es selbst ist und sich von anderen unterscheidet. Zweitens unter dem Gesichtspunkt seiner Abhängigkeit. Man betrachtet auf dieser bereits wissenschaftlicheren Stufe Ereignisse, insofern sie wechselseitig durcheinander bedingt sind. Schließlich hat alles noch eine dritte Seite, die in einem eigentlichen und vollkommenen Sinne real ist. In diesem Falle ist es nicht länger ein gegenüberstehendes Objekt; es wird von dem Yogin durch Intuition erfaßt. Alle Dinge sind dann ein einziges Sosein, Nur-Geist, voneinander nicht unterschieden und jedem Ding sowohl transzendent wie immanent.

Die Lehre von den *drei Körpern* des Buddha müssen wir erwähnen, weil sie das endgültige Resultat eines viele Jahrhunderte währenden Nachdenkens über die drei Seiten des Buddha darstellt (vgl. S. 31 – 35). Diese drei Körper sind der Dharma-Leib, der Leib des Genusses und der Erscheinungsleib. Der Dharma-Leib ist der Buddha als das Absolute. Nur in diesem Dharma-Leib verwirklicht der Buddha sein wahres Selbst. Der Dharma-

Leib ist das Ur-Eine, die andern zwei Körper erwachsen aus ihm und werden von ihm gestützt. Der *Leib des Genusses* ist des Buddha Offenbarung den Bodhisattvas gegenüber, in verschiedenen reinen Buddha-Ländern. In verschiedenen Versammlungen der Heiligen wird ein verschiedener *Leib des Genusses* sichtbar und hörbar. Dieser Leib trägt die 32 Kennzeichen, und viele wunderartige Manifestationen gehen von ihm aus. Er ist *Geist-gezeugt* und tritt ohne die üblichen Vorgänge der Zeugung und Geburt in die Welt. Der Erscheinungsleib schließlich ist ein nur in der Vorstellung existierendes magisches Geschöpf, das alle die bekannten Zustände der Buddha-Legende durchläuft, also vom Himmel herabsteigt, sein Vaterhaus verläßt, ein asketisches Leben führt, die Erleuchtung gewinnt, Schüler um sich sammelt, sie unterrichtet und schließlich auf Erden stirbt, um lebenden Wesen, die nur geringe Einsicht besitzen, zur Reife zu verhelfen. Die Menschlichkeit Buddhas also, die immer mehr oder weniger unwichtig war, ist jetzt eine reine Vorstellung, ein Phantom. Schon im Hinayana glaubte man, der Buddha besitze die Wunderkraft, eine Erscheinung seiner selbst heraufzubeschwören, einen *Nimitta-Buddha,* der anderswo predigte, während der Buddha selbst auf seine Bettelrunde ging. Auch die Hindu-Götter hatten derartige Fähigkeiten. So lesen wir etwa im Digha Nikaya, daß Brahma Sahampati bei seinem Erscheinen in der Versammlung der *Götter der Dreiunddreißig* sich selbst in einem materiellen Leibe vorstelle. »Denn seine natürliche Gestalt ist dem Angesicht dieser Götter unerträglich.« Diese Vorstellung wird nun im Mahayana verwendet, um die Beziehung des historischen Buddha zu dem Einen Ewigen Buddha zu definieren. Der Eine Buddha, der Dharma-Leib, hat immer existiert, hat aber gelegentlich Phantom-Körper von Buddhas in unsere Welt gesandt, um sein Werk zu tun.

Die magischen Begleitvorstellungen solcher Ideen sind von großer historischer Bedeutung gewesen. Die Welt selbst, in der die *Buddha-Körper* erscheinen, ist nicht mehr als eine magische Vorstellung *(māyā).* Wenn die Buddhisten die Welt als eine magische Illusion darstellen, so wollen sie damit nicht sagen, sie sei einfach nicht vorhanden. Sie ist wirklich insofern, als man sie berühren und sehen kann; aber das ist täuschend, denn man hält sie irrtümlich für etwas, was sie nicht ist. Sie ist nicht echt und sollte als ein bloßer magischer Trick nicht zu ernst genommen werden. In diesem praktischen Sinne hießen die Dinge dieser Welt vom Beginn der buddhistischen Geschichte an *Maya.* Jetzt wird der Anwendungsbereich dieses Ausdruckes erweitert, wie der Buddha zu dem Zauberkünstler Bhadra in der *Ratnakuta* gesagt hatte: »Die Lebensfreude aller Wesen und ihr Besitz werden durch die Maya ihrer Taten hervorgezaubert; dieser Mönchsorden durch die Maya des Dharmas; ich selbst durch die Maya der Weisheit und alles im allgemeinen durch die Maya der Vielheit der Umstände.« In anderen Worten: die Welt ist eine Art von Phantasmagorie, in der magisch erzeugte Wesen von einem magisch erzeugten Leiden durch einen magisch erzeugten Heiland erlöst werden, der ihnen die Substanzlosigkeit alles dessen, was ins Sein kommt, aufzeigt. Kein Wunder, daß sich die Überzeugung verbreitete, magische Methoden allein könnten in einem solchen Universum erfolgreich sein. Diese Überzeugung erhielt ihre Ausbildung im Tantra, dem wir uns nunmehr zuwenden müssen.

VIII. DER TANTRISMUS
ODER DER MAGISCHE BUDDHISMUS

Das Problem des Tantrismus

Die magischen Kunststücke von Zauberern und Gauklern waren den Asiaten — im Unterschied zu modernen Europäern — etwas ganz Gewöhnliches, sie bildeten geradezu einen Teil ihres täglichen Lebens. Ein praktisches Beispiel dafür, wie Hindus, Araber oder Chinesen derartige Dinge ansahen, verhilft uns vielleicht zu einem besseren Verständnis. Im 14. Jahrhundert besuchte Ibn Batuta, ein arabischer Reisender, den Vizekönig von Hang-chau fu. Ein Gaukler »nahm einen hölzernen Ball mit mehreren Löchern, durch die er lange Seile zog; eins von diesen hielt er fest und warf den Ball in die Luft. Er flog so hoch, daß wir ihn völlig aus den Augen verloren. Übrig blieb nur das eine Ende eines Seiles in der Hand des Gauklers; er forderte einen der Jungen, die ihm zur Hand gingen, auf, an dem Seil hinaufzuklettern. Das tat der Junge, und wir verloren ihn ebenfalls aus den Augen. Daraufhin rief der Gaukler dreimal nach ihm, als er aber keine Antwort erhielt, ergriff er, anscheinend in großer Wut, ein Messer, kletterte an dem Seil hinauf und verschwand ebenfalls. Eins nach dem andern warf er dann erst die eine Hand des Jungen, dann einen Fuß, dann die andere Hand und den anderen Fuß, dann den Leib und schließlich den Kopf herunter. Dann kam er selbst herunter; er keuchte und atmete schwer, seine Kleider waren ganz von Blut befleckt, er küßte den Boden vor dem Amir und sagte etwas zu ihm in chinesisch. Der Amir gab ihm darauf einen Befehl, unser Freund ergriff die Glieder des Jungen, legte sie so aneinander, wie es sich gehörte, gab ihnen einen Tritt, und — presto! — da war der Junge, sprang auf und stand vor uns! All dies erstaunte mich über die Maßen. Der Kazi Afkharuddin stand neben mir und sprach: 'Wallah! Meiner Meinung nach ist niemand hinaufgeklettert oder heruntergefallen, niemand zerstückelt oder zusammengeflickt worden. Es war alles bloß Hokuspokus.'«

Nach der Prajñaparamita ist der ganze Vorgang der Erlösung genau von derselben Art wie dieses Zauberkunststück. Hören wir das folgende Zwiegespräch zwischen dem Buddha und Subhuti. »Buddha: 'Subhuti, ein geschickter Zauberer oder Zauberlehrling könnte an einem Kreuzweg eine große Menge Menschen hervorzuzaubern; und nachdem er sie hervorgezaubert hat, würde er diese große Menge von Menschen wieder verschwinden lassen. Was glaubst du, Subhuti, ist da irgend jemand von irgend jemandem getötet oder ermordet oder zerstört oder zum Verschwinden gebracht worden?' Subhuti: 'Wahrhaftig, nein, o Herr!' Buddha: 'Genau so führt ein Bodhisattva, ein hohes Wesen, zahllose und unberechenbar viele Wesen zum Nirwana, und doch ist da kein einziges Wesen, das zum Nirwana geführt wurde, noch irgend jemand, der jemanden geführt hätte. Wenn ein Bodhisattva dieses hört und nicht zittert, nicht erschrickt, noch sich entsetzt, dann soll man von ihm sagen, er sei ›mit dem stärksten Panzer ausgerüstet‹.'«

Der buddhistische Tantrismus zieht daraus praktische Folgerungen. Sie sind nur das logische Ergebnis der vorhergegangenen Entwicklung, und die Schwierigkeiten, die sie manchen Forschern bereitet haben, sind von diesen selbst erst erzeugt worden. Wenn man natürlich darauf besteht, der Buddhismus sei ursprünglich eine vollkommen rationale Religion gewesen, ganz nach dem Herzen der *Ethischen Kirche* und ohne jede Verbindung mit dem Übernatürlichen oder Geheimnisvollen, dann muß der Tantrismus als eine beinahe unverständliche Entartung dieses angeblichen Ur-Buddhismus erscheinen. In Wahrheit ist der Buddhismus immer auf das engste mit Vorstellungen verbunden gewesen, die reinen Rationalisten notwendig als Aberglauben erscheinen müssen (s. S. 72 – 75). Die Realität ungewöhnlicher psychischer und auch wunderwirkender Kräfte ist vom Buddhismus nie bezweifelt worden (S. 97 – 99). Solche Fähigkeiten zu pflegen war für diejenigen, deren Veranlagung es entsprach, ein Teil des Weges zur Erlösung, obwohl es für andere oft ein zweifelhafter Segen gewesen sein mag. Daß es viele Arten körperloser Geister gebe und daß magische Kräfte wirklich existierten, wurde immer als selbstverständlich angenommen, und der Glaube daran war ein Teil der offiziellen Kosmologie.

Europäische Schriftsteller geraten gewöhnlich völlig außer sich, wenn sie über den Tantrismus schreiben. Ihr Abscheu ist zum Teil intellektuell bedingt: sie glauben die magischen Überzeugungen unserer Ahnen überwunden zu haben. Außerdem aber ruft der Tantrismus gewöhnlich moralische Entrüstung hervor. Es herrscht der Eindruck, im Laufe der Geschichte des Buddhismus sei eine verfeinerte abstrakte Metaphysik allmählich zerstört worden durch die Vorliebe für persönliche Gottheiten und Zaubereien, durch den Popanz des magischen Rituals und durch alle möglichen abergläubischen Vorstellungen. Bewußte Immoralität scheint an die Stelle der stolzen Enthaltsamkeit der Vergangenheit getreten zu sein. Die frühere Gleichgültigkeit und Unabhängigkeit gegenüber der Welt scheint nun durch das Verlangen ersetzt, alles den niedrigsten Begierden dienstbar zu machen, und der Wunsch, Macht über die äußeren Umstände zu erringen, scheint die frühere gelassene Zufriedenheit mit den äußeren Umständen zu ersetzen. War Armut früher die erste Bedingung für jede geistliche Entwicklung, so umwirbt man jetzt Kuvera und Jambhala, die Götter des Reichtums. Und so weiter.

Diese feindselige Einstellung tut aber dem Tantra Unrecht. Es ist zwar zutreffend, daß der Tantrismus zwei Ziele für sich in Anspruch nimmt — Erfolg *(siddhi)* im Streben nach vollkommener Erleuchtung in diesem Leben, und Erfolg in dem Streben nach Gesundheit, Reichtum und Macht. Aber diese unlogische Verbindung weltlicher und außerweltlicher Ziele ist so alt wie der Buddhismus selbst und ist immer eine der Hauptstützen seiner Kraft gewesen (s. S. 80 ff.). Die Immoralität ist, wie wir sehen werden, nicht die Morallosigkeit von Menschen dieser Welt, sondern von Heiligen. Der Glaube, Zauberformeln und magisches Ritual seien der sicherste Weg zu völliger Erleuchtung, war allerdings vorher nie so stark betont worden, aber es liegt dem doch eine lange historische Entwicklung zugrunde. Der Tantrismus ist keineswegs ein Alptraum einiger weniger, sich selbst betrügender perverser Menschen zweifelhaften Rufes, sondern er ist eine unvermeidliche Phase der buddhistischen Geschichte.

Geschichte des Tantrismus

Es ist uns heute nicht möglich, festzustellen, wann die ersten tantrischen Übungen erdacht worden sind. Die Tantristen sind ihrer Art nach dazu geneigt, über solche Dinge Stillschweigen zu bewahren. In kleinen Kreisen Eingeweihter müssen okkulte und esoterische Ansichten lange Zeit hindurch verbreitet gewesen sein, bevor sie an die Öffentlichkeit traten. Als ein der Allgemeinheit mehr oder weniger bekanntes System begann der Tantrismus erst nach 500 oder 600 n. Chr. Bedeutung zu gewinnen. Aber seine Anfänge gehen sicherlich bis in die frühesten Zeiten menschlicher Geschichte zurück, wo eine ackerbautreibende Gemeinschaft von Magie und Zauberei erfüllt war, Menschenopfer darbrachte, eine Muttergottheit anbetete, Fruchtbarkeitsriten und chthonische Gottheiten kannte. Der Tantrismus ist in Wahrheit keine neue Schöpfung, sondern das Resultat der Übernahme primitiver Anschauungen in die literarische Tradition und ihrer Vermischung mit der buddhistischen Philosophie.

Die tantrische Literatur des Buddhismus ist sehr umfangreich und zum großen Teil unerforscht. Nur Weniges liegt in Übersetzungen vor, und die Sprache der Texte ist — oft absichtlich — schwierig und dunkel. Wie die Hindus unterscheiden die Buddhisten ein *rechtshändiges* und ein *linkshändiges* Tantra. Im Hinduismus unterscheiden sich die zwei Gruppen dadurch, daß die *rechtshändigen Praktikanten (dakshinacarins)* dem männlichen, die *linkshändigen Praktikanten (vamacarins)* dagegen dem weiblichen Prinzip im Universum größere Bedeutung zusprechen. Im Buddhismus liegt das Unterschiedliche der beiden Gruppen hauptsächlich in ihrer Haltung gegenüber dem Sexuellen (s. S. 186 ff.). Es empfiehlt sich, die Bezeichnung *Shaktismus* für die linkshändige Form zu reservieren. Im Hinduismus ist der Shaktismus mit dem Shivaismus verbunden. Shiva-Lehren hatten großen Einfluß auch auf den buddhistischen Shaktismus. Eine Shakti ist die schöpferische Energie oder *Potenz* einer Gottheit, personifiziert als ihr Weib oder ihre Gefährtin. Im Shivaismus richtet sich die Shakti-Anbetung auf Shivas Weib — Parvati oder Uma —, die auch die *Große Göttin* und *Große Mutter* genannt wird. Eine Eigenheit des Shaktismus ist es, daß einige Gottheiten sowohl in einer freundlichen wie in einer furchterregenden Form existieren. Die furchterregende Form Parvatis ist Durga, *die Unnahbare*, oder Kali, *die Schwarze*. Die furchterregenden Formen werden mit Tod und Zerstörung, mit schwarzer Kunst und mit Menschen- und Tieropfern in Verbindung gebracht. Gleichzeitig besitzt der Shivaismus eine große Anzahl von weiblichen Gottheiten, Zauberinnen, Hexen und Menschenfresserinnen, von denen viele dem buddhistischen Shaktismus einverleibt worden sind. Die Anhänger der ausschweifenden Übungen des Shivaismus standen bei ihren Zeitgenossen nicht immer in sehr hohem Ansehen. Der Shiva-Zauberer Bhairavananda singt in einem indischen Drama aus der Zeit von 900 n. Chr. folgendes Lied:

Magie und Zauberformeln — ach, zum Teufel mit dem Firlefanz,
Mein Lehrer gab mir heute frei, drum schwänze ich den Kurs
für Trance.
Wein, Weib, Gesang, so schwelgen wir, so treiben wir es heiter
Und tanzen zur *Erlösung* hin auf unserm Wege weiter.
Ein dralles Dirnchen griff ich mir und schlepp' es zum Altare,

Ich schmause Fleisch, ich schlürfe Wein, wie gut ich dabei fahre.
Und all das gratis und umsonst, der Gläubigen fromme Gabe!
Gäb's eine bess're Religion als die, die ich schon habe?
Vishnu und Brahma und der Rest, sie predigen von Genesung,
Von Vedas, Gottesdienst und Trance als Mitteln zur Erlösung.
Für uns das wahre Vorbild bleibt Umas Geliebter nur allein,
Der war erlöst und liebte doch — die Frau'n, das Leben
und den Wein.

Die wissenschaftliche Erforschung der tantrischen Dokumente
steckt noch in den Anfängen. So weit wir heute übersehen
können, waren von den zahlreichen tantrischen Sekten zwei
Schulen, historisch gesehen, von besonderer Bedeutung. Die
linkshändige Form des *Vajrayāna* und die rechtshändige Form
der *Mi-tsung* (Schule der Geheimnisse). Das Vajrayāna ist
das *Diamantene Fahrzeug*. Der Vajra ist wörtlich der Donnerkeil, den Indra, genau wie Zeus und Thor mit großem Erfolg
als Waffe benutzt. Er ist unzerbrechlich und bricht alles andere.
In der späteren buddhistischen Philosophie wird das Wort
benützt, um eine Art übernatürlicher Substanz zu bezeichnen,
die so hart ist wie ein Diamant, so klar wie leerer Raum und
so unwiderstehlich wie ein Donnerkeil. Dann wird der Vajra
mit der endgültigen Realität, dem Dharma und der Erleuchtung
identifiziert. Das Vajrayāna mythologisiert die Doktrin der
Leere und sagt, der Schüler werde durch eine Anzahl verschiedener Riten in seine wahre Diamanten-Natur zurückversetzt,
erhalte einen diamantenen Körper und werde zu einem Dia-
mantenwesen (Vajrasattva). Die Anfänge des Vajrayāna gehen
wahrscheinlich bis etwa 300 n. Chr. zurück. Das uns bekannte
System entwickelte sich in der Zeit seit 600 n. Chr. Eine seiner
frühesten Schriften ist das Guhyasamajatantra. Das Vajrayāna
wurde von zahlreichen Lehrern begründet. Einer der ersten war
ein gewisser Nagarjuna II (etwa 600—650). Ihre Namen sind
uns bis etwa 1100 n. Chr. erhalten. Der Ursprung des Vajrayāna liegt anscheinend im nördlichsten Teil Indiens, sowohl im
Nordosten (in Bengalen und den Hügeln von Assam) wie im
Nordwesten, in einem Bezirk mit dem Namen Uddiyana, vielleicht der Gegend um Peshavar. Auch außerindisches Gedankengut hatte auf die Entwicklung der tantrischen Ideen Einfluß.
Der erotische Mystizismus und die Betonung des weiblichen
Prinzips deuten auf die dravidische Schicht der indischen Kultur
hin, in der der Kult der Dorfgöttin die matriarchalischen Traditionen der Mutter-Göttin in größerem Ausmaße lebendig er-

halten hatte als in der vedischen Religion. Entwicklung und Organisation der tantrischen Lehre wurden in Bengalen durch den Schutz der Pala-Dynastie (750—1150) ermöglicht. Der offizielle Buddhismus dieser Periode war eine Mischung von Prajñaparamita und Tantra. Die Mönche, die in Nalanda und in den Siedlungen lebten, die die Pala-Könige gegründet hatten — z. B. Odantapuri, Vikramasila, Jaggadala, Somarupa —, verbanden Metaphysik und Magie beinahe, wie im europäischen Mittelalter Gerbert von Rheims und Albert der Große es nach der Ansicht ihrer Zeitgenossen taten. Ein gutes Beispiel für den Umfang ihrer Interessen bietet Vagisvarakirti, etwa um 1000 n. Chr., von dem Taranatha sagt: »Er löste alle seine Zweifel dadurch, daß er ständig das Antlitz der heiligen Tara anblickte. Er errichtete acht religiöse Schulen für die Prajñaparamita, vier für die Erläuterung des Guhyasamaja, je eine für jede der drei anderen Richtungen des Tantra. Er gründete auch viele religiöse Schulen, die die Madhyamika-Logik lehren sollten. Durch seine Zauberkunst produzierte er große Mengen des Lebenselixiers und verteilte es an andere, so daß alte Leute, die schon über 150 Jahre gelebt hatten, wieder jung wurden.« Diese Verbindung zwischen Prajñaparamita und Tantra hat sich als erstaunlich lebenskräftig erwiesen. In Bengalen wurde sie durch die Moslems zerstört, verbreitete sich aber nach Java und Nepal und ist heute noch in Tibet eine lebendige Tradition.

Der rechtshändige Tantrismus ist uns in der Hauptsache durch das in China erhaltene System Amoghavajras (705—774) bekannt. Die Lehre erhebt ebenfalls den Anspruch, auf Nagarjuna zurückzugehen. Die chinesische Mi-tsung-Schule verband zwei tantrische Systeme, deren jedes in einem magischen Zirkel (mandala) verkörpert war. Der Kreis des Mutterschoßes (garbhadhātu-mandala) und der Kreis des Donnerkeils (vajra-dhātu-mandala) sind, in höherem Sinne, identisch und stellen verschiedene Seiten der höchsten Realität dar. Der Buddha Mahavairocana ist hier das Universum. Sein Körper ist in zwei einander ergänzende Bestandteile aufgeteilt, das passive, geistige Element des Mutterschoßes und das aktive, materielle Diamantenelement. Die ganze Welt ist die Enthüllung Buddhas vor sich selbst und ist in diesen zwei mandalas enthalten. Diese Lehre kam um etwa 800 n. Chr. mit Kobo Daishi nach Japan und ist heute (1931) unter dem Namen der Shin-gon- (Wahres Wort) Schule mit acht Millionen Mitgliedern und 11 000 Priestern immer noch eine der größten japanischen Sekten. Andere esoterische Lehren wurden von der durch Dengyo Daishi begründeten Ten-dai-Schule übernommen, die sie durch eine *offenere,* auf den *Lotus des guten Gesetzes* gegründete Lehre ergänzte. Der Shaktismus hat sich in China und Japan nie weiträumig ausgebreitet. Erotische Tendenzen entwickelten sich im 11. Jahrhundert in der Tachikawa-Sekte des Shin-gon, die aber schnell unterdrückt wurde. Im Jahre 1132 wurde eine reformierte Shin-gon-Schule, Shingi-shingon-shu, gegründet.

Tantrische Literatur besteht aus Abhandlungen, Zaubersprüchen, Hymnen und Beschreibungen mythologischer Gestalten. Tantrische Gottheiten haben oft dieselben Namen wie die der bhaktischen Tradition. Hinter der Identität der Namen in diesen Pantheons verbirgt sich ein tiefer Unterschied in der Funktion. Bhaktische Gottheiten sind Geschöpfe der mythologischen Phantasie, die man liebt und um Hilfe anfleht. Tantrische Gottheiten sind Personifikationen geistiger und magischer Kräfte, die man durch Zaubersprüche belebt und zur Hilfe auf dem Weg der Erlösung benützt.

Tantrische Übungen

Wie alle anderen Schulen des Buddhismus hat auch der Tantrismus eine Anzahl nur ihm eigentümlicher Übungen entwickelt. Wesentlich für den Tantrismus ist der Unterschied zwischen den Eingeweihten und Nichteingeweihten und dementsprechend die scharfe Trennung zwischen der exoterischen und der esoterischen Lehre. Der Buddha, der in den Schriften des Pali-Buddhismus auftritt, war stolz auf die Tatsache, daß er, soweit es sich um Kenntnisse handelte, die zur Erlösung unentbehrlich waren, nichts »in seiner geschlossenen Faust« verborgen hielt. Im Gegensatz dazu nimmt das Tantra an, man könne die Methoden der Erlösung und ihre richtige Anwendung nicht aus Büchern erlernen, sondern nur durch persönliche Verbindung mit einem geistlichen Lehrer, einem Guru. Nur ein Guru, dem wir uns in blindem Gehorsam unterwerfen und der für uns die Stelle des Buddha einnimmt, kann uns die wahren Geheimnisse und Mysterien der Lehre verständlich machen. Um einen Guru versammeln sich kleine Kreise von Eingeweihten, und alles, was außerhalb dieser kleinen Kreise gelehrt wird, ist weit von der Wahrheit entfernt.

Ohne *eingeweiht* zu sein, kann man eine geistliche Ausbildung nicht einmal beginnen. Die Einweihung hat in diesem System des Buddhismus eine ähnlich entscheidende Bedeutung wie in den Mysterienkulten Griechenlands und Roms. Außerdem darf

man nicht vergessen, daß in primitiven Gemeinschaften Initia-
tionsriten immer eine große Rolle gespielt haben, und daß in
dieser wie auch in mancher anderen Beziehung der tantrische
Buddhismus eine Rückkehr zu primitivem Denken und Handeln
darstellt. Das Sanskrit-Wort für die Einweihungszeremonie ist
Abhisheka, wörtlich bedeutet es *Benetzung*. Der Eingeweihte
wird mit heiligem Wasser besprengt, ein Vorgang, der eine
gewisse Ähnlichkeit mit der christlichen Taufe hat. Abgeleitet
ist diese Zeremonie von dem altindischen Ritual der Einweihung eines Kronprinzen. Theoretisch wurde der Kronprinz
durch diese Zeremonie zu einem Weltherrscher. Ähnlich soll das
Wasser der Erkenntnis dem Gläubigen dazu verhelfen, ein geistlicher Weltherrscher zu werden, d. h. ein Buddha. All die verschiedenen Formen der Anbetung und des Rituals zu beschreiben, welche die Eingeweihten anwendeten, würde uns hier zu
weit führen. Mit dreien dieser Methoden aber müssen wir uns
eingehender beschäftigen, und zwar mit

1. der Rezitation von Zaubersprüchen,
2. der Ausführung ritueller Tänze und Handbewegungen,
3. der Selbstidentifizierung mit Gottheiten durch eine
   besondere Art der Meditation.

1. Bei den Zaubersprüchen müssen wir drei Perioden unter-
scheiden. Wie alle anderen Inder dieser Zeit, erwarteten die
Buddhisten von magischen Formeln zunächst einen Schutz gegen
Gefahren und Förderung ihrer weltlichen Interessen. Die Be-
nützung von Zaubersprüchen für derartige Zwecke war in der
vorindustriellen Periode der menschlichen Geschichte bei allen
Nationen weit verbreitet. Ihre Verwendung beruht auf zwei
Voraussetzungen, nämlich einmal darauf, daß Krankheiten und
Unglück auf den Einfluß dämonischer Mächte zurückzuführen
seien, und weiter, daß Worte die Macht haben, diese Dämonen
wirksam zu bekämpfen, sei es dadurch, daß man sie auf diese
Weise vertreibt oder eine stärkere und freundlich gesinnte
magische Macht gegen sie aufruft. Der Glaube an die Wirksam-
keit magischer Worte wurde durch Priester und Ärzte gefördert,
die daran natürlich materiell interessiert waren. Andrerseits gab
es immer Skeptiker, die wie der berühmte Buddhist Vasubandhu
darauf hinwiesen, daß in vielen Fällen die Heilung durch die
Medizin herbeigeführt werde, während die Ärzte in ihrer Be-
sorgnis, man werde ohne sie fertigwerden und ihnen kein
Honorar mehr zahlen, behaupten, das Mittel sei nur durch das
mantra (Sanskrit für *Zauberspruch)* erfolgreich, das ihr Berufs-

geheimnis bilde. Ein mantra ist ein Zaubergesang, dessen Vortrag Wunder wirkt. Die Buddhisten verwendeten zu ihrem Schutze nicht nur die überlieferten mantras der Brahmanen, sondern benützten auch einige der kurzen buddhistischen Sutras als Zaubergesänge. Yuan-Tsang, der chinesische Pilger, erzählte seinem Biographen Hwui-Li, wie der *Sutra des Herzens der vollendeten Weisheit* ihm geholfen habe, die Wüste Gobi zu durchwandern, indem sie ihm die Hilfe Kwan-Yins brachte, der diesen Sutra verkündet hatte. Yuan-Tsang begegnete in der Wüste Gobi »allen möglichen Dämonen und seltsamen Kobolden, die ihn von allen Seiten zu umschwärmen schienen. Obgleich er den Namen Kwan-Yins anrief, konnte er sie nicht alle vertreiben; als er aber diesen Sutra vor sich hinsprach, verschwanden sie alle augenblicklich vor dem Klang der Worte. Immer wenn er in Gefahr war, verließ er sich für seine Sicherheit und Errettung völlig auf diesen Sutra.«

Seit dem 3. Jahrhundert n. Chr. benützten die Buddhisten immer häufiger Mantras, um ihr geistliches Leben vor der Einmischung böser Gottheiten zu bewahren. Einige der bekanntesten Sutras haben besondere Kapitel über Zaubersprüche, so z. B. der *Lotus des guten Gesetzes* (s. Kapitel XXI) und der *Lankavatara Sutra* (S. 260 – 262), usw.

Außerdem werden die Mantras seit dem 7. Jahrhundert für einen Teil der Gemeinschaft zum wichtigsten Hilfsmittel der Erlösung. Die Gewohnheit, Zaubersprüche vor sich hinzumurmeln, die zwar immer zulässig gewesen war, aber doch nur eine untergeordnete Rolle gespielt hatte, wird in dem Mantrayana, dem *Gefährt der Mantras*, der Schlüssel zur Befreiung von den Fesseln des Daseins. Folgt man bei ihrer Anwendung nur genau den Regeln, so gibt es nichts, was man durch die Mantras nicht erreichen könnte. Sie haben sogar die Macht, »den Rang eines Buddha zu übertragen — wieviel mehr alles andere, das man sich wünschen könnte!« Um 200 v. Chr. hatte Nagasena in den »Fragen des Königs Milinda« (ed. Trenkner S. 150) noch gelehrt, ein Zauber könne nur dann schützen, wenn ihm kein feindliches Karma entgegenstünde; ein Beweis war der Fall von Maudgalyayana, einem Schüler des Buddha, der ausgezeichnete magische Fähigkeiten hatte und sich doch selbst nicht davor schützen konnte, für einen in einem früheren Leben begangenen Fehler dadurch bestraft zu werden, daß er von Räubern erschlagen wurde (ebenda S. 188). Im Tantrismus dagegen sind Mantras und Dharanis unweigerlich erfolgreich, solange die zahlreichen, jede Einzelheit bestimmenden Regeln genau beachtet werden. Die tantrischen Buddhisten dachten sich zahllose Mantras aus, und die ganze Angelegenheit wurde als eine höchst verfeinerte Wissenschaft mit vielen ihr eigentümlichen Gesetzen behandelt. Ein Mantra z. B., das sich an eine männliche Gottheit richtet, muß mit HUM oder PHAT enden; ist die Gottheit dagegen weiblich, so muß das letzte Wort SVAHA sein, und im Falle eines Neutrums: NAMAH. Wenn wir auch auf die ganzen Einzelheiten nicht näher eingehen können, so müssen wir doch ein Wort über die Gründe sagen, die das Tantra zu der Annahme bestimmte, das Murmeln sonst völlig bedeutungsloser Silben könne so große Wirkungen in der Welt hervorbringen. Natürlich ist es die Macht des Geistes, die die Mantras so wirksam werden läßt. Das Mantra ermöglicht es uns, mit den uns umgebenden unsichtbaren Mächten dadurch Verbindung aufzunehmen, daß wir uns an ihre Personifikationen wenden. Diese Mantras sind uns von wohlwollenden höheren Wesen verliehen worden. Der berühmte Ausspruch »OM MANI PADME HUM« z. B., der sich in Tibet überall findet — an den Felsen, an den Hauswänden, in den Gebetsmühlen und auf den Lippen der Bevölkerung —, ist eine der wertvollsten Gaben Avalokiteshvaras an unsere leidende Welt. Im 4. Kapitel des *Maha-Vairocana-Sutra* wird die Macht der Mantras folgendermaßen erklärt: »Infolge der ursprünglichen Gelübde der Buddhas und Bodhisattvas liegt in den Mantras eine Wunderkraft, so daß jeder, der sie ausspricht, unbegrenztes Verdienst erwirbt.« Derselbe Text sagt auch: »Erfolg in unseren Plänen mit Hilfe der Mantras erklärt sich dadurch, daß der Buddha sie geweiht hat und so einen unvorstellbar tiefen Einfluß auf sie ausübt.« Mit Hilfe von Mantras versucht man Gottheiten liebevoll zu umwerben. Etymologisch ist das Wort Mantra mit griechischen Worten wie *meimao* verbunden, die lebhaftes Verlangen, Sehnsucht und Zweckbetontheit ausdrücken, auch das althochdeutsche Wort *minn-ia (Minne)* gehört zu demselben Stamm.

Um die Bedeutung der Mantras in dem Ritual des tantrischen Buddhismus klarer zu machen, wollen wir kurz die vier Vorgänge beschreiben, die der *Maha-Vairocana-Sutra* bei der Rezitation oder *Jāpa* der Mantras unterscheidet. 1. Die kontemplative Rezitation, die vier Formen hat: a) Man rezitiert die Mantra unter stiller Kontemplation der Gestalt der Buchstaben — diese Form heißt *Erleuchtung des Herzens.* b) Man unterscheidet genau den Klang der verschiedenen Buchstaben, und c) man macht sich die Bedeutung der Sätze deutlich. Schließlich gibt es noch d) die *Atem-Übung,* durch die man das Atmen reguliert mit der Absicht, über die gegenseitige Durchdringung der Gläubigen und des Buddha nachzusinnen. Darauf folgt, als Nummer 2 und 3, die Rezitation, die von Opfergaben an die Gottheit, wie z. B. von Blumen und Weihrauch, begleitet ist. Schließlich gibt es 4. die *Rezitation der Verwirklichung,* in der man durch die Kraft der Mantras Erfolg (Siddhi) erringt.

2. Neben den Lauten der Mantras sind im Tantrismus auch rituelle Bewegungen von großer Bedeutung: so wurde eine komplizierte Anordnung der magisch wirksamen Stellungen der Hände ausgearbeitet. Einige der bekannteren rituellen Gesten sind uns von den Buddha- und Bodhisattva-Statuen her geläufig; sie sind, nebenbei, wichtige Hilfsmittel zur Identifizierung dieser Statuen. Auf Einzelheiten können wir hier leider nicht eingehen. Der Tanz ist nach Ansicht der Hindus eine Form des *Gesanges mit dem Körper;* er erlangte erhebliche Bedeutung in Nordindien und in den unter tibetanischem Einfluß stehenden Ländern. Jedenfalls muß nach tantrischer Theorie jede rituelle Handlung, die erfolgreich sein soll, alle drei Seiten unseres Daseins einschließen, d. h. Körper, Sprache und Geist. Der Körper handelt durch Gesten, die Sprache durch die Mantras und der Geist durch Meditation (Samadhi).

3. Der Tantrismus verband das Bedürfnis der großen Masse nach Anbetung mit den Meditationsübungen der Yogacara-Schule und mit der Metaphysik der Madhyamikas. Mit anderen Worten, der Tantrismus übernahm das ganze riesige Pantheon der volkstümlichen Mythologie mit seiner verwirrenden Menge von Gottheiten, Feen, Hexen usw. Andrerseits teilten die Tantristen die metaphysischen Voraussetzungen der Prajñaparamita, denen zufolge nur die Leere volle Realität besitzt, während jede Art von Vielheit letztlich unwirklich, ein Scheinbild unserer krankhaften Phantasie ist. Die Vielheit der Götter ist daher in Wahrheit nur ein Erzeugnis der Phantasie, und keine dieser Gottheiten ist wirklich vorhanden. Mit diesem Postulat würde unsere moderne, freidenkerische Haltung völlig übereinstimmen. Der wesentliche Unterschied allerdings liegt darin, daß, nach moderner Annahme, die Vielheit der Dinge um uns herum wirklich ist und die Gottheiten ein unwirkliches Erzeugnis sind, hervorgebracht durch die Enttäuschungen unserer Instinkte gegenüber den harten Tatsachen der täglichen *Wirklichkeit.* Nach dem Tantrismus sind Dinge und Götter, verglichen mit der einen unermeßlichen Leere, in gleicher Weise unwirklich; aber im ganzen gesehen stellen die Erfindungen der Mythologie etwas

viel Wesentlicheres dar als die Einzelheiten unserer täglichen praktischen Erfahrung, und die mythologischen Gestalten können uns, wenn wir sie nur richtig verwenden, in erheblichem Maße dazu verhelfen, Befreiung von den Fesseln des Daseins zu erlangen.

Der Tantrismus arbeitete ein System der Meditationen über die Gottheiten aus, das durch vier Stufen gekennzeichnet ist:

1. Muß man das Verständnis der Leere gewinnen und die eigene Individualität in diese Leere versenken.
2. Muß man die Samensilben *(bija)* immer wieder aussprechen und sich vor Augen stellen.
3. Muß man sich eine Vorstellung von der bildlichen Erscheinung der Gottheit machen, wie sie in Statuen, Gemälden usw. dargestellt wird.
4. Wird man selbst durch Identifikation zur Gottheit.

1. Wir erinnern uns daran, daß nach der Neuen Weisheitsschule die Leere die einzige endgültige Realität darstellt; die Yogacarins setzten diese Leere mit dem Gedanken gleich und lehrten, es gäbe außerhalb des Denkens in der Außenwelt sonst nichts. Der Buddhismus hat seit den ersten Anfängen in all seinen verschiedenen Schulen und Formen die Illusion der Individualität als die Wurzel von Sünde, Leiden und Mißerfolg angesehen. Das Tantra rät nun dem Yogi, *Leere zu entwickeln* durch den Gedanken: »Im Grunde meines Wesens habe ich eine Diamanten-Natur.« Die Verfolgung dieses Gedankens würde schließlich zur Aufgabe der individuellen Persönlichkeit führen. Wie die Sadhana-Mala sagt: »Durch das Feuer der Vorstellung von der Leere werden alle fünf Skandhas unwiederbringlich zerstört.« Haben wir uns oder unser Selbst einmal mit der Leere identifiziert, so wird unser Geisteszustand *Gedanke der Erleuchtung* (Bodhi-Citta) genannt.

2. In Indien wurde schon seit den Zeiten der Vedas der Ton immer als etwas viel Wichtigeres angesehen als im Westen. Die westliche Philosophie ist fast ganz von der sichtbaren Erscheinungsform der Dinge beherrscht, und der Ton spielt nur eine ähnlich untergeordnete Rolle wie Geruch und Geschmack. Irgendwie haben wir die Empfindung, das Sichtbare und Berührbare der Dinge sei enger mit ihrem eigentlichen Dasein verbunden als der Ton. In der magischen Tradition aller Zeiten aber kommt der Ton dem Wesen einer Kraft viel näher als alles andere. Jedes Wort läßt sich in seine Silben auflösen; diese Silben entsprechen nach dem Tantra nicht nur verschiedenen

geistlichen Mächten oder Gottheiten, sondern eine Silbe oder ein Buchstabe kann dazu benützt werden, eine Gottheit heraufzubeschwören, und kann daher in gewissem Sinne der *Same* dieser Gottheit genannt werden, ebenso wie ein Weizenkorn bereits die Ähre enthält. Wenn es möglich ist, sich selbst durch konzentriertes Denken in die Leere aufzulösen, so erscheint es nur logisch, anzunehmen, es müsse auch möglich sein, aus dieser Leere die gesamte Erscheinungswelt heraufzubeschwören. Mit Hilfe gewisser Klänge – wie AM, HUM, SVAHA – erschafft man in Wahrheit die Gottheiten aus dem Vakuum. Die Annahme des Tantrismus, diese Gottheiten hätten vor ihrer Erschaffung durch den Yogi in objektivem Sinne nicht existiert, ist ziemlich einzigartig; nur die ägyptischen Priester haben sich selbst ähnliche Fähigkeiten zugesprochen. Die meisten mythologischen Systeme würden es nicht wagen, ihre Gottheiten einer objektiven, unabhängigen Existenz zu berauben. Im allgemeinen gilt es als abfällig, von einer Gottheit zu sagen, sie sei »nicht vorhanden«. Hier aber sind die Gottheiten nur eine Spiegelung. Das Höchste ist die schöpferische Phantasie, die jedoch durch die Tradition eingeschränkt wird.

3. Die unbestimmte Vielfalt der individuellen Vorstellungen wird durch die Tradition bezüglich der sichtbaren Erscheinungsformen der Gottheiten in eine gewisse Ordnung gebracht. Diese Tradition wird mit größter Sorgfalt in den sogenannten Sadhanas beschrieben, die zum Teil bis auf die Zeit um 500 n. Chr. zurückgehen. Es war die Aufgabe der Künstler, diese Vorschriften in die Wirklichkeit umzusetzen. Die große Mehrzahl aller erhaltenen tantrischen Darstellungen stimmt genau mit den Vorschriften der Sadhanas überein. Ganz selten nur haben die Künstler aus künstlerischen Gründen, z. B. um den vielarmigen Gestalten eine bessere symmetrische Haltung zu geben, diese Vorschriften geändert. Das künstlerische Bild gilt als die Grundlage für die optische Vorstellung der Gottheit. Es ist eine Art von Stütze, die nicht mehr nötig ist, wenn die Halluzination der Gottheit stattgefunden hat.

4. In der Magie gilt es als selbstverständlich, daß wir mit Hilfe der Identifikation an der magischen Kraft einer Gottheit teilhaben können. Natürlich ist die Gottheit eine Illusion, ebenso wie die Wohltaten, die wir von ihr empfangen. Wieder ist es die Leere, die diese Identifikation möglich macht – die Leere in uns, die sich mit der Leere, welche die Gottheit ist, verbindet. Die dritte Stufe brachte uns dazu, die Gottheit zu erblicken. Durch die vierte Stufe werden wir die Gottheit selbst. Das

Subjekt wird mit dem Objekt identifiziert, der Gläubige mit dem Gegenstand des Glaubens. »Der Anbetende, das Angebetete und die Anbetung selbst sind voneinander nicht mehr verschieden.« Das drückt den Geisteszustand aus, den wir Yoga nennen, oder Konzentration (Samadhi), oder Trance (Dhyana).

Eine wichtige Hilfe für die tantrische Meditation sind die allen Freunden buddhistischer Kunst wohlbekannten magischen Kreise oder Mandalas. Ein Mandala ist ein Diagramm, das Gottheiten in ihren geistigen oder kosmischen Beziehungen zeigt; es wird als Grundlage der Erkenntnis des durch die Mandala dargestellten geistlichen Gesetzes benützt. Ein Mandala ist entweder auf Stoff oder Papier gemalt, mit farbigem Reis oder Kieseln auf den Boden gezeichnet oder in Stein oder Metall eingeritzt. Jedes System des Tantrismus hatte seine eigenen Mandalas. Die Gottheiten werden entweder bildlich in ihrer optischen Erscheinungsform dargestellt oder mit Hilfe von Sanskrit-Buchstaben, die ihre *Ursprungssilben* bilden, oder durch verschiedene Symbole. Manche Mandalas geben in zusammenfassender, aber bis in alle Einzelheiten gehender Form eine Darstellung des gesamten Universums und schließen nicht nur die Buddhas und Bodhisattvas, sondern auch die Götter und Geister, Berge und Meere, den Tierkreis und die großen häretischen Lehrer in ihre Darstellung ein. Diese Mandalas sind eine direkte Fortsetzung der alten magischen Tradition. Bei der Heraufbeschwörung magischer Kräfte haben die Magier schon immer zuerst einen Zauberkreis gezogen, um die Kraft gegen ihre profane Umgebung abzugrenzen und ihr einen Platz anzuweisen, an dem sie sich manifestieren kann. C. G. Jung hat festgestellt, daß manche seiner Patienten völlig aus sich heraus Zeichnungen anfertigten, die den buddhistischen Mandalas ganz ähnlich waren. Nach Jungs Ansicht sind der Kreis und das Quadrat die Grundelemente einer Mandala, und wenn er auch die buddhistische Methode der Meditation nie wirklich begriffen hat, so ist sein Versuch, die tantrische Tradition und die Psychologie des Unbewußten miteinander in Verbindung zu bringen, doch ein fruchtbarer Ausgangspunkt für weitere Untersuchungen auf diesem Gebiet.

Tantrische Philosophie

Der Tantrismus erwartet von sakralen Handlungen Erlösung. Er muß also eine Vorstellung des Universums haben, derzufolge solche Handlungen die Loslösung von der Welt herbeiführen können. Der Kosmos besteht aus einer Vielzahl von Kräften, die nur Abwandlungen der Tätigkeit der Weltkraft sind; durch sakrale Handlungen gleichen wir uns diesen Kräften an und machen sie unseren Zwecken dienstbar, die in sich auch die Ziele des Kosmos sind. Der Buddha ist nicht mehr einfach eine transzendente geistliche Realität. Die Allgegenwart der Buddha-Natur ergibt sich aus der Tatsache, daß der Buddha als ein *kosmischer Körper* angesehen wird. Die sechs Elemente, die Grundlage der gesamten materiellen Welt — Erde, Feuer, Wasser, Luft, Raum und Bewußtsein — bilden die Substanz dieses kosmischen Körpers, und die Aktionen von Körper, Sprache und Geist sind seine Funktionen. Die Welt ist nichts als eine Widerspiegelung des Lichtes des Buddha, das je nachdem bald ganz auf eine Stelle konzentriert, bald über ein weites Gebiet verstreut ist. Der Buddha ist die verborgene Wirklichkeit hinter allen Dingen, ihr Herz, ihr Lebensprinzip und ihre Wahrheit. Wir selbst sind nicht etwa ein fremdes Element außerhalb dieser Dinge; wir müssen uns nur klarmachen, daß wir selbst der Buddha und der Kosmos sind. Logische Überlegungen und Auseinandersetzungen sind hier völlig nutzlos. Ein mystisches Leben allein kann uns dazu verhelfen, uns unserer intimen, alles umfassenden Gemeinschaft, unserer Identität mit dem Buddha bewußt zu werden.

Es ist leicht einzusehen, daß diese Theorie nur eine logische Entwicklung und unvermeidliche Folge jener Richtungen des Buddhismus ist, die ihr unmittelbar vorhergingen. Für die Alte Weisheitsschule war das Nirwana der absolute Gegensatz dieser Welt. Das frühe Mahayana hatte das Nirwana und die Welt in der einen, absoluten Wirklichkeit der Leere miteinander identifiziert. In dem Tantra nun wird die Welt zur Manifestation des Dharmakörpers des Buddha. Und wieder wird das alte buddhistische Bedürfnis nach völliger Selbstauslöschung durch eine neue metaphysische Formulierung ausgedrückt. »Wenn wir uns selbst ebenso wie alle anderen Wesen als eine Manifestation des ewigen Lebensprinzips ansehen, so tun wir das in dem Gefühl unserer eigenen persönlichen Nichtigkeit, frei von jedem persönlichen und egoistischen Interesse. Dann, und nur dann, können wir uns mit irdischen Aufgaben beschäftigen, ohne den Fortschritt unserer geistlichen Entwicklung dadurch zu behindern. Denn durch diese Veränderung unserer geistigen Einstellung gegenüber der Welt der Erscheinungen haben wir die Welt praktisch überwunden.« (v. Glasenapp.)

Die Persönlichkeit des Menschen wurde von Anfang an als ein Komplex von Skandhas verstanden. Der Tantrismus überträgt diese Vorstellung nun auf den Buddha selbst und nimmt an, er bestehe aus fünf Skandhas. Die Skandhas selbst sind Buddhas. In europäischen Darstellungen werden sie oft Dhyani-Buddhas genannt, aber dieser vor einem Jahrhundert von Hodgson eingeführte Begriff ist nicht nur fehlerhaftes Sanskrit, sondern findet sich auch in keinem einzigen tantrischen Text. Es ist an der Zeit, ihn aufzugeben. Die Texte selbst sprechen immer von den *Fünf Tathagatas* oder *Fünf Jinas*. Jina bedeutet *Sieger* oder *Eroberer* und ist ein altes Beiwort des Buddha, das ursprünglich die Überwindung der Leidenschaft bezeichnet. Die Tibeter sprechen immer von den fünf Jinas, und ich schlage vor, ihrem Beispiel zu folgen. Die fünf Jinas sind Vairocana, *Der Erleuchtende* oder *Der Strahlende;* Akshobhya, *Der Unerschütterliche;* Ratna Sambhava, *Der Juwelen-Geborene;* Amitabha, *Das unendliche Licht;* und Amoghasiddhi, *Der sichere Erfolg.* Diese fünf Buddhas wurden um 750 n. Chr. eingeführt und unterscheiden sich grundsätzlich von allen anderen dem Buddhismus bis dahin bekannten Buddhas. Alle Buddhas, die in der prä-tantrischen Periode aufgetreten waren, hatten ihre Laufbahn als gewöhnliche Menschen oder sogar als Tiere begonnen und sich dann durch fortschreitende Reinigung und im Laufe vieler Millionen von Leben langsam und allmählich zum Range eines Buddha hinaufgearbeitet. Die fünf Jinas aber waren von Anfang an immer Buddhas; nie irgend etwas anderes.

Die fünf Jinas machen den Körper des Universums aus. Außerdem arbeitete das Tantra noch ein System aus, demzufolge diese fünf Jinas in mystischem Sinne den verschiedenen Bestandteilen des Universums entsprachen, an dem jedes von ihnen teilhatte. Fünf Elemente entsprechen den fünf Jinas, fünf Sinne und Sinnesobjekte, fünf Kardinalpunkte (wobei der fünfte der Mittelpunkt ist). Gleichzeitig ergeben sich weitere Entsprechungen mit den Buchstaben des Alphabetes, mit den Körperteilen, mit den verschiedenen Arten des *Lebenshauches,* mit Farben, Tönen usw. Und das ist noch nicht alles. Jeder himmlische Buddha spiegelt sich wider in einem himmlischen Bodhisattva und in einem menschlichen Buddha und ist mit einer weiblichen Macht, Shakti, verbunden. Außerdem kann dieses System alle anderen Gottheiten den fünf Jinas unterordnen durch die Vorstellung, daß jeder Jina Oberhaupt einer mystischen Familie sei.

Das System der fünf Jinas war das einflußreichste, aber keineswegs das einzige mythologische System des Tantrismus. Genau wie der Buddhismus die menschliche Persönlichkeit als ein Produkt der fünf Skandhas ansah, ohne ein diesen Skandhas übergeordnetes einheitliches Prinzip zu postulieren, genau so waren die logischen Bedürfnisse der meisten Buddhisten durch eine Zurückführung des Universums auf die fünf Tathagatas als seine letzten Bestandteile befriedigt. Es scheint allerdings, daß nach 800 n. Chr. an verschiedenen Orten und in verschiedener Form eine Lehre entwickelt wurde, die versuchte, die fünf Tathagatas als Ausflüsse eines ursprünglichen, ersten oder' vorzeitlichen Buddha anzusehen, der manchmal der Adi-Buddha genannt wird und das einzige lebende Prinzip des gesamten Universums ist.

Die Überlieferungen über den Adi-Buddha wurden besonders streng geheimgehalten, und wir sind heute nicht mehr in der Lage, genau zwischen den verschiedenen Schulen zu unterscheiden. Viele der Schulen scheinen einen der fünf Jinas, gewöhnlich Vairocana, als das Oberhaupt ausgesondert zu haben. Andere führten eine sechste Figur, gleichsam einen Vorsitzenden, ein. Dieser trägt manchmal die Namen Mahavairocana oder Vajradhara oder heißt einfach der Adi-Buddha.

Hier ist nun der Punkt, wo der Buddhismus sich völlig von seiner ursprünglichen Lehre abwendet und den Weg für seinen eigenen Untergang bereitet. Es ist ohne weiteres klar, daß eine solche Lehre zum Henotheismus führen muß. Wie wir oben gesehen haben, war es immer eine Grundüberzeugung buddhistischer Tradition, daß das Ziel alles Nachdenkens über die Welt darin bestehe, ihr zu entgehen, nicht ihren Ursprung zu erklären. Was den Ursprung des uns umgebenden Universums betraf, so begnügte man sich mit unserer Unwissenheit, ohne auf Gott zurückzugehen. Die Yogacarins waren die ersten, die ein außerordentlich kompliziertes und verwickeltes System ausarbeiteten, mit dessen Hilfe sie Unwissenheit zur Ursache der äußeren Erscheinungswelt machten und das *Speicher-Bewußtsein* als die Grundlage des Universums erklärten. 500 Jahre später, um 950, kamen einige tantrische Gelehrte, die in der Nähe des Jaxartes lebten, dazu, eine beinahe monotheistische Kosmogonie als den Mittelpunkt der buddhistischen Lehre anzusehen. Bis dahin war der Tathagata der einzige gewesen, der die wahre Lehre über die Ursache des Universums verkünden konnte. Jetzt wird der Tathagata selbst diese Ursache. In dem Kalacakra-Tantra und in einigen chinesischen Systemen wird der Buddha zu einer Art von Schöpfer. Als *Herren der Yogis* werden die Buddhas zu Magiern, die diese Welt durch ihre Meditation erschaffen haben. Alle Dinge verdanken ihr Dasein dieser magischen Schöpfung. In ihrer schöpferischen Meditation sehen sie alles, was existiert; was sie sehen, muß wirklich sein, weil außerhalb dieser Meditation nichts existiert und alles, wie es auch sei, in Wahrheit Gedanke ist. In Yogacara-Kreisen war es seit vielen Jahrhunderten üblich gewesen, die letzte Wirklichkeit als den *Mutterleib der Tathagatas* zu beschreiben. Jetzt soll die Welt aus diesem Mutterleib der Tathagatas entstanden sein. Die Ausarbeitung dieser Kosmogonie war der letzte schöpferische Akt buddhistischen Denkens. Als diese Entwicklungsstufe einmal erreicht war, blieb nichts weiter übrig, als sich mit den monotheistischen Religionen zu vermischen, von denen der Buddhismus umgeben war.

Der linkshändige Tantrismus

In unserer historischen Übersicht haben wir zwischen dem linkshändigen und dem rechtshändigen Tantrismus unterschieden (s. S. 169 ff.). Die Hauptmerkmale des linkshändigen Tantrismus sind: 1. Die Anbetung von Shaktis, weiblichen Gottheiten, mit denen die männlichen Gottheiten in der Umarmung der Liebesvereinigung verbunden sind und von denen sie ihre Energie erhalten. 2. Der Glaube an eine große Anzahl von Dämonen und furchterregenden Gottheiten, die Anbetung des Gottes Bhairava (des *Furchtbaren)* und ein kompliziertes Ritual in Verbindung mit den Grabstätten. 3. Die Aufnahme des Geschlechtsverkehrs und anderer Formen »unmoralischen Verhaltens« unter die Übungen, die zur Erlösung führen.

Der linkshändige Tantrismus ist mit soviel Abneigung und moralischer Entrüstung behandelt worden, daß die meisten Historiker nicht einmal den Versuch gemacht haben, ihn zu verstehen. Trotzdem hat er eine erstaunliche Lebenskraft gezeigt; Jahrhunderte hindurch war er im Osten eine historische Macht erster Größe, und wir müssen den Versuch machen, seine wesentlichen Merkmale wenigstens bis zu einem bestimmten Grade dem Verständnis näherzubringen.

1. Der Buddhismus war ursprünglich ein streng männliches System und ließ nur wenige, ganz untergeordnete weibliche Gottheiten zu. Alle höheren Götter sind wie die Bewohner der Buddha-Länder geschlechtslos. Im allgemeinen war das Weibliche ein Hinderungsgrund bei der Erreichung der höchsten

geistlichen Ziele, und der Bodhisattva wurde, wenn er sich der Buddhaheit näherte, nicht mehr als Frau wiedergeboren. Eine Frau kann unter keinen Umständen ein Buddha werden.

Prajñaparamita und Tara waren die ersten selbständigen buddhistischen Gottheiten. Der Kult der Tara scheint im Buddhismus um 150 n. Chr. aufgetreten zu sein. Tārā, von Sanskrit *tārayati*, war die *Retterin*, die uns hilft, zum andern Ufer zu gelangen, die Furcht und Angst von uns fernhält und uns die Erfüllung aller Wünsche gewährt. Tara war eine volkstümliche Schöpfung. Die Prajñaparamita dagegen stammte aus dem kleinen Kreise der asketischen Metaphysiker. Im Mahayana war Prajñaparamita nicht nur eine Tugend, ein Buch und ein Mantra, sondern auch eine Gottheit. Die Personifizierung der transzendenten Weisheit scheint etwa zu Beginn unserer Zeitrechnung stattgefunden zu haben. In den Prajñaparamita-Sutras wird sie beschrieben als die *Mutter aller Buddhas*. Was bedeutet dieser Ausdruck? Genau wie ein Kind von einer Mutter geboren wird, so entsteht die volle Erleuchtung eines Buddha aus der vollendeten Weisheit. Diese Vollendung ist es, die ihnen ihren Weg durch die Welt zeigt. Auf diese Weise wurde ein weibliches Prinzip neben den Buddha gestellt, ihm sogar bis zu einem gewissen Grade übergeordnet. Es ist interessant, zu beobachten, daß die Prajñaparamita-Texte, die das weibliche Prinzip in der Welt betonen, aus dem Süden Indiens stammen, wo die dravidische Umgebung viele matriarchalische Ideen lebendig erhalten hatte, die der stärker männlich betonte Brahmanismus in Nordindien unterdrückte. Im Denken der Frühzeit finden wir fast überall die Idee eines Prinzipes, das sowohl Weisheit wie Weiblichkeit darstellt und Mutterschaft mit Jungfräulichkeit verbindet. Im Mittelmeergebiet finden wir zur selben Zeit eine *Sophia*, die nach dem Vorbild von Ishtar, Isis und Athene gestaltet ist; sie stellt eine Verbindung zwischen der Idee der Weisheit und der Magna Mater dar und wird dem höchsten männlichen Wesen an die Seite gestellt. Genau wie Ishthar und die Jungfrau Maria, war auch die Prajñaparamita in ihrem Wesen sowohl Mutter wie Jungfrau. Sie ist die *Mutter aller Buddhas*, d. h. sie ist fruchtbar, die Gebärerin vieler guter Taten, und die indischen Darstellungen betonen ihre vollen Brüste. Andrerseits bleibt sie, wie eine Jungfrau, »unbeteiligt und unberührt«, und die Schriften betonen mehr als alles andere ihre Unnahbarkeit.

Während der Buddhismus so die Wichtigkeit einer weiblichen Haltung gegenüber der Welt anerkannte und eine große Anzahl weiblicher Gottheiten schuf, die diese Haltung personifizierten, wurde doch eine geschlechtsbestimmte Einstellung gegenüber dem Weiblichen nicht gern gesehen und überhaupt alles Geschlechtliche sowohl bei den weiblichen Gottheiten wie in der Beziehung zwischen dem männlichen und weiblichen Prinzip möglichst übertüncht. In dem linkshändigen Tantra dagegen wurden Vorstellungen, die direkt aus dem Geschlechtsleben stammen, ganz offen bei der Erklärung geistlicher Phänomene verwendet. Die Psychologen wissen natürlich, daß das Geschlechtliche oft ganz offen in mystische Erfahrungen hineinspielt. Selbst abstraktes metaphysisches Denken ist zuweilen von der libido beeinflußt. Das hat selbst ein Philosoph empfunden, den man im allgemeinen fast als unmenschlich betrachtet, weil er sich so völlig von allen normalen menschlichen Empfindungen entfernt hat. Jemand fragte Imanuel Kant, warum er nie geheiratet habe. Kant antwortete darauf, er habe sein ganzes Leben lang nur eine »Geliebte« gehabt; das sei die Metaphysik gewesen, und ihr habe er treu bleiben wollen. Ganz ähnlich waren die Verfasser der Prajñaparamita-Sutren sich bewußt, daß das Verlangen nach der vollendeten Weisheit leicht den Charakter eines Liebesverhältnisses mit dem Absoluten annehmen könne. Dabei würde die völlige Unnahbarkeit der vollendeten Weisheit dazu beitragen, das Interesse an ihr bis zuletzt lebendig zu erhalten. In der Tat wird ausdrücklich gesagt, ein Bodhisattva solle an die vollendete Weisheit mit derselben Intensität und Ausschließlichkeit denken, mit der ein Liebhaber an eine »hübsche, anziehende, schöne Frau« denkt, mit der er eine Verabredung hat, die sie nicht einhalten kann.

Was aber in den meisten Abhandlungen über die Weisheit nur zwischen den Zeilen ausgedrückt ist, wird im Shaktismus ganz offen ausgesprochen. Die höchste Wirklichkeit wird als eine Vereinigung des männlichen, aktiven mit dem weiblichen, passiven Prinzip angesehen. Das aktive Prinzip wird als *Geschick in den Mitteln* bezeichnet, während das passive Prinzip *Weisheit* ist. Nur die Vereinigung dieser beiden kann zur Erlösung führen. Das Absolute ist eine Vereinigung der beiden, und der Akt der Verbindung erfüllt es mit der höchsten Seligkeit. Es ist bekannt, daß die Kunstdarstellungen dieser Schule die Buddhas und Bodhisattvas tatsächlich im Geschlechtsverkehr darstellen — was die Tibetaner die Yab-Yum (Vater-Mutter)-Haltung nennen.

2. Die Betonung der furchterregenden Seite des Universums verbindet sich im linkshändigen Tantrismus mit dem Ziel der

Yoga-Übungen. Der linkshändige Weg zielt darauf ab, den Menschen seines Ego zu entkleiden, so daß er sich völlig mit dem göttlichen Prinzip identifizieren kann. Das Ziel ist die völlige Zerstörung und Vernichtung all der Elemente, aus denen das Ego besteht, d. h. unserer Leidenschaften und Wünsche. Bis zu einem gewissen Grade erklärt diese Konzentration auf die Selbstzerstörung das Erscheinen so vieler furchterregender Gottheiten, die die Zerstörungstendenzen des Yogi selbst personifizieren. Wie P. H. Pott es ausdrückt: »Der Gedanke der Zerstörung ruft naturgemäß die Erinnerung an die Grabstätte wach, wo der materielle Körper zerstört wird. Die Stelle, wo die Weihe des linken Pfades vorgenommen werden soll, ist mit Vorliebe der Begräbnisplatz. Das Ritual ist ganz von dieser Atmosphäre erfüllt.« In übertragenem Sinne bedeutet die Grabstätte den Platz, wo die letzte noch verbleibende Verbindung zwischen dem Menschen und dieser Welt gelöst wird.

3. Zum Schluß müssen wir noch die Argumente betrachten, die zur Rechtfertigung aller Arten unmoralischer Lebensführung vorgebracht werden. Im allgemeinen erwartet man nicht, daß die Anhänger irgendeiner Religion, um nur ein Beispiel zu geben, »täglichen Verkehr an abgelegenen Stellen mit 12 Jahre alten Mädchen der Candalakaste« als eine Art heiliger Pflicht ansehen könnten. Das Guhyasamaja-Tantra, eine der frühesten und zugleich der heiligsten Schriften des linkshändigen Tantra, lehrt offenbar das genaue Gegenteil all dessen, wofür die buddhistischen Asketen sich einsetzten. Es sagt z. B., daß man mit Sicherheit die Buddhaheit erreichen könne, wenn man »allen sinnlichen Vergnügungen nachgehe, ganz wie das Herz es verlangt«. Hartes, asketisches Leben bleibt erfolglos, wo die »Befriedigung aller Gelüste« Erfolg bringt. Gerade die im höchsten Grade unmoralischen und verpönten Handlungen scheinen für die Anhänger dieser Lehre eine besondere Anziehungskraft zu besitzen. Die Regeln, die die Nahrung der Asketen bestimmen und einschränken, soll man übertreten. Man soll Elefanten-, Pferde- und Hundefleisch essen, und Speise und Trank sollen mit Schmutz, Urin oder Fleisch vermischt werden. Es ist nicht erstaunlich, daß man diese Lehre so oft als eine Verirrung des menschlichen Geistes betrachtet hat.

Jedem, der die Mentalität der Mystiker studiert hat, sollte der Zweck dieser Lehren wohl bekannt sein. Das Ziel ist offensichtlich, die Sinne in Verbindung zu bringen mit den Objekten, die einen Reiz auf sie ausüben, sei es in anziehender oder abstoßender Weise. Einerseits können wir nur dann zu einem vollen Verständnis der Relativität und Eitelkeit der Sinnenlust gelangen, wenn wir uns ihr völlig hingeben. Andrerseits wissen wir auch von christlichen Heiligen, die danach strebten, ihren sinnlichen Abscheu ekelerregender Dinge dadurch zu überwinden, daß sie sie in den Mund nahmen. Eine solche Haltung verträgt sich durchaus mit dem Geist des Asketentums. Ferner ist leicht einzusehen, daß die Metaphysik des Mahayana in diese Richtung führen konnte. Der Lehre nach waren das Nirwana und diese Welt eine Einheit. Demnach können die Leidenschaften ebenfalls nicht außerhalb des Nirwana liegen, »die Leidenschaften sind dasselbe wie Nirwana«. Darüber waren sich beide Richtungen des Tantra einig. Das rechtshändige Tantra bestand darauf, die Leidenschaften müßten sublimiert werden, bevor sie zu Flügeln der Erleuchtung werden könnten. Sinnliche Liebe, Selbstliebe, Frauenliebe, Liebe weltlichen Besitzes, all das ist berechtigt, solange es den Ausgangspunkt einer universalen, alles umfassenden Liebe bildet. Die Leidenschaften sollen also nicht unterdrückt, sondern veredelt und umgebildet werden. Das linkshändige Tantra dagegen glaubte daran, daß die Leidenschaften schon in ihrer ursprünglichen, nicht-sublimierten Form zu Fahrzeugen der Erlösung werden könnten. Man muß außerdem wohl zugeben, daß der Widerstand gegenüber unmoralischen Handlungen im Namen der Religion im Grunde weniger aus religiösen, als aus sozialen Überlegungen stammt. Wie immer es mit den geistlichen Qualitäten der linkshändigen Yogis stehen mag, sicherlich waren sie, gesellschaftlich gesehen, keine »achtbaren« Mitbürger. Ebenso sicher ist allerdings, daß sie gar nicht den Wunsch hatten, »achtbar« zu werden.

Um diese Haltung richtig zu verstehen, müssen wir uns klar machen, daß Religion in zwei Formen existieren kann, entweder als organisierte Gemeinschaft oder als rein individualistische Erscheinung. In einer organisierten Religion werden religiöse Lehre und Übung selten mit der konventionellen Gemeinschaftsmoral in Konflikt geraten. Die individualistischen Mystiker dagegen sehen keinen Grund, warum Religion und Moralität notwendig miteinander verbunden sein sollten. Die konventionelle Moral der großen Masse ist in der Hauptsache durch soziale Tabus bestimmt, d. h. wesentlich durch die Furcht vor sozialer Isolierung, die der Mystiker gerade als idealen Nährboden für jede geistliche Entwicklung ansieht. Solange die Yogis noch unter dem Einfluß der Furcht vor den Tabus der Gemeinschaft stehen, haben sie nicht jene »Freiheit des Geistes« erreicht, auf die sie abzielen. Solange sie sich noch an die moralischen

Grundsätze ihrer sozialen Umgebung gebunden fühlen, werden sie es als förderlich empfinden, ihre Beziehungen zu dieser Umgebung abzubrechen und sich an ein isoliertes Leben zu gewöhnen, dem die Wärme des Trostes fehlt, in die der Beifall unserer Mitbürger uns einhüllt. Eine solche Revolte gegen die Gemeinschaftskonvention nennen wir *Antinomismus*. Er ist zu verschiedenen Zeiten in allen Religionen aufgetreten und beschränkt sich im Buddhismus nicht auf die Tantras, sondern findet sich auch unter den Amidisten und im Ch'an. Eine unmoralische Lebensführung ist daher möglicherweise ein notwendiger Schritt auf dem Wege zu einer morallosen Haltung. Eine Einstellung, die der buddhistischen Amoralität fast genau entspricht, finden wir in Ruysbroecks Beschreibung der Ansichten bestimmter *Brüder des freien Geistes*. »Daher gehen sie soweit, daß sie sagen, solange ein Mann noch eine Neigung zur Tugend habe und das Verlangen fühle, Gottes hohen Willen zu erfüllen, sei er noch unvollkommen, noch abgelenkt durch den Wunsch, etwas zu erwerben. Sie glauben daher, man dürfe durchaus nicht an Tugenden glauben, noch könne man zusätzlichen Verdienst erwerben oder Sünden begehen. Infolgedessen ist es ihnen möglich, jedem Verlangen der niedrigen Natur nachzugeben, denn sie sind in den Stand der Unschuld zurückgekehrt, und die Gesetze gelten für sie nicht mehr. Tatsächlich behaupten sie, völlig frei zu sein und außerhalb aller Gebote und Tugenden zu stehen. Frei auch in ihrem Fleisch, erlauben sie dem Körper, wonach er begehrt. Das Heiligste besteht für sie darin, in allem ohne Zwang den natürlichen Instinkten zu folgen, und sie halten es für erlaubt, sich jedem Impuls zu überlassen, um das Verlangen des Körpers zu befriedigen.«

Die Herrschaft über den Körper

Es wäre allerdings irreführend, wollte man den Abstand zwischen den Lehren des alten Buddhismus und den Formulierungen des Tantra zu stark betonen. In einem entscheidenden Punkte nämlich sind das Tantra und alle seine Schulen dem Geist der buddhistischen Tradition treu geblieben: Immer wird der Körper als der Mittelpunkt alles Strebens angesehen. Wir haben oben (S. 90 ff.) gezeigt, daß die Herrschaft des Geistes über den Körper die Grundlage der buddhistischen Ausbildung darstellt. Das gilt, trotz aller Abweichungen, für sämtliche Schulen.

Es war die würdevolle Körperhaltung eines Mönches gewesen, die Sariputra bekehrt hatte. Die Entbehrungen eines heimatlosen Lebens verlangten eine erhebliche Beherrschung des Körpers. Wie Buddha Sariputra erklärte, muß der Mönch imstande sein, strenge Kälte, große Hitze und nagenden Hunger zu ertragen; er darf sich nicht vor Schmeißfliegen oder Schlangen fürchten, noch vor Angriffen durch Menschen oder Tiere; er darf nicht unmutig darüber nachgrübeln, wo er Nahrung oder Schlafgelegenheit finden werde. Die Disziplinierung des eigenen Körpers ist ein Teil der selbstverständlichen Routine buddhistischen Lebens, die, unbekümmert um die Glaubenskämpfe, ruhig ihren Fortgang nahm. Um körperliches Wohlbehagen kümmert man sich nicht oder handelt ihm entgegen. Alle Muskelbewegungen werden der Kontrolle des Bewußtseins unterworfen, d. h., man versucht sich darüber klar zu werden, was man tut, wenn man geht, steht oder sitzt. Bewußtes, rhythmisches Atmen kontrolliert die Lungen und das ganze Atmungssystem. Man kontrolliert die Bedürfnisse von Magen und Darm durch Fasten, durch die Vorschrift, daß nach der Mitte des Tages keinerlei Mahlzeit mehr eingenommen werden darf, und durch vorgeschriebene Meditationen über die lästigen und abstoßenden Seiten der Nahrungsaufnahme. Die Sinnesorgane werden, wie wir oben (S. 92) gesehen haben, streng überwacht. Die Beherrschung und Abtötung des Körpers ist die Grundvoraussetzung geistlichen Lebens. Andrerseits darf der Körper, wenn er auch eine Bürde darstellt, nicht verachtet werden. Wie wir gesehen haben (S. 94), wird der höchste Trancezustand mit Hilfe des Körpers erreicht. Er verleiht große Seligkeit und vollkommene Ruhe, und da alles Denken ausgelöscht ist, hängt die Verwirklichung dieses Zustandes ganz vom Körper ab. Es heißt, daß man »das Unsterbliche mit seinem eigenen Körper berühre«.

Jeder, der versucht hat zu meditieren, macht die Beobachtung, daß körperliche Schwächen und Störungen geeignet sind, jede langandauernde Meditation zu unterbrechen. Das Sukhavativyuha hatte deshalb gelehrt, in Amitabhas Paradies seien die Körper aller Lebewesen »so stark wie Narayanas Diamant«. Das Tantra übernahm diese Vorstellung zusammen mit vielen Yoga-Übungen, die dazu geeignet waren, den Körper in einen *Diamantkörper* umzuwandeln, der kräftig genug ist, die geistliche Reise auszuhalten; Übungen, die den Körper »reif« machen würden, stark genug, die Spannungen zu ertragen, die die geistlichen Anstrengungen ihm auferlegen. In dieser Beziehung erkannte man die Physiologie des Hathayoga als maßgebend an. Danach enthält der Körper eine sehr große Anzahl von Nerven oder Arterien *(nadi),* die als Kanäle für die okkulten Kräfte dienen, und vier lebenswichtige Zentren, die Nerven-Plexus *(cakra)* oder Lotus *(padma)* heißen. Das niedrigste Zentrum liegt in der Gegend des Nabels, ein anderes beim Herzen, das dritte gerade unter dem Hals und das vierte im Kopf. Unter den zahllosen Nerven sind drei besonders wichtig: Zwei rechts und links der Wirbelsäule und einer in der Mitte. Der linke Nerv vertritt die Weisheit, der rechte Geschicklichkeit, der mittlere absolute Einheit. Mit Hilfe esoterischer Übungen, die ohne Anleitung durch einen Guru völlig unverständlich bleiben, erreicht der Yogi, daß in dem niedrigsten Nervenzentrum eine Verbindung zwischen Weisheit und Geschicklichkeit stattfindet, durch die der *Gedanke der Erleuchtung (bodhi-citta)* hervorgerufen wird. Dieser muß dann dem mittleren Nerv entlang nach oben wandern, bis er in dem höchsten Nervenzentrum zu einem Zustand bewegungsloser Seligkeit führt. Systematische Atemübungen spielen in dieser Technik eine große Rolle, da es durch sie möglich sein soll, die *entscheidenden Winde* zu regulieren, die ihrerseits den Fluß der okkulten Kräfte durch die Nerven bestimmen. Diese allgemeine Beschreibung klingt für uns völlig phantastisch, und es würde einer sehr ausführlichen Einzeldarstellung bedürfen, um sie auch nur einigermaßen verständlich zu machen. Dafür aber muß ich den Leser auf die leicht zugänglichen Darstellungen und Abhandlungen über Hatha-Yoga verweisen.

Hier interessiert uns nur die große Bedeutung, die der Tantrismus dem Körper beilegte. Die Wahrheit liegt innerhalb des Körpers und wird aus ihm lebendig. In dem Hevajra-Tantra macht der Herr es klar, daß zwar alles leer sei, aber ein physischer Körper trotzdem absolut unentbehrlich bleibe, weil ohne ihn die höchste Seligkeit nicht erreicht werden könne. Die letzte Wahrheit liegt innerhalb des Körpers. »Er ist im Hause, aber du suchst draußen nach ihm. Du siehst deinen Gatten im Hause, und doch fragst du die Nachbarn nach seinem Verbleib.« So drückt es Saraha, ein tantrischer Dichter aus Bengalen, aus. »Die Gelehrten erklären alle Schriften, aber sie kennen den Buddha nicht, der innerhalb des Körpers thront.« Das Leben des tantrischen Yogi war erfüllt von dem ständigen Kampf mit seinem eigenen Körper, und die Theorien, die er etwa entwickelte, waren nur unwichtige Nebenerzeugnisse seiner Anstrengungen.

IX. DIE AUSSER-INDISCHE ENTWICKLUNG

Übersicht

Alle Schulen, die wir bisher erwähnt haben, stammen aus Indien, und die entscheidenden Grundlagen ihrer Lehren wurden auch dann nicht ernsthaft verändert, wenn sie außerhalb Indiens Anerkennung fanden. Drei Schulen aber, die außerhalb entstanden sind, haben wesentliche Änderungen der aus Indien herübergekommenen Anregungen herbeigeführt. Dieses sind die Ch'an (Zen)-Sekte und der Amidismus im Fernen Osten und die Nying-ma-pa in Tibet.

Der Buddhismus war zuerst um 50 n. Chr. aus Zentralasien nach China gekommen. Den Konfuzianern blieb er immer verdächtig, er selbst aber übernahm einen großen Teil seiner Lokalfarbe von dem einheimischen Taoismus. Der Buddhismus hatte im 6. Jahrhundert unter den Kaisern aus dem Hause Liang großen Erfolg, ebenso während des größten Teiles der T'ang-Dynastie (618—907). Seit etwa 1000 n. Chr. sind es in der Hauptsache zwei Schulen, die auf die Mehrzahl der chinesischen Mönche ihre Anziehung ausübten. Die Ch'an-Sekte, die großen Wert auf die Meditation legt, ist aufgebaut auf der Metaphysik des Mahayana, wie sie von der Prajñaparamita und den Yogacarins ausgebildet wurde, und hat sie den chinesischen und japanischen Bedingungen angepaßt. Der Amidismus ist eine Form des *Buddhismus des Glaubens,* die sich im Laufe der Zeit in China und Japan herausgebildet hat.

Etwa um 700 n. Chr. brachten Mönche aus Bengalen die buddhistische Religion nach Tibet. Die einheimische Bon-Religion Tibets war ein magischer Schamanismus. Es gelang dem Buddhismus keineswegs, diese Religion zu verdrängen. Sie besitzt vielmehr bis zum heutigen Tag, trotz 1200jähriger buddhistischer Herrschaft, immer noch eine erhebliche Lebenskraft. Die Einstellung der tibetanischen Mönche zum einheimischen Schamanismus war immer geteilt: Einige übernahmen viel, andere weniger von ihm. Seit 1400 n. Chr. hat die das Magische weniger betonende, als *Gelbe Kirche* bekannte Form durch die Reformen von Tsong-kha-pa die Überhand gewonnen. Aber viele der stärker magisch gerichteten *Roten* Sekten bestehen weiter, und die Rnyin-ma-pa stellt den Zweig des tibetischen Tantrismus dar, der sich mehr als alle anderen dem Einfluß der Bon-Religion ergeben hat.

Das chinesische Wort Ch'an entspricht dem Sanskrit-Ausdruck Dhyana und bedeutet Meditation. In der Entwicklung der Ch'an-Schule kann man vier Stufen unterscheiden: 1. Eine Entwicklungsperiode, die damit begann, daß um 440 eine Anzahl von Mönchen Gunabhadras chinesische Übersetzung des Lanka-vatara-Sutra studierte. Um 520 tritt die sagenhafte Gestalt Bodhidharmas auf. Ihm folgen einige Mönchsgruppen um Sengt'san (gest. 606), dessen Gedicht mit dem Titel Hsin Hsin Ming *(über den Glauben an den Geist)* eine der schönsten Darstellungen des Buddhismus ist, die ich kenne, und Huineng (637–713) aus Südchina, der der Nachwelt als ein ungebildeter, praktisch eingestellter Mann dargestellt wird, der ohne Umwege geradezu auf die Wahrheit losging. Viele der Traditionen aus der Frühzeit der Ch'an-Sekte sind Erfindungen späterer Zeit. Aber manche der Aussprüche und Lieder der Patriarchen, die uns erhalten geblieben sind, sind sehr wertvolle historische und geistliche Dokumente.

2. Nach etwa 700 n. Chr. tritt die Ch'an-Sekte als eigene, unabhängige Schule auf. Im Jahre 734 gründete Shen-hui, ein Schüler Huinengs, eine Schule in Südchina. Der nördliche Zweig der Ch'an-Sekte starb um 750, in der Mitte der T'ang-Periode, aus, und alle späteren Ch'an-Schulen stammen von Shen-huis Gründung ab. Während die Ch'an-Mönche bis dahin in den Klöstern der Lu-tsung (Vinaya)-Sekte gelebt hatten, verlieh ihnen Pai-chang um 750 ihre eigene Regel und eine unabhängige Organisation. Die überraschendste Neuregelung in Pai-changs Vinaya war die Einführung körperlicher Arbeit. »Ein Tag ohne Arbeit — ein Tag ohne Nahrung.« Unter der T'ang-Dynastie (618–907) gewann die Ch'an-Sekte langsam die Oberhand über die anderen Schulen. Einer der Gründe dafür war die Tatsache, daß sie die schweren Verfolgungen des Jahres 845 besser als irgendeine andere Sekte überlebt hatte. Die fünf Großmeister unter den Schülern Hui-nengs waren die ersten einer langen Reihe bedeutender T'ang-Meister der Ch'an-Sekte, und so begann die heroische und produktive Zeit dieser Schule.

3. Etwa um das Jahr 1000 hatte die Ch'an-Sekte alle chinesisch-buddhistischen Sekten mit Ausnahme des Amidismus in den Schatten gestellt. Innerhalb der Ch'an-Schule hatte die Linchi-Sekte die Führung übernommen. Ihre Einstellung wurde ñun in ein System gebracht und bis zu einem gewissen Grade

mechanisiert. Im 12. und 13. Jahrhundert wurden besondere Textbücher zusammengestellt in der Form von Sammlungen dunkler Aussprüche und Rätsel, die man im allgemeinen mit den T'ang-Meistern in Verbindung brachte. Die Rätsel heißen technisch Kung-an (japanisch Koan, wörtlich: offizielles Dokument). Ein Beispiel dieser Rätsel ist das folgende: »Einst fragte ein Mönch den Tung-shan: 'Was ist der Buddha?' Tung-shan antwortete: 'Drei Pfund Flachs.'«

4. Die letzte Phase ist gekennzeichnet durch das Eindringen des Ch'an in die allgemeine Kultur des Fernen Ostens, in seine Kunst und in die Gewohnheiten des täglichen Lebens. Die Kunst der Sung-Periode wird durch die Ch'an-Philosophie bestimmt. Besonders in Japan machte sich der kulturelle Einfluß der Ch'an-Sekte fühlbar. Ch'an war um 1200 durch Eisai und Dogen nach Japan gebracht worden. Ihre Einfachheit und ihr unbekümmerter Heroismus sagte den Mitgliedern der militärischen Kaste zu. Zen-Disziplin half ihnen die Todesfurcht zu überwinden. In vielen Gedichten wurde der Sieg der Soldaten über den Tod verkündet:

> »Weder Himmel noch Erde geben mir Zuflucht.
> Ich bin glücklich zu wissen, daß alle Dinge leer sind —
> ich selbst und die Welt.
> Ehre dem Schwert, das die großen Schwertträger
> aus Yuan schwingen.
> Schlagt zu, und es schneidet durch den Frühlingswind
> wie ein Blitzstrahl.«

Eine ausführliche Beschreibung des weitreichenden Einflusses der Zen-Sekte auf japanische Malerei und Kalligraphie, Gartenbaukunst, die Tee-Zeremonie, die Fechtkunst, auf Tanz und Poesie würde uns hier zu weit führen. Ich verweise den Leser dafür auf die ausgezeichneten Arbeiten von D. T. Suzuki.

Die Besonderheiten des Ch'an-Buddhismus lassen sich in vier Gruppen zusammenfassen:

1. Die traditionelle Einstellung des Buddhismus wird abgelehnt. Bilder und Schriften werden der Verachtung preisgegeben, Konventionen durch absichtliche Übertreibungen lächerlich gemacht. Die Ch'an-Sekte entwickelt einen radikalen Empirismus, der dem der Royal Society in England im 17. Jahrhundert sehr ähnelt. Auch dort war das Motto »Denke nicht, versuche!« und »Sie kümmern sich um Bücher, nur um herauszufinden, welche Experimente schon vorher gemacht worden sind« (Sprat). Die Ch'an-Sekte wollte eine unmittelbare Übertragung der Buddha-

qualitäten außerhalb der schriftlichen Tradition herbeiführen. Aus diesem Grunde wurde das Studium der Schriften vernachlässigt. Sie werden in den Klöstern zum gelegentlichen Nachschlagen irgendwo in der Nähe der Aborte aufbewahrt. Folianten zu wälzen, Kommentare zu diskutieren und über die Bedeutung von Worten nachzudenken, wird der Untersuchung des Sandes auf dem Grunde des Meeres gleichgestellt. »Was hilft es, die Schätze anderer Leute zu zählen?« »Seine eigene Natur zu erkennen, das ist Ch'an.« Im Vergleich damit hat nichts anderes wirkliche Bedeutung. Manche Historiker glauben, diese Einstellung sei die Folge der praktischen Veranlagung des chinesischen Nationalcharakters. Aber das reicht als Erklärung nicht aus, denn zwischen 500 und 1000 herrscht in der ganzen buddhistischen Welt ein anti-traditioneller Zug vor, und das indische Tantra hat in dieser Beziehung vieles mit der Ch'an-Sekte gemein.

2. Ch'an ist jeder metaphysischen Spekulation gegenüber feindlich eingestellt, dem Theoretisieren abgeneigt und möchte am liebsten alles rein vernunftmäßige Denken ausschalten. Unmittelbare Einsicht steht höher im Kurs als das komplizierte Gewebe eines feinsinnigen Gedankens. Die Wahrheit wird nicht in abstrakten, allgemeinen Ausdrücken, sondern so konkret wie möglich dargestellt. Die T'ang-Meister waren berühmt für ihre orakelhaften und geheimnisvollen Aussprüche und ihre seltsamen, originellen Handlungen. Erlösung findet man in den gewöhnlichen Vorgängen des täglichen Lebens. Hsuan-chien fand die Erleuchtung, als sein Lehrer eine Kerze ausblies; ein anderer, als ein Ziegelstein herabfiel; wieder ein anderer, als er sich das Bein brach. Dies war keine ganz neue Erscheinung. Die Pali-*Psalmen der Brüder* und -*Psalmen der Schwestern* zeigen, daß auch in der Alten Weisheitsschule an sich unbedeutende Vorgänge leicht zum endgültigen Erwachen führen konnten. Die Ch'an-Meister stellen ihre Mißachtung der bloßen Tradition durch überraschende Handlungen zur Schau. Sie verbrennen hölzerne Buddha-Statuen, töten Katzen, fangen Krabben und Fische. Die Meister fördern ihre Schüler weniger durch weise Aussprüche als durch »direkte Handlungen«: Sie ziehen sie an der Nase, schlagen sie mit ihrem Stab *(pang)* oder schreien sie an *(pang-ho)*. Die Koans, die die Grundlage und wichtigste Hilfe für die Meditation darstellen, bestehen aus Rätseln und erstaunlichen Geschichten, über die man nachdenken soll, bis völlige geistige Erschöpfung zur plötzlichen Erkenntnis ihrer Bedeutung führt. Auch die Koans sind nicht, wie so oft behaup-

tet wird, eine besondere Erfindung des chinesischen Genius. Sie sind nichts anderes als die chinesische Form einer allgemeinen buddhistischen Richtung, die zur gleichen Zeit in Bengalen auftritt, wo die tantrischen Shahajiyas ihren Schülern die Lehre mit Hilfe von Rätseln und dunklen Ausdrücken beibrachten; dadurch konnten sie ihre Gedanken geheim halten und Abstraktionen durch konkrete Bilder ersetzen.

3. *Plötzliche Erleuchtung* war das Kennwort des südlichen Zweiges der Ch'an-Sekte. Nach Hui-neng ist die Erleuchtung nicht ein allmählicher, sondern ein plötzlicher Vorgang. Der eigentliche Sinn dieser Lehre ist oft mißverstanden worden. Die Ch'an-Meister meinten damit nicht, daß jede Vorbereitung überflüssig sei und man die Erleuchtung in sehr kurzer Zeit gewinnen könne. Sie betonten nur, daß die Erleuchtung, wie alle mystische Erfahrung, in einem zeitlosen Augenblick eintrete, d. h. außerhalb der Zeit, in der Ewigkeit, und daß sie einen Akt des Absoluten selbst und nicht unser eigenes Werk sei. Man kann nichts dazu tun, die Erleuchtung zu erreichen (S. 106). Wer erwartet, daß asketisches Leben oder Meditation die Erlösung herbeiführen könnten, handelt wie jemand, der »einen Ziegelstein blank reibt, damit er ein Spiegel werde«. Die Erleuchtung tritt ein, ohne daß es dafür bestimmter Bedingungen oder Einflüsse bedürfte; sie ist, wie wir sagen könnten, ein völlig *freier* Vorgang. Es ist nicht die allmähliche Anhäufung von Verdienst, die die Erleuchtung herbeiführt, sondern ein plötzlicher Akt der Erkenntnis. Diese ganze Lehre ist in ihrem Wesen rein orthodox. Die Ch'an-Sekte entfernte sich von der Orthodoxie erst, als sie den Schluß zog, man brauche sich um die weniger wichtigen Regeln der Disziplin nicht zu kümmern, und dadurch eine moralische Gleichgültigkeit züchtete, die es ihren Anhängern möglich machte, sich den Forderungen des japanischen Militarismus zu fügen.

4. Ebenso wie der Amidismus, die Madhyamikas und bis zu einem gewissen Grade auch das Tantra, glaubt die Ch'an-Sekte, die Erfüllung des buddhistischen Lebens könne man nur dadurch finden, daß man es negiere. Der Buddha verbirgt sich in den unansehnlichen Dingen und Geschehnissen des täglichen Lebens. Diese zu akzeptieren, wie sie kommen, darin besteht die Erleuchtung.

»Wenn die Anhänger der Ch'an-Sekte einen Stab sehen, so nennen sie ihn einfach einen Stab. Wenn sie das Bedürfnis haben, zu gehen, so gehen sie eben; wenn sie sitzen wollen, so setzen sie sich. Unter keinen Umständen ist es ihnen erlaubt,

zerstreut und aufgeregt zu sein.« Oder: »Wie erstaunlich und
übernatürlich! Und wie voller Wunder dies ist! Ich schöpfe
Wasser, ich trage Brennholz!« Oder wiederum:

>»Im Frühling die Blüten und im Herbst der Mond,
Im Sommer ein erfrischender Luftzug und im Winter
Was brauche ich sonst?   [der Schnee.
Jede Stunde des Tages ist für mich eine Stunde
                                          der Freude.«

Amidismus

Der Kult des Amitabha ist im Nordwesten Indiens entstanden, im Grenzland zwischen Indien und Iran. Von dort brachten ihn Missionare um 150 n. Chr. nach China. Um 350 gründete
Hui-yuan die *Schule des Reinen Landes,* die auf der Grundlage
des Sukhavati-Sutra (S. 138) einen einfachen Weg zur Erlösung
lehrte. Lange Zeit hindurch bildeten die Gestalten Shakyamunis
(Shih-chia) und Maitreyas (Mi-lo) den Mittelpunkt des Glaubensbuddhismus in China, und eine Anzahl von Bodhisattvas
wie Avalokiteshvara (Kuan-yin) und Kshitigarbha (Ti-tsang)
genoß in weiten Kreisen Verehrung. Obwohl Maitreya immer
volkstümlich blieb und die Verehrung des Manjushri (Wen-shu)
und Vairocana (Pi-lu-che-na) sich im 8. Jahrhundert weiter-
verbreitete, deuten die Inschriften und Statuen darauf hin, daß
um 650 n. Chr. Amitabha (O-mi-to) in den Vordergrund trat
und Kuan-yin fest mit seinem Kult in Verbindung gebracht
wurde. Während bisher kaum Bilder Amitabhas in Indien gefunden worden sind und Darstellungen seines Paradieses in Indien überhaupt nicht vorkommen, finden sie sich in China
häufig. Warum gerade Amitabhas Paradies die Phantasie der
Chinesen so stark angeregt hat, ist schwer zu erklären. Die
ägyptischen Schilffelder oder das Paradies des Osiris, das iranische *Var,* die griechischen *Inseln der Seligen* und die Gärten
der Hesperiden liegen ebenfalls im Westen, und die chinesische
Legende kannte schon aus vorbuddhistischer Zeit die Vorstellung
eines Märchenpalastes auf den Bergen von Kun-lun, der von
Hsi-wang-um, *der Königsmutter des Westens,* bewohnt wurde.
Nach 650 wurde der Amidismus mit einer sorgfältig ausgearbei-
teten Theologie ausgestattet. Tzu-min (680—748) war einer der
ersten, der sich rein auf die Wiederholung des Namens Amitabha
beschränkte. Die Schule hat ihre Beliebtheit bis auf den heutigen
Tag bewahrt.

In Japan breiteten sich die Ideen des Amidismus nach 950 n. Chr. stark aus. In der Kamakura-Zeit wurde die Bewegung in mehreren Schulen organisiert; die beiden wichtigsten dieser Schulen sind die *Schule des Reinen Landes* (Jodo), die im Jahre 1175 von Honen gegründet wurde, und die *Wahre Sekte des Reinen Landes,* die einer seiner Schüler, Shinran Shonin (1173—1262), gründete. Im Jahre 1931 hatten die Reinen-Land-Schulen in Japan 16 Millionen Anhänger und 23 000 Priester. Beinahe die Hälfte aller japanischen Buddhisten gehörte ihnen an.

Es ist üblich, die Sekte Nichirens (1222—1282) zu den Schulen des Amidismus zu rechnen. Richtiger wäre es, sie als einen Zweig des nationalistischen Shintoismus anzusehen. Nichiren war im höchsten Grade anmaßend und launenhaft, und der Egoismus, mit dem er für sich selbst und für seine Nation eintrat, macht ihn in jeder Beziehung ungeeignet zum buddhistischen Lehrer. Er redete sich nicht nur ein, er sei persönlich in dem *Lotus des Guten Gesetzes* erwähnt, sondern auch, daß die Japaner eine auserwählte Rasse darstellten, an der die Welt genesen werde. Die Anhänger der Nichiren-Sekte sind nach Suzuki »sogar heute noch mehr oder weniger militaristisch und vertragen sich nicht gut mit anderen Buddhisten«.

Von der Entwicklung buddhistischen Denkens aus gesehen, ist der fernöstliche Amidismus seines ständig wachsenden Radikalismus wegen interessant; in der Shin-Sekte hat er seinen Höhepunkt erreicht. Das Shin-shu will die Bedeutung des Glaubens und der Gelübde Amidas in den Vordergrund stellen und die Erlösung wie überhaupt die ganze Lehre vereinfachen; es weist daher alles Rituelle, die ganze Philosophie und sogar das sanfte Asketentum des Mönchslebens zurück. Alle Menschen, ob ehrlich oder verbrecherisch, werden ohne Unterschied in Amidas Paradies zugelassen. Die einzige Bedingung dafür ist der Glaube an Amidas Gnade. Wir sind alle Sünder, und Amida ist ein Gott mitleidiger Liebe. Anders als der christliche Gott, ist er kein Richter. Die Vorstellung, daß Moral gegenüber dem Glauben bedeutungslos sei, läßt sich weit zurückverfolgen. Zeugnisse dafür finden sich schon ein Jahrtausend vor Shinran. Um 150 n. Chr. finden wir im Divyavadana (S. 258 – 259) eine Erzählung, die beleuchtet, wie leicht man sich selbst in jener Zeit über moralische Regeln hinwegsetzen konnte. Dharmaruci, der vor drei Äonen gelebt hatte, hatte seine Eltern und einen Arhat ermordet und ein Kloster niedergebrannt. Trotzdem verlieh ihm der zukünftige Shakyamuni die Weihen mit den Worten: »Was nützen uns die Regeln? Du brauchst nur ständig die

Formel 'Verehrung dem Buddha, Verehrung dem Dharma!' zu wiederholen.« Die Priester des Shin-shu dürfen heiraten und sowohl Fisch wie Fleisch essen. Sie führen die alte Idee, man solle sich der Welt anpassen, zu ihrem logischen Ende. Wenn die Priester dasselbe tun, wie alle Welt und wie gewöhnliche Menschen leben, so vermeiden sie dadurch, Schranken zwischen sich und den anderen Menschen aufzurichten, und sind besser in der Lage, sich mit den Laien zu verständigen. Die Shin-Sekte neigt dazu, alle besonderen religiösen Regeln abzuschaffen. Dabei ist ihre Begründung für die Ablehnung des Zölibats natürlich eine ganz andere als die des Tantra. Das Tantra wollte den ganzen Körper zu dem Zwecke der Erlösung benützen und sah nicht ein, warum die Geschlechtsteile davon ausgeschlossen werden sollten. Geschlechtlichkeit war für sie eine Art Gymnastik und eine tapfer ertragene Versuchung. Im Shin-shu ist die Heirat ein Weg, an der Last der einfachen und niedrigen Klassen teilzunehmen, die Pflichten und Gebräuche der Gesellschaft, in der man lebt, zu befolgen. Es wäre eine Anmaßung, sich ihnen zu entziehen. Die Hauptaufgabe liegt darin, so wie alle anderen Menschen zu leben und sowohl der Welt wie auch dem Buddha zu dienen. Der demokratische Geist des Shin-shu und seine Anerkennung sozialer Pflichten sind der Grund für seinen Erfolg in unserer Zeit. Als einzige von allen buddhistischen Schulen hat die Shin-Sekte in den letzten 50 Jahren bewiesen, daß der Buddhismus sich auch einer industrialisierten Umwelt anpassen kann, obwohl diese *Anpassung* leicht als ein völliges Verschwinden erscheinen mag.

Die Nying-ma-pa

Die alte *Rote Sekte* in Tibet, deren Anhänger statt gelber rote Roben tragen, predigt und übt eine esoterische Lehre, die zuerst von dem indischen Prinzen Padma Sambhava um 770 n. Chr. eingeführt worden ist. Padma Sambhava war ein Wundertäter, der nur zweimal für ganz kurze Zeit in Tibet gewesen ist. Während dieser kurzen 18 Monate seines Aufenthaltes aber hat er einen Einfluß ausgeübt, der in Tibet heute noch fühlbar ist, obwohl die offizielle gelbe Kirche seine Lehre fünf Jahrhunderte lang bekämpft hat. Der Hauptgrund für diese lange Nachwirkung des Einflusses, den Padma Sambhava ausgeübt hat, liegt anscheinend in der Tatsache, daß seine Auslegung des Buddhismus — einer Form des Tantra — der eingeborenen Religion Tibets, der Bon-Religion, sehr nahe kommt.

Die Anhänger Padma Sambhavas nennen sich gewöhnlich *Nying-ma-pa,* wörtlich *Die Alten.* Die Erklärung dieses Namens liegt in der Tatsache, daß ihre Lehre etwa zwischen 750 und 850, also noch vor der Verfolgung des Buddhismus durch König Glandar-ma (836—841), entstanden ist.

Geheime magische Lehren, die ja nicht den Anspruch erheben, rein auf vernünftiger Überlegung zu beruhen, setzen natürlich eine Art Inspiration voraus, auf die sie ihre Autorität zurückführen. Die Tradition des Nying-ma-pa stützt sich auf zwei Quellen. Die Grundlage der Lehre stammt unmittelbar von den indischen Meistern. Außerdem aber entschlossen sich die Nying-ma-pa, ähnlich wie die hermetische Tradition der Mittelmeerwelt, diese Grundlage durch die Entdeckung vergrabener Urkunden *(gter-ma)* noch zu verbreitern. Padma Sambhava und andere Meister vergruben bestimmte Texte an abgelegenen Stellen, an denen sie zu einer vorher bestimmten Zeit von vorher bestimmten Personen gefunden werden konnten, falls der Bedarf nach einer zusätzlichen *Verkündung* sich einstellen sollte. Ganz ähnlich geben sich auch hermetische Texte über Astrologie, Alchemie, Magie usw. in vielen Fällen als Bücher aus, die von alten Weisen geschrieben waren und gefunden und herausgegeben werden konnten, wenn die Zeit dafür gekommen war. Das ist offenbar eine Bestätigung unserer Ansicht, daß ein großer Teil des Tantrismus eine Verbindung zwischen ägyptischer Magie in ihrer gnostischen Form und der Metaphysik des Mahayana darstellt. Die vergrabenen Texte sind in Tibet von etwa 1125 an aufgefunden worden; unter ihnen befindet sich eine Anzahl hervorragend wichtiger Werke.

Die Nying-ma-pa-Lehre ist im wesentlichen ein Zweig des linkshändigen Tantra. Große Bedeutung hat die Anbetung von Schutzgottheiten; das System kennt deren 100, 58 heitere und 42 böse. Außerdem gibt es natürlich einen Kult der schreckenerregenden Gottheiten, die im wesentlichen als die Zerstörer der drei traditionellen Erzfeinde unseres Seelenfriedens, Habgier, Haß und Täuschung, angesehen werden. Die physiologischen Übungen des Hatha-Yoga spielen ebenfalls eine erhebliche Rolle. Die Manipulation der *Arterien* (s. S. 190) und des männlichen Samens sollen Glücksgefühl, Erleuchtung und Befreiung vom Grübeln herbeiführen. Die verschiedenen Arten dieser Übungen werden im allgemeinen in folgender Reihenfolge ausgeführt: Zunächst soll man sich eine geistige Vorstellung der Bilder dieser Schutzgottheiten machen; diese wird durch das Hersagen von Formeln und die Meditation über die hervorgerufenen Vorstellungen herbeigeführt. Dann folgt die psycho-physische Kontrolle der Arterien und des männlichen Samens; und schließlich eine Vorstellung der wahren Natur des eigenen Geistes, der nichts als Leere ist. Der Unterschied dieser Lehre von den anderen liegt darin, daß sie versucht, die Gefühlsbewegungen Ärger und Lust, die die Buddhisten im allgemeinen ausschalten, für ihre Zwecke zu benützen; dann auch darin, daß sie den materiellen Körper, der sonst den Buddhisten nur als Hemmschuh des Geistes gilt, verwenden, um dem Geist ein wirksame Hilfestellung zu geben. Die magische Natur der Nying-ma-pa wird in der Lehre des Thod-gyal, der *Übersteigung des Höchsten,* deutlich, derzufolge ein Weg zur Erlösung oder Befreiung führt, auf dem der materielle Körper sich im Regenbogen auflöst oder ähnlich wie die Farben in ihn eingeht.

Die Einzelheiten der Lehre dieser Schule sind sehr kompliziert, und es ist nicht möglich, sie in einer kurzgefaßten Darstellung verständlich zu machen. Leser, die sich für diese Seite des Buddhismus interessieren, seien darauf aufmerksam gemacht, daß Evans-Wentz eine Anzahl der Texte ins Englische übersetzt hat. Besonders interessant ist die durch die Nying-ma-pa überlieferte Lehre vom Bardo. Bardo bezeichnet die Erfahrung eines Menschen im Zeitraum zwischen Tod und Wiedergeburt. Viele Buddhisten sind der Überzeugung, die Wiedergeburt folge unmittelbar auf den Tod. Andere bestehen darauf, daß dazwischen eine gewisse Zeit vergehe, und die Nying-ma-pa-Schule gibt eine bis ins einzelne gehende Beschreibung der Erfahrungen der Seele während des Bardo, die uns durch Evans-Wentz' ausgezeichnete Übersetzung des »Tibetanischen Totenbuches« zugänglich geworden ist (deutsch von C. Göpfert-March, München 1942). Eine Anzahl der darin enthaltenen Überlieferungen geht zweifellos bis auf das Steinzeitalter zurück. Das Buch wendet sich an die Seele der Sterbenden und bereitet sie auf die Erfahrungen vor, denen sie entgegengehen. Ein großer Teil ägyptischer Weisheitsüberlieferung ist in diesem Buch bis heute lebendig geblieben.

Europäischer Buddhismus

Im 17. und 18. Jahrhundert hatten die jesuitischen Missionare sich eine recht genaue Kenntnis des chinesischen und japanischen Buddhismus erworben; aber erst der deutsche Philosoph Arthur Schopenhauer machte Europa mit der lebendigen Religion des Buddhismus bekannt. Ohne Kenntnis der buddhistischen Schriften, nur geleitet durch die Philosophie Kants, die lateinische Übersetzung einer persischen Übertragung der Upanishaden und die Enttäuschungen, die er in seinem eigenen Leben erfahren hatte, entwickelte Schopenhauer in den Jahren vor 1819 ein philosophisches System, das in seiner *Verneinung des Lebenswillens* und in der Betonung des *Mitleids* als der einzigen zur Erlösung führenden Tugend dem Geiste der buddhistischen Lehre erstaunlich nahe kam. Schopenhauers in einem lebendigen und lesbaren Stil vorgetragene Ideen haben in Europa großen Einfluß gehabt. Richard Wagner war von der Lehre Buddhas tief beeindruckt, und in neuerer Zeit hat Albert Schweitzer sein Leben in Übereinstimmung mit den Ideen geführt, die Schopenhauer seiner Umwelt empfohlen, wenn auch nicht selbst vorgelebt hat.

Als Folge des Eindringens europäischer Kaufleute, Soldaten und Missionare nach Asien, gelangten im Laufe des 19. Jahrhunderts langsam asiatische Gedanken nach Europa. Wissenschaftliche Untersuchungen waren daran maßgeblich beteiligt. Die wissenschaftliche Arbeit an der buddhistischen Literatur und Kunst hat seit nunmehr 120 Jahren ununterbrochen ihren Fortgang genommen. In jeder Generation hat die Geschichte des Buddhismus eine große Anzahl erstrangiger Gelehrter interessiert und beschäftigt. Viele von ihnen, besonders am Anfang, studierten den Buddhismus, so wie man einen Gegner beobachtet, mit der Absicht, die Überlegenheit des Christentums wissenschaftlich zu beweisen. Einige wenige gelangten zu der Überzeugung, daß sie es mit einer Religion von höchster Reinheit zu tun hatten, von der Europa vieles lernen könnte. Die Mehrzahl aber arbeitete an den Urkunden mit derselben Sachlichkeit, mit der man sich bemüht, ein Kreuzworträtsel zu lösen. Als Ergebnis dieser Arbeit von vier Generationen hat die Erforschung des Buddhismus große Fortschritte gemacht, obwohl noch viel zu tun übrig bleibt. Soziologisch war der Orientalismus in Europa eng mit dem Imperialismus verbunden. Heute, wo der europäische Imperialismus an Stoßkraft verloren hat, befindet sich der Orientalismus in einer tiefen Krise, und es ist nicht leicht vorauszusehen, wie diese Krise in der unmittelbaren Zukunft gelöst werden wird. In Sowjetrußland scheinen die buddhistischen Studien völlig aufgegeben worden zu sein, obwohl die Russen in der Vergangenheit recht erhebliche Beiträge zum Studium des Buddhismus geleistet haben. Möglicherweise ist die buddhistische Mystik nicht nach dem Geschmack der dialektischen Materialisten.

Das Jahr 1875, in dem Madame Blavatsky und Oberst Olcott die theosophische Gesellschaft gründeten, ist ein wichtiger Markstein in der Geschichte des europäischen Buddhismus. Durch die Tätigkeit der Theosophen verbreitete sich die Kenntnis asiatischer Religionen erheblich schneller, was wiederum dazu beitrug, das Selbstvertrauen der zweifelnd gewordenen Asiaten zu stärken. Damals erschien die europäische Zivilisation in ihrer Mischung von Handel und Wissenschaft, Militarismus und Christentum als unerhört kräftig. Nur wenige erkannten die noch verborgene Explosionskraft der Nationalkriege und des Klassenkampfes. Eine ständig wachsende Zahl Gebildeter in Indien, Ceylon und Japan kam zu der Überzeugung, es bleibe ihnen gar nichts anderes übrig, als das System des Westens mit allem, was dazu gehörte, zu übernehmen. Die christlichen Missionare waren überzeugt, daß Massenbekehrungen zum Christentum bevorstanden. Aber ganz plötzlich und unerwartet nahm die Strömung einen anderen Weg. Einige wenige Mitglieder des Herrenvolkes, weiße Männer und Frauen aus Rußland, Amerika und England, die sich Theosophen nannten, traten unter den Hindus und Singalesen auf und äußerten ihre Bewunderung für die alte Weisheit des Ostens. Madame Blavatsky sprach über den Buddhismus in Ausdrücken höchster Verehrung, Oberst Olcott verfaßte einen *Buddhistischen Katechismus,* und A. P. Sinnett veröffentlichte ein sehr erfolgreiches Buch, in dem er alle möglichen, oft reichlich mysteriösen, aber hochinteressanten Gedanken als *esoterischen* Buddhismus vortrug. Der Mythos der Mahatmas lokalisierte diese unsichtbaren, weisen und halbgöttlichen Führer der Menschheit auf den Himalayabergen in Tibet, einem buddhistischen Lande, das bald von einem Heiligenschein übermenschlicher Weisheit umgeben war. Durch ihr rechtzeitiges Eingreifen hat die theosophische Gesellschaft der Sache des Buddhismus einen großen Dienst geleistet. Wenn die Organisation als solche später auch durch Reichtum und Scharlanterie korrumpiert wurde, so hat die Idee doch viele zum weiteren ernsthaften Studium des Buddhismus angeregt. Zu den bekannten Theosophen gehörte Edwin Arnold, dessen Gedicht »Das Licht Asiens« viele Menschen dazu geführt hat, den Buddha um der Reinheit seines Lebens willen und wegen seiner Hingabe an das Heil der Menschheit zu lieben und zu bewundern.

Bald nach dem Jahre 1900 kamen einige Missionare aus Asien, die in London und anderen westlichen Städten ohne viel Erfolg arbeiteten. In Paris, London und Berlin wurden buddhistische Organisationen zur Propagierung des Glaubens gegründet. Aber bis heute ist es nicht gelungen, den Buddhismus in Europa durchzusetzen. Wie wir oben (S. 49) gesehen haben, war die Organisation des Sangha das einzig beständige und dauernde Element in der Geschichte des Buddhismus. Mönche und Klöster bilden die unentbehrliche Grundlage für eine buddhistische Bewegung, wenn sie darauf ausgeht, eine lebendige soziale Gemeinschaft aufzubauen. Eine Anzahl europäischer Buddhisten, die sich zum mönchischen Leben hingezogen fühlten, ist nach Ceylon, China und Japan gegangen. Die Schwierigkeit, in Europa buddhistische Klöster zu gründen, ist groß, aber wahrscheinlich nicht größer, als sie ursprünglich in China war. Je deutlicher der Bankrott unserer Zivilisation sich offenbart, desto mehr werden sich auch Europäer nach der Weisheit der Vergangenheit sehnen, manche von ihnen nach der besonderen Form, die der Buddhismus entwickelt hat. Wann und wo zuerst Europäer die gelbe Robe anlegen werden, müssen wir abwarten.

Am. = Amidismus, B. = Buddhismus, Ch. = China, chinesisch, Hi. = Hinayana, MY. = Madhyamika-Yogacara, N.W. = Neue Weisheit, S. = Sarvastivadin, T. = Tantrismus, Th. = Theravadins, Y. = Yogacara, Y.L. = Yogacarin-Logik, Z. = Zen (Ch'an).

Nach Buddha	Vor Christus	Geschichte	Hinayana	Mahayana	Kunst
80	480	Tod Buddhas			
		325 Alexander in Indien			
		315 Candragupta			
260	300	274 Beginn der Herrschaft Asokas	246 Mahinda bringt B. nach Ceylon		
		236 Asokas Tod	240 Sthaviravadins trennen sich von Mahasānghikas		
360	200	160 Menandros (Milinda)		Ursprl. Prajnaparamita (N. W.)	120 Tore von Sanchi
460	100		80 Niederschrift d. Pali-Schriften	80 Mahayana Sutras: Saddharma Pundarika usw.	500 n. Ch. Gandhara 200 n. Ch. Mathura
560	Nach Christus	25—60 Kadphises I. B. kommt nach China			Amaravati
		61 Traum Mingtis			
		78—103 Kanishka	100 Ashvaghosha	Große Prajnaparamita (N. W.)	Reliquar v. Peshawar

Nach Buddha	Nach Christus	Geschichte	Hinayana	Mahayana	Kunst
660	100		140 Vibhasha (S) in Kaschmir	160 Sandhinirmo-cana Sutra (Y) Nagarjuna (N. W.) Aryadeva (N. W.)	150—350 Haupt-masse von Amaravati
760	200	220 B. kommt n. Annam			B. Maler in Süd-China 265 1. Chin. Pagode —600 Gupta Kunst Ellora Ajanta
860	300	355 Ch. Edikt erlaubt Mönchstum 357—85 Fu kien be-schützt B. 372 B. kommt n. Korea 385—414 Candragupta II 399—414 Fa hien in Indien		333 Hui-yüan (Am) geb. Lankavatara Sutra (Y) Maitreya-natha (MY)	Ku k'ai ch ih
960	400	414—455 Kumaragup-ta I gründet Nalanda	Vasubandhu (S) 420 Buddhagosa (Th)	Vasubandhu (Y) Asanga (Y) Kumarajiva (N.W.)	—500 B. Skulp-tur in N. China

Nach Buddha	Nach Christus	Geschichte	Hinayana	Mahayana	Kunst
960	400	438—52 To-pa Tao verfolgt B. B. verbr. sich in Burma, Java, Sumatra	440 Mahavamsa (Th.)	416 Hui-yüan gest. Dignaga (Y. L.)	414—520 Die Grotten von Yun-kang
		452 ff. To-pa's besch. B.	460 Dhammapala (Th.)	498—561 Bodhidharma (Z.) Paramartha (Y.)	Wei Skulpt.
1060	500	518 ältester Katalog d. ch. Tripitaka			
		552 B. verbr. s. in Japan		560 Sthiramati gest.	
		572 Shotoku Taishi geb.			
		573 2. Verfolg. in Ch.		580 Tien tai gegr. San-lun gegr. Hua-yen gegr.	Renaiss. d. Kunst in Ch.
1160	600	B. verbr. s. in Sumatra			
		606—47 Harshhavardhana		606 Seng-t-san (Z) gest.	
		621 Shotoku Taishi gest.			
		629—45 Yüan-tsang in Indien		635 Dharmapala (Y.)	Grotte I in Ajanta
				637 Hui-neng (Z.) geb. Lu-tsung gegr.	

Nach Buddha	Nach Christus	Geschichte	Hinayana	Mahayana	Kunst
1160	600	642 ff. Song-tsen-gampo (Tibet)		645—64 Yüan-tsang (Y) arbeitet in Ch.	Li-szu-hsu
		642 B. verbr. s. in Tibet		650 Chandrakirti (N. W.)	
		651 1. B.-Tempel in Tibet		643 Fa-tsang (Hua yen) Dharmakirti (L)	
		671--95 I-tsings Reisen		691 Shantideva (N. W.) geb.	Nara Tempel
1260	700	B. verbr. s. in Annam, offiz. Religion in Srivajaya			
		710—84 Nara Periode		713· Hui-neng (Z.) gest.	Wu tao tze Java
		711 Sindh an Islam verloren		716 Mi-tsung gegr. (T.)	—1000 Tun-hu-ang
		720 B. (Hi) verbr. s. n. Siam		Shubhakara-simha Vajrabodhi (T.) Amoghavajra (T.)	
			740 Anuruddha Abhidham-matthasangaha		
		749 1. Kloster (Sam-ye) in Tibet		770 Padmasambhava geht n. Tibet (T.) Shantarakshita (T.)	747 Gigant. Buddha in Nara Borobodur Todaiji

Nach Buddha	Nach Christus	Geschichte	Hinayana	Mahayana	Kunst
1260	700	760 Araber erob. Zentr.-Asien. Odantapuri gegr. Pala Dynasty. 770—815 Dharmapala (bengal.König)		774 Amoghavajra gest.	
1360	800	Shivaism. verdr. B. in Kaschmir. Mahayana in Cambodia		Haribhadra (N. W.)	802 Angkor gegr.
				805 Dengyo Daishi gr. Tendai auf Berg Hiei	
		845 Verfolg. d. Wu-tsang		835 Kobo Daishi (T.) gest.	
		850—1350 Korye-Dynastie in Korea			
1460	900	Lang-darma Islam verdr. B. in Zentral-Asien	920 König Aba Salamevan Kasup V (Ceylon)	Koan System (Z.) 949 Yuen-men (Z.) gest. Kuya (Am.) 942—1017 Genshin (Tendai) 965 Kala-cakra (T.) 980 Atisa geb.	—1300 Korean. Kunst

Nach Buddha	Nach Christus	Geschichte	Hinayana	Mahayana	Kunst
1560	1000	1000—1200 B. in Annam v. Kön gsh. unterst.	1040 Theravadins in Burma	1020 Pi-yen-chi (Z.)	
		1077 König Anuruddha v. Burma gest.		1038—1122 Milarepa	
		1086—1112 König Kyanzittha v. Burma		1039 Atisa geht n. Tibet	
				1052 Atisa gest.	
1660	1100			1100 Ryonin (Tendai, Am.)	
			1140 Theravadins in Siam	1133 Honen Shonin (Am.) geb.	
		1180—1205 Dvayavarman VII (Cambodia)		1173 Shinran (Am.) geb.	Kunst blüht in Tibet
		1197 Nalanda v. Islam zerstört		1191 Eisai bringt Z. nach Japan	Kunst v. Bayon in Cambodia
1760	1200	1202 Shakyapandita kommt nach Tibet		1200 Dogen (Z.) geb. Jodo-shu (Am.) gegr.	
				1211 Honen Shonin (Am.) gest.	
				1215 Eisai (Z.) gest. Dogen (1200—53) gründ. Soto (Z.)	

Nach Buddha	Nach Christus	Geschichte	Hinayana	Mahayana	Kunst
1760	1200	1227—63 Tokiyori begünst. Zen		1222 Nichiren geb.	
				1225 Jodo-shin-shu gegründet	
				1228 Mumon Kwan (Z.)	
		1251—84 Hojo Toki-mune begün-stigt Zen	1240 Dhammakitti	1259 Ippen Shonin (Z.) geb.	
				1253 Dogen (Z.) gest.	1252 Kamakura Dai Butsu Engakuji Tempel
		1260—94 Kublai Khan beg. B. Thee-Zeremon. kommt n. Japan		1267 Dai-o Kokushi (1235—1308) gründ. Rinzai (Z.), Eison (12 2 – 90) belebt Ri-tsu (Vinaya) Schule v. neuem	
			1280 Jinacarita	1282 Nichiren gest.	
				1289 Ippen Shonin (Am.) gest.	
				1288 Bu-ston (T.) geb.	
1860	1300	1320 Verfall d. Mahayana in Cambodia			
		1340 Laos bekehrt		1357 Tsong-kha-pa geb.	

210

Nach Buddha	Nach Christus	Geschichte	Hinayana	Mahayana	Kunst
1860	1300	1360 B. (Hi.) offizielle Religion in Siam 1392 Verfall des B. in Korea		1365 Nagarakirtagama (T.) in Java 1385 Ryogo Shogei's Jugi (Am.) 1392 Ge-lug-pa (T.) gegr.	
1960	1400	—1500 Verfolg. in Annam 1480 Java: Hinduismus verdrängt B. Sumatra: Islam verdrängt B.		1419 Tsong-kha-pa gest.	1420 — 1506 Sesshu (Z.)
2060	1500	1576 Kum-bum gegründet 1577 Endgültige Bekehr. der Mongolen		Shi yen ki von Wu Ch'engen (Am.) 1573 Taranatha geb. 1573—1645 Takuan (Z.) 1599—1655 Chih-hsu	1584 — 1645 Miyamoto Musashi
2160	1600	1603 Tokugawa in Japan Verfall d. B. 1642 Der 5. Dalai Lama wird Priester-König Tibets	1620 Handbuch für Yogavacaras		

Nach Buddha	Nach Christus	Geschichte	Hinayana	Mahayana	Kunst
		1643 Potala erbaut		1685—1768 Hakuin (Z.)	1643—94 Basho
2260	1700	1718 Mongolen-Armee unterstützt Ge-lug-pa			
		1769 Nepal wird Hindu			
		1785 Erstes Burya-ten Kloster			
2360	1800	1819 Schopenhau-ers ‚Welt als Wille und Vorstellung'			
		1840 Burnouf			
		1850—65 Tai-ping-Re-bellion zerst. viele Klöster			
		1875 Theosoph. Gesellschaft gegründet			
		1879 Arnolds „Licht Asiens"			
		1890 Wiederbele-bung B's in Japan			
		1891 Mahabodhi-Gesellschaft gegründet			

Nach Buddha	Nach Christus	Geschichte	Hinayana	Mahayana	Kunst
2460	1900	1904 Engl. Exped. nach Lhasa 1909 Tai Hou belebt B. in China von neuem 1924 P. Dahlke Buddhistisches Haus, Berlin 1926 Engl. B. Ges. gegründet 1928 Amis du B. gegründet		1924—29 Taisho Issaikyo	

BIBLIOGRAPHISCHER WEGWEISER

DARSTELLUNGEN

W. Wassiljew, Der Buddhismus (deutsch v. Schiefner), Petersburg 1860.

L. A. Waddell, The Buddhism of Tibet, London 1895—1934.

H. Beckh, Buddhismus, 2 Bde., Sammlung Göschen, Berlin 1916 f.

F. Heiler, Buddhistische Versenkung, München 1922.

H. Oldenberg, Buddha. Sein Leben, seine Lehre, seine Gemeinde, Stuttgart-Berlin 1923.

Th. Stcherbatsky, Erkenntnistheorie und Logik nach der Lehre der späteren Buddhisten (deutsch v. O. Strauß), München 1924.

M. Walleser, Die Sekten des alten Buddhismus, Heidelberg 1927.

K. Schumacher, Buddhistische Versenkung und jesuitische Exerzitien, Stuttgart 1928.

H. v. Glasenapp, Der Buddhismus in Indien und im fernen Osten, Schicksal und Formen einer Erlösungsreligion, Berlin-Zürich 1936. Hier findet sich eine Liste der wichtigsten Literatur über den Buddhismus. Alle Übersetzungen aus dem Kanon sind genannt.

H. v. Glasenapp, Entwicklungsstufen des indischen Denkens. Untersuchungen über die Philosophie der Brahmanen und Buddhisten, Halle 1940.

H. v. Glasenapp, Buddhistische Mysterien. Die geheimen Lehren und Riten des Diamantfahrzeuges, Stuttgart 1940.

H. v. Glasenapp, Die Weisheit des Buddha, Baden-Baden 1946.

Chr. Humphreys, Zen Buddhismus, München 1952.

D. T. Suzuki, Essays in Zen Buddhism, 3 Bände, 1926—1934.

TEXTE

1. Auswahl

H. v. Glasenapp, Gedanken von Buddha, Berlin 1942.

2. Theravādins

K. E. Neumann, Die Reden Gotamo Buddhos (Mittlere Sammlung, 3 Bde.; Längere Sammlung, 3 Bde.); Die Lieder der Mönche und Nonnen Gotamo Buddhos; Die letzten Tage Gotamo Buddhos; Die Reden Gotamo Buddhos — Aus der Sammlung der Bruchstücke; Dhammapadam, alle München 1922 ff.

F. O. Schrader, Die Fragen des Menandros (Milinda), Berlin 1907, und Nyānatiloka, München 1924.

Govinda, Abhidhammatthasangaha, München 1931.

3. Sarvāstivādins

Vasubandhu, Abhidharmakosha, franz. von L. de la Vallée Poussin, Paris 1923—1931. Danach: O. Rosenberg, Probleme der buddhistischen Philosophie, Heidelberg 1924.

E. J. Thomas, The Quest of Enlightenment. A Selection of the Buddhist Scriptures. Aus dem Sanskrit übersetzt, London 1950.

4. Mahāyāna

M. Walleser, Die mittlere Lehre des Nāgārjuna (Mādhyamikasūtras), Heidelberg 1911.

M. Walleser, Prajñāpāramitā (Die Vollkommenheit der Erkenntnis), Göttingen 1914.

G. Schulemann, Botschaft des Buddha vom Lotus des Guten Gesetzes, Freiburg 1937; Übersetzung von Saddharma-pundarīka (H. v. Glasenapp) in Jahrbuch des Lindenmuseums, Stuttgart 1951.

D. T. Suzuki, The Lankāvatāra-Sūtra, London 1932.

Chandrakīrti, Kommentar, deutsch von St. Schayer, Krakau 1931.

H. Hoffmann, Sieben Legenden des Mi-la-ras-pa, München 1951.

W. Nölle, Ein tibetisches Wunschgebet, Jahrbuch des Lindenmuseums, Stuttgart 1953.

KUNST

K. Doehring, Indische Kunst, Berlin 1925.

H. v. Glasenapp, Heilige Stätten Indiens. Die Wallfahrtsorte der Hindus, Jainas und Buddhisten, München 1928.

H. Zimmer, Mythen und Symbole in indischer Kunst und Kultur, Zürich 1951.

S. Hummel, Tibetische Kunst, im Erscheinen begriffen.

Im allgemeinen sind mir im Laufe der letzten elf Jahre seit dem Erscheinen der ersten englischen Ausgabe dieses Buches keine wesentlichen Einwendungen oder Bedenken gegen meine Darstellungen bekannt geworden. In den ersten sieben Kapiteln müßten vielleicht hier und dort einige Einzelheiten verbessert werden. Die „außerindische Entwicklung" des neunten Kapitels ist inzwischen ausführlicher in *A Short History of Buddhism*, Bombay 1960, behandelt worden. Es ist nur das achte Kapitel über den „Tantrismus", das heutzutage etwas veraltet aussieht, denn es entspricht dem Stand der Forschung im Jahre 1949, als „die wissenschaftliche Erforschung der tantrischen Dokumente noch in den Anfängen" steckte (S. 170). Meine Ausführungen müssen jetzt ergänzt und teilweise berichtigt werden, auf Grund der bahnbrechenden Veröffentlichungen, die seither erschienen sind. Sie sind vor allem G. Tucci's *Tibetan Painted Scrolls*, 3 Bde, 1949; S. B. Dasgupta, *An introduction to Tāntric Buddhism*, 1950; D. L. Snellgrove's *Buddhist Himalaya*, 1957, und desselben Gelehrten Herausgabe und Übersetzung des *Hevajra Tantra*, 2 Bde, 1959. Falls es mir noch beschieden ist, eine revidierte Ausgabe des englischen Originalwerkes herauszubringen, werde ich dieses neue Material dort zu verarbeiten suchen.

In meiner „Vorbemerkung" kündigte ich „eine Auswahl der wichtigsten Texte und Schriften" an, die den Beweisgrund für viele meiner Behauptungen enthalten würde. In Zusammenarbeit mit I. B. Horner, D. L. Snellgrove und Arthur Waley brachte ich 1954 eine solche Auswahl heraus, die dann 1957 in deutscher Übersetzung in der Fischer-Bücherei unter dem Titel „Im Zeichen Buddhas" erschien. Denjenigen Lesern, die sich diese Anthologie nicht beschaffen können, würde ich H. v. Glasenapp's *Der Pfad der Erleuchtung*, 1956, empfehlen. Dieses Werk ist jetzt an die Stelle der auf S. 214 erwähnten Auswahl desselben Verfassers getreten.

Sherborne, Dorset
März 1962   *Edward Conze*

Vibasha: 205
Vier Heilige Wahrheiten: 14, 39, 40, 44, 45
Vier himmlische Haltungen: 11
Vijnana (Bewußtsein): 11
Vikramasila: 171
Vimalakirti: 50, Erläuterungen des – 116, 149
Vinaya (Schriftgehalt von d. mönch. Disziplin): 26, 29, 50, 53, 81, 114, 192
Vishnu: 89
Vishnuismus: 68, 170
Visuddhimagga: 90
Vollkommenheit: a) des Bha, des Arhat 89, 152, b) des Bha-Landes 150, c) der Erkenntnis (Prajnaparamita) 27, 29, 30

W

Wagner, Richard: 201
Wahrheit: 14, 36 f., 59, 71, 103, 106; zwei Arten 125 (endgültige u. konventionelle) 128, 148, 154; letzte innerh. d. Körpers 190; konkret dargestellt 194
Wahrnehmung: 101
Weg zur Erlösung: 106, 121, harter u. leichter W. 137; 167 linkshänd. W. 186
Wege zum Heil ("Familien", Gotra), drei: 115
Weibliche, das: 183
Weibliche Gottheiten: 183–185
Weibliches Prinzip i. Universum: 169, aus vermutl. dravidischer Kulturschicht 170
Weih-shih, logische Schule des Yüan-tsang 157
Wei Shou (um 550): 71
Wei Skulpturen: 206
Weisheit: 86, 90, 95, *99*, 101, 108, 116, *120*, 121, *122*, 124, 128, 134, 136 f., *145*, 151, 153 f., als dialekt. Auflösung 155; Maya d. W. 165, Personifizierung d. transc. W. 184, 185; übermenschliche 202
Weisheitsspezialisten: 153
Weiße Lotussekte: 61
Weligama, Sir: 109

Welt: 10 f., 39, 73, 79, dreif. W. 88, übersinnl. W. 89, Verzicht a. d. W. 90, 103, 106; Wertlosigkeit d. W. 107, 116, *120* f., 125, 127 f., 137, 145; W. d. Götter bzw. Bhas 146; der Dinge 148; ihre Reinheit 149, 157, als mag. Illusion »Maya« *164*, als Phantasmagerie *165*; als Enthüllung Bhas vor sich selbst 168, 171; Wirkung d. Mantras i. d. W. 175; Loslösung von d. W. 179; Welt a) als Gegensatz z. Nirwana, b) als identisch mit Nirwana, c) als Manifestation des Dharma-Körpers des Bha 180
Weltanschauung: 153
Weltherrschaft: 79
Weltherrscher: 173
Weltreligion: 67
Weltsysteme: 45, *46*, 146, 147
Wen-shu (chines. für Manjushri): 196
Widerspruch: 121, *122*, 131, 144, 145, 155
Wiedergeborene: 148
Wiedergeburt: 31, 39, 47 f., 57, 70, 74, 110, 141, 145, 149 f., 161
Wille: 95, 101
Wirklichkeit: 13, 35 f., 89, 95, 101, 104, endgültige – 107, 128; vergröberte – 147, 154, 176 f.; letzte – 183; höchste – 185
Wu Ch'engen: 211
Wüste Gobi: 174
Wüste der Gottheit: 95
Wunder: 75, *76*, 78, 79, 97, 98
Wundertäter: 198
Wu-t'ai-shan (Pancashirsha d. i. Berg mit den fünf Gipfeln): 143
Wurzelbewußtsein (Mahasanghikas): 162
Wu tao tze auf Java: 207
Wu-tsang (auch Wu-tsung geschr.), chines. Kaiser; unter ihm Verfolgung des Bs. ab 844, Zerstörung von 4600 Klöstern: 208

X

Xenokrates (339–314 v. Chr.):
85; Platoniker, gliederte als
erster die Philos in Physik,
Logik und Ethik

Y

Yab-Yum (Vater-Mutter)-Hal-
tung: 185
Yajnavalkya (um 600 v. Chr.):
106
Yoga, als Geisteszustand (= Sa-
madhi u. Dhyana): 179
Yogacara-Schule (gegr. um 400 n.
Chr.: 63 f., 94, 155 f., 157 ff.,
162, 183, 211
Yogacarins: 30, 63, 153, 154 bis
160, 162 f., 177, 182, 191
Yoga-Lehre: 34, 64, Yogacara-
Philosophie *162*, Yoga-Metho-
den 162
Yoga-Übungen: 11, 34, 186
Yogis: 34, 41, 105, die Buddhas
Herren der Yogis 183
Yüan-tsang (um 650 n. Chr.)
bringt d. Yogacara-Logik n.
China: 157, 174, 206

Z

Zauber: 174
Zauberer: 97, 166, Zauberei: 168,
169, Zauberformeln: 169, Zau-
bermittel: 138, Zaubersprüche:
172 ff.
Zauberkunst: 171, -kunststück
166
Zen-Lehre: 118, 210–212, Zen-
Mönche in Japan: 53, Zen-
Schule: 191, 193
Zeno von Elea (etwa 490–430
v. Chr.), Stoiker: 15
Zentralasien: 66, 72, 111, 191,
s. Eroberung durch Araber 208
Zeremonien: 77
Zervanismus, iranische Religion
139
Zeus der Stadt Kapisa: 68
Ziel des Buddhisten: 131, 182,
186
Ziffer: 123 f. Anm.
Zirkel, magischer Z. (mandala):
171
Zivilisation: industrialisierte – 64,
europäische – 202, 203
zivilisierte Gesellschaft: 92
Zölibat der Mönche: 50, *53*, 54,
56, s. Ablehnung bei d. Shin-
Sekte 198
Zufluchtsformeln, drei (triara-
nam): 81
Zwei Arten von Wahrheit: 125
Zyklen, periodische des Erdge-
schehens: 110

Kohlhammer

H. Sorge/S. Vierzig
Handbuch Religion I
Sekundarstufe II – Studium
1979. 300 Seiten. Kart. DM 18,–.
ISBN 3-17-005197-0
Kohlhammer Taschenbücher, Bd. 1032

Jürgen Lott
Handbuch Religion II
Erwachsenenbildung
1984. 275 Seiten. Kart. DM 22,–.
ISBN 3-17-005918-1
Kohlhammer Taschenbücher, Bd. 1033

Gert Otto (Hrsg.)
Sachkunde Religion I
Bibel, Kirche, Theologie
7. Auflage 1984. 288 Seiten. Kart. DM 14,–.
ISBN 3-17-008457-7
Kohlhammer Taschenbücher Bd. 1031/1

Jürgen Lott (Hrsg.)
Sachkunde Religion II
Religionen und Religionswissenschaft
1985. 300 Seiten mit 2 farb. Karten. Kart.
DM 19,80.
ISBN 3-17-008621-9
Kohlhammer Taschenbücher, Bd. 1031/2

Peter Antes
Christentum – eine Einführung
1985. 144 Seiten. Kart. DM 18,–.
ISBN 3-17-009048-8
Urban-Taschenbücher, Bd. 378

Verlag W. Kohlhammer
Stuttgart · Berlin · Köln · Mainz